AF733340

Die Geltung von Tarifverträgen in Frankreich

SCHRIFTEN ZUM DEUTSCHEN UND EUROPÄISCHEN ARBEITSRECHT

Herausgegeben von Frank Bayreuther

Band 13

PL ACADEMIC RESEARCH

Marthe J. Schwarzbach

Die Geltung von Tarifverträgen in Frankreich

PL ACADEMIC RESEARCH

Bibliografische Information der Deutschen Nationalbibliothek
Die Deutsche Nationalbibliothek verzeichnet diese Publikation in der Deutschen Nationalbibliografie; detaillierte bibliografische Daten sind im Internet über http://dnb.d-nb.de abrufbar.

Zugl.: Passau, Univ., Diss., 2012

Umschlaggestaltung:
© Olaf Glöckler, Atelier Platen, Friedberg

D 739
ISSN 1865-634X
ISBN 978-3-631-64118-7

© Peter Lang GmbH
Internationaler Verlag der Wissenschaften
Frankfurt am Main 2013
Alle Rechte vorbehalten.
PL Academic Research ist ein Imprint der Peter Lang GmbH.

Peter Lang – Frankfurt am Main · Bern · Bruxelles · New York · Oxford · Warszawa · Wien

Das Werk einschließlich aller seiner Teile ist urheberrechtlich geschützt. Jede Verwertung außerhalb der engen Grenzen des Urheberrechtsgesetzes ist ohne Zustimmung des Verlages unzulässig und strafbar. Das gilt insbesondere für Vervielfältigungen, Übersetzungen, Mikroverfilmungen und die Einspeicherung und Verarbeitung in elektronischen Systemen.

www.peterlang.de

Meinen Eltern

Vorwort

Die vorliegende Arbeit wurde im Juli 2012 an der Universität Passau als Dissertation eingereicht; das Rigorosum erfolgte im Dezember 2012.

Einen besonderen Dank aussprechen möchte ich an dieser Stelle meinem Doktorvater Herrn Prof. Dr. Frank Bayreuther für die gewährte Unterstützung und vielfältigen fachlichen Anregungen. Weiterhin möchte ich Herrn Prof. Bernard Teyssié danken, der mir bei meinem Forschungsaufenthalt in Frankreich so großzügig die Nutzung des "Laboratoire de droit social" der Universität Paris II/Panthéon-Assas ermöglicht hat. Auch danke ich Herrn Prof. Dr. Wolfgang Hau für die zügige Erstellung des Zweitgutachtens.

Schließlich möchte mich noch von ganzem Herzen bei meiner Familie, bei meinem Partner, meinen Freunden und bei meinen Kollegen für ihre vielfältige und insbesondere stete moralische Unterstützung bedanken.

Berlin, März 2013 Marthe J. Schwarzbach

Inhaltsverzeichnis

Abkürzungsverzeichnis[1]

Act.	Actualité
al.	alinéa
Art.	Article (Art. L.: article, partie legislative; Art. R.: article, partie décrets)
Ass. plén.	Assemblée plénière de la Cour de cassation
Bull. civ.	Bulletin des arrêts de la Cour de cassation, chambres civi-
les	
CA	Cour d'Appel
Cass. crim.	Cour de cassation, chambre criminelle
Cass. soc.	Cour de cassation, chambre sociale
C.C.	Conseil constitutionnel
C. cass.	Cour de cassation
CE	Conseil d'État
CGPME	Confédération Générale des Petites et Moyennes Enterprises
CFDT	Confédération Française Démocratique du Travail
CFE-CGC	Confédération Française de l'Encadrement – Confédération Générale des Cadres
CFDT	Confédération Française des Travailleurs Chrétiens
CGT	Confédération Générale du Travail
C. trav.	Code du travail
D.	Recueil Dalloz
DARES	Direction de l'animation de la recherché, des études et des statistiques (Ministère du travail)
déc.	décision
Dr. soc.	Droit social
fasc.	fascicule
FGAAC	Fédération Générale Autonomes des Agents de Conduit
FSU	Fédération Syndicale Unitaire

1 Das Abkürzungsverzeichnis enthält ausschließlich die für das französische Recht benutzten Abkürzungen. Im Hinblick auf die Abkürzungen für das deutsche Recht siehe Hildebert Kirchner/Dietrich Pannier, Abkürzungsverzeichnis der Rechtssprache, 6 Aufl. Berlin 2008.

JCP S	Juris Classeur Périodique/La semaine juridique – Édition sociale
JCP G	Juris Classeur Périodique/La semaine juridique – Édition générale
J.O.	Journal Officiel de la République Francaise
Jur. soc. U.I.M.M.	Jurisprudence sociale de l'Union des industries métallurgiques et minières
MEDEF	Mouvement des enterprises de France
n°	numéro
obs.	observations
o. V.	Ohne Verfasser
PCF	Partie communiste français
QPC	Question prioritaire de constitutionnalité
Rép. trav.	Répertoire de droit du travail Dalloz
RDT	Revue de Droit du Travail
RJS	Revue de Jurisprudence Sociale
SNB-CGC	Syndicat National de la Banque-Confédération Générale des Cadres
SSL	Semaine Sociale Lamy
TI	Tribunal d'Instance
TPS	Travail et Protection Sociale
UNSA	Union Nationale des Syndicats Autonomes
USS	Union Syndicales Solidaires
VRP	Voyageurs, Représentats, Placiers

Einleitung

Ein viel diskutierter und lange Zeit umstrittener Grundsatz des deutschen Tarifvertragsrechts war der Grundsatz der Tarifeinheit im Betrieb zur Auflösung von Tarifpluralität.

Mit Urteil vom 7. Juli 2010 hat das BAG diesen Grundsatz der Tarifeinheit im Betrieb nunmehr aufgegeben.[2] Doch auch angesichts der Aufgabe des Grundsatzes der Tarifeinheit im Betrieb durch das BAG hat die Thematik nicht an Aktualität verloren. Es wird seither diskutiert, wie den mit Tarifpluralität einhergehenden Problemen zu begegnen ist. Hierzu gibt es bereits Initiativen, die eine gesetzliche Regelung zur Tarifpluralität fordern.[3]

Vor diesem Hintergrund bietet sich eine Untersuchung der Frage, nach welchen Regeln sich die Geltung von Tarifverträgen in Frankreich bemisst, aus mehreren Gründen an.

Zunächst ist Frankreich einer der wichtigsten Partner Deutschlands in einem auch rechtlich kontinuierlich zusammenwachsenden Europa. Überdies war das französische Tarifvertragsrecht in jüngster Vergangenheit gleich zwei großen Gesetzesreformen unterworfen, zunächst durch das Gesetz „Fillon" vom 4. Mai 2004 und zuletzt durch das Gesetz vom 20. August 2008 über die Erneuerung der sozialen Demokratie und die Reform der Arbeitszeit. Insbesondere letzteres beinhaltet eine der wohl grundlegendsten Reformen des französischen Tarifvertragsrechts seit den „Auroux"- Gesetzen Anfang der 1980er Jahre und hat in der deutschsprachigen rechtswissenschaftlichen Literatur zum französischen Tarifvertragsrecht noch keine eingehende Untersuchung erfahren.[4] Die bisherigen Abhandlungen zum französischen Tarifvertragsrecht in deutscher Sprache haben seit dem Gesetz vom 20. August 2008 in weiten Teilen nunmehr nur noch rechtshistorische Bedeutung.

---

2 BAG 7.7.2010, 4 AZR 549/08, NZA 2010, 1068 ff.

3 Vgl. *Bayreuther/Franzen/Greiner/Krause/Oetker/Preis/Rebhahn/Thüsing/Waltermann*, Initiative Tarifpluralität; Gemeinsames Eckpunktepapier von BDA und DGB v. 4.6.2010, RdA 2010, 315, die darin die gesetzliche Normierung des Grundsatzes der Tarifeinheit im Betrieb fordern.

4 Vgl. z.B. zu den USA Bayreuther, ZfA 2009, 747 ff., zu Spanien Rudkowski, RdA 2010, 287 ff., zu GB Lautenschläger.

Teil 1: Grundlagen des französischen Tarifvertragssystems

Einen der grundlegenden Unterschiede des französischen zum deutschen Tarifvertragsrecht bildet die Tarifbindung. Daher ist die Kenntnis, nach welchen Regeln sich die Tarifbindung von Arbeitnehmern und Arbeitgebern in Frankreich vollzieht, unerlässlich für das Verständnis des französischen Tarifvertragssystem und wird an erster Stelle, noch vor einer Erörterung der Regelungen zum wirksamen Tarifvertragsschluss, untersucht.

Während ein Tarifvertrag in Deutschland seine Wirkung dem Grundsatz nach ausschließlich im Verhältnis beiderseitig tarifgebundener Arbeitsvertragsparteien entfaltet, wobei die Tarifbindung gemäß § 3 Abs. 1 TVG durch die Mitgliedschaft in der jeweils tarifschließenden Partei ausgelöst wird, richtet sich die Tarifgebundenheit der Arbeitsvertragsparteien in Frankreich ausschließlich nach der Tarifbindung des Arbeitgebers (§ 1.). Vor dem Hintergrund des deutschen Rechts stellt sich in diesem Zusammenhang die Frage nach dem Grundrechtsbestand und insbesondere nach der Existenz bzw. der Ausgestaltung von Koalitionsfreiheit und Tarifautonomie in Frankreich (§ 2.).

§ 1. Tarifbindung „erga-omnes" – Tarifbindung der Arbeitnehmer in ausschließlicher Abhängigkeit von der Tarifgebundenheit des Arbeitgebers

In Frankreich richtet sich die Tarifunterworfenheit eines Arbeitnehmers ausschließlich nach der Tarifgebundenheit seines Arbeitgebers, wobei die Bindung eines Arbeitgebers an einen Tarifvertrag entweder durch den eigenen Abschluss eines Tarifvertrages, über die Mitgliedschaft in einem tarifschließenden Arbeitgeberverband[5] oder mittels Allgemeinverbindlichkeitserklärung[6] erfolgt. Tarifverträge entfalten sogenannte „erga-omnes"[7] Wirkung, d. h. Wirkung in Bezug auf alle Arbeitnehmer eines tarifgebundenen Arbeitgebers.

---

5 Art. L. 2262–1 C.trav.

6 Eine eingehende Betrachtung der Allgemeinverbindlichkeitserklärungen in Frankreich soll nicht Gegenstand dieser Arbeit sein. Im Folgenden wird deshalb nicht näher hierauf eingegangen.

7 Z. B. *Pélissier /Supiot/Jeammaud*, Rn. 1098.

Diese sogenannte „erga-omnes“ Wirkung von Tarifverträgen wird vor allem auf das Prinzip der Einheitlichkeit des in einem Betrieb anwendbaren Rechts gestützt.[8]

Hierzu z. B. *Brethe de la Gressaye*[9]: „*Le personnel d'une entreprise, qu'elle que soit la situation syndicale de ses membres, forme un tout, une communauté de travail, qui doit être soumise à une loi commune. [...] là, l'unité reparaît, syndiqués ou non syndiqués accomplissent les mêmes tâches dans les mêmes conditions, et doivent donc être soumis à des règles uniformes.*“[10]

Die „erga-omnes“ Wirkung von Tarifverträgen soll also die Einheit des kollektiven Rechts in Bezug auf die Arbeitnehmer eines Unternehmens unabhängig von ihrem Gewerkschaftsstatus sichern.[11]

Gesetzlich normiert ist die „erga-omnes“ Wirkung von Tarifverträgen in Art. L. 2254–1 C.trav.:

> „*Lorsqu'un employeur est lié par les clauses d'une convention ou d'un accord, ces clauses s'appliquent aux contrats de travail conclus avec lui, sauf stipulation plus favorables.*“[12]

Die gewerkschaftliche Organisation der einzelnen Arbeitnehmer ist für die Tarifbindung gänzlich unerheblich.[13] Es macht also keinen Unterschied, ob der betreffende Arbeitnehmer Mitglied der tarifvertragsschließenden Gewerkschaft, einer anderen Gewerkschaft oder überhaupt keiner Gewerkschaft, also Außenseiter, ist. Der Wille des einzelnen Arbeitnehmers spielt im Hinblick auf seine Bindung an einen Tarifvertrag keine Rolle.

Die „erga-omnes“ Tarifbindung prägt daher die Funktion der Gewerkschaften im französischen Tarifsystem. Bei dem Abschluss eines Tarifvertrages sind sie nicht nur Vertreter ihrer Mitglieder, sondern der gesamten, in ihr Betätigungsfeld fallenden Arbeitnehmerschaft.[14] Den tariflich festgehaltenen Bestimmungen sind

8 *Le Friant*, S. 123; *Lyon-Caen/Pélissier*, Rn. 852; *Brethe de la Gressaye* in Anm. zu Cass. soc. 17.7.1956, D. 1957, 509 (510).

9 *Brethe de la Gressaye* in Anm. zu Cass. soc. 17.7.1956, D. 1957, 509 (510).

10 Die Beschäftigten eines Unternehmens, welchen gewerkschaftlichen Organisationsstatus sie auch haben mögen, bilden ein Ganzes, eine Arbeitsgemeinschaft, die einem gemeinsamen Gesetz unterworfen werden muss. [...] hier zeigt sich wieder die Einheit, Gewerkschaftsmitglieder oder Nicht-Gewerkschaftsmitglieder erfüllen die gleichen Aufgaben unter den gleichen Bedingungen und müssen mithin einheitlichen Regeln unterworfen sein.

11 Vgl. auch: *Lyon-Caen/Pélissier*, Rn. 852; *Pélissier/Supiot/Jeammaud*, Rn. 1098.

12 Ist ein Arbeitgeber an die Bestimmungen eines Tarifvertrags oder –abkommens gebunden, so finden diese Bestimmungen auf die mit ihm geschlossenen Arbeitsverträge Anwendung, es sei denn, es bestehen günstigere Vereinbarungen (im Arbeitsvertrag).

13 Cass. soc. 25.1.1968, Bull. civ. V, n° 60; Cass. soc. 20.12.1955, Dr. soc. 1956, 86; *Pélissier/Supiot/Jeammaud*, Rn. 1098; *Le Friant*, S. 123.

14 Siehe hierzu ausführlich § 2 B. I. dieses Teils sowie die Einleitung zu Teil 2 § 2 B.

die Betroffenen wie einem Gesetz des Staates unterworfen.[15] Die tarifschließenden Parteien haben aufgrund der Erstreckung der Tarifverträge auf alle Arbeitnehmer die Stellung eines „zweiten Gesetzgebers“ im Hinblick auf die in ihren Zuständigkeitsbereich fallenden Arbeits- und Berufsregelungen.[16]

Anzumerken ist an dieser Stelle, dass in Frankreich aufgrund der „erga-omnes“ Wirkung von Tarifverträgen das in Deutschland weit verbreitete individualrechtliche Instrument der Bezugnahmeklausel im Arbeitsvertrag nicht notwendig ist, um tariflichen Inhalten in Arbeitsverhältnissen zu Außenseitern oder Andersorganisierten Anwendung zu verschaffen.[17]

Auch das deutsche Recht kennt in Form des § 3 Abs. 2 TVG unter bestimmten Voraussetzungen eine mit dem französichen Recht vergleichbare „erga-omnes“ Wirkung von Tarifverträgen. Diese Regelung im TVG sieht eine unmittelbare, ausschließlich von der Tarifgebundenheit des Arbeitgebers abhängige Geltung tariflicher Normen vor. Sie bezieht sich allerdings einzig und ausschließlich auf den Bereich der betrieblichen und betriebsverfassungsrechtlichen Normen und begegnet zudem verfassungsrechtlichen Bedenken[18]. Die generelle Einführung einer gänzlich von der Gewerkschaftszugehörigkeit des Arbeitnehmers unabhängige, unmittelbare Tarifbindung wäre in Deutschland mit Art. 9 Abs. 3 GG unvereinbar.

§ 2. Koalitionsfreiheit und Tarifautonomie in Frankreich?

Vor dem Hintergrund der generellen Tarifbindung „erga-omnes“ in Frankreich fragt sich, ob und inwiefern die Grundrechte der Koalitionsfreiheit (A.) und der Tarifautonomie (B.) dort garantiert werden.

---

15 *Engels*, S. 212.

16 *Engels*, S. 212.

17 Der Aspekt einer individualrechtlichen Geltung von Tarifverträgen bleibt bei den folgenden Ausführungen daher außer Betracht.

18 Ausführlicher hierzu z. B.: Däubler/*Lorenz*, § 3 TVG, Rn. 62 ff.; Wiedemann/*Oetker*, § 3 TVG, Rn. 172 ff. Das BAG bejaht eine Verfassungskonformität des § 3 Abs. 2 TVG z. B. unter der Voraussetzung einer restriktiven Auslegung des Tatbestandes. Die Qualifikation als Betriebsnorm setzt danach voraus, dass „eine individualvertragliche Regelung wegen evident sachlogischer Unzweckmäßigkeit ausscheidet“ (BAG 26.4.1990, 1 ABR 84/87, NZA 1990, 850 (853), dazu auch: Wiedemann/*Oetker*, § 3 TVG, Rn. 174/175). Die Verfassungsmäßigkeit der „erga-omnes“ Geltung von betrieblichen und betriebsbverfassungsrechtlichen Normen wird also dadurch hergestellt, dass diese Normen sachlogisch nur einheitlich für Organisierte und Nichtorganisierte gelten können, wobei die vorstehend zitierte Rechtssprechung des BAG verfassungsrechtlich bereits eine weite Ausdehnung des § 3 Abs. 2 TVG beinhaltet.

Während Grundrechtsfragen in Deutschland dem Verfassungsrecht zugeordnet werden, ist dies in der französischen Rechtswissenschaft nicht ganz so selbstverständlich der Fall. Der Stellenwert der Verfassung im Bereich der Grundrechtsgewährleistung in Deutschland und in Frankreich unterscheidet sich deutlich. Hintergrund ist die in Frankreich traditionell nachrangige Rolle der Verfassung als Rechtsquelle von Grundrechten. Frankreich kommt aus einer Tradition „légicentriste“ (gesetzeszentriert), in der lange Zeit das einfache Gesetzesrecht im Bereich der Grundrechtsgewährleistung als Rechtquelle die erste Stelle einnahm, während Verfassungsnormen in diesem Bereich ausschließlich als philosophische oder politische Aussagen ohne jeglichen rechtlichen Inhalt wahrgenommen wurden.[19] Der Gesetzgeber wurde als Hüter der Grundrechte betrachtet.[20]

Dies spiegelt sich noch heute im Rechtsschutz gegen Eingriffe der Legislative in verfassungsrechtlich geschützte Grundrechte wieder. Der Rechtsschutz durch den französischen Verfassungsgerichtshof „Conseil constitutionnel“, ist – trotz Fortschritten – gegenüber dem des Bundesverfassungsgerichtes stark eingeschränkt. Eine direkte Anrufung des Conseil constitutionnel durch den einzelnen Bürger ist nach wie vor nicht möglich.

Einziges Instrument des Conseil constitutionnel zur Prüfung der Verfassungsmäßigkeit eines Gesetzes war bis zum Jahr 2010 das abstrakte Normenkontrollverfahren gem. Art. 61 französische Verfassung.

Gemäß Art. 61 Abs. 2 französische Verfassung war und ist das abstrakte Normenkontrollverfahren in seiner Durchführung im Bereich der Überprüfung der Verfassungsmäßigkeit eines Gesetzes im Hinblick auf die Einhaltung der Grundrechte jedoch nicht zwingend. Es wird vielmehr nur durchgeführt, wenn der Conseil constitutionnel vom Staatspräsidenten, vom Premierminister, vom Präsidenten einer der beiden Kammern des Parlaments oder von sechzig Abgeordneten oder sechzig Senatoren hierzu angerufen wird. Der Conseil constitutionnel kann nicht von Amts wegen tätig werden.

Zudem ist die Möglichkeit einer Durchführung des abstrakten Normenkontrollverfahrens auf die Zeit vor der Verkündung des Gesetzes durch den Staatspräsidenten beschränkt. Ein bereits verkündetes Gesetz konnte bisher folglich nicht mehr vom Conseil constitutionnel überprüft werden. Eine Überprüfung bereits vom Präsidenten unterzeichneter Gesetze war unmöglich.

Es gab also für den einzelnen Bürger oder die Berufsverbände keine Möglichkeit, gegen ein gegen Grundrechte verstoßendes Gesetz vorzugehen.

---

19 *Adam*, S. 373/374.

20 *Krieger*, S. 5.

Erst seit dem verfassungsändernden Gesetz vom 23. Juli 2008[21], in Kraft getreten am 1. März 2010[22], wurde mit dem Art. 61–1 französische Verfassung für den einzelnen Rechtssuchenden im Prozess, der die Verfassungsmäßigkeit eines bereits verkündeten Gesetzes in Frage stellt, die Möglichkeit einer indirekten Anrufung des Conseil constitutionnel nach Richtervorlage eingeführt.[23] Das Verfahren trägt den Namen „question prioritaire de constitutionnalité“ (QPC). Die genauen Verfahrensmodalitäten der QPC regelt das „loi organique“ (Verfassungsergänzungsgesetz) vom 10. Dezember 2009[24]. Mit dem QPC-Verfahren wurde dem einzelnen Bürger erstmalig die Möglichkeit eröffnet, die Überprüfung eines Gesetzes auf seine Verfassungsmäßigkeit durch den Conseil constitutionnel zu erwirken.

Praktisch kann die QPC von jeder Partei im Prozess vor dem Tatrichter („juge du fond“) oder im Rahmen der Revision direkt vor dem Cour de cassation bzw. dem Conseil d'État gestellt werden.[25] Der Cour de cassation bzw. Conseil d'État legt die Frage bei Erfüllung der durch das „loi organique“ vom 10. Dezember 2009 formulierten Voraussetzungen, ggf. nach vorheriger Vorlage an ihn durch den Tatrichter, dem Conseil constitutionnel vor.[26]

Die traditionell nachrangige Rolle der Verfassung bei der Grundrechtsgewährleistung spiegelt sich auch in der französischen Verfassung selbst wieder. Die Verfassung von 1958 der heutigen V. französischen Republik (vorstehend und im Folgenden „französische Verfassung“) besitzt im Gegensatz zum deutschen Grundgesetz keinen Grundrechtskatalog. Vielmehr enthält die französische Verfasssung nahezu ausschließlich staatsorganisationsrechtliche Normen. Erst in den siebziger Jahren begann die Verfassung als Rechtsquelle im Bereich der Grundrechte Bedeutung zu erlangen. Eine maßgebliche Rolle bei dieser sogenannten „constitutionnalisation“ spielte der Conseil constitutionnel.

Im Gegensatz zur französischen Verfassung enthält sowohl die französische Menschenrechtserklärung („Déclaration des Droits de l`Homme et du Citoyen“) von 1789 als auch die Präambel der Verfassung von 1946 einen Grundrechtskatalog. Diese Texte haben in der heutigen V. französischen Republik zwar keine

21 Loi n° 2008–724 du 23 juillet 2008 de modernisation des institutions de la Ve République.

22 Art. 46 Abs. 1 Loi n° 2008–724 du 23 juillet 2008 de modernisation des institutions de la Ve République i. V. m Art. 5 Loi organique n° 2009–1523 du 10 decembre 2009 relative à l'application de l'art. 61–1 de la Constitution.

23 Radé, Dr. soc. 2010, 873 (874).

24 Loi organique n° 2009–1523 du 10 decembre 2009 relative à l'application de l'art. 61–1 de la Constitution.

25 Radé, Dr. soc. 2010, 873 (874 ff.).

26 Für weitere Ausführungen zum QPC-Verfahren und den genauen Voraussetzungen der Vorlage zum Conseil constitutionnel siehe: *Radé*, Dr. soc. 2010, 873 ff.; Ein Fazit über der ersten sieben Monate QCP für den Bereich des Arbeitsrechts bei *Akandji-Kombé*, RDT 2010, 628 ff.

unmittelbare Geltung, die Präambel der französischen Verfassung verweist jedoch auf sie[27]. Über diesen Verweis in der Präambel der französischen Verfassung verlieh der Conseil constitutionnel den in der Menschenrechtserklärung von 1789 und in der Präambel der Verfassung von 1946 aufgeführten Grundrechten Verfassungsrang und schuf damit den sogenannten „bloc de constitutionalité".[28]

Folgende Regelungen spielen dabei im französischen Koalitions- und Arbeitskampfrecht eine tragende Rolle und werden im Laufe dieser Arbeit eine eingehende Untersuchung erfahren: Abs. 6 (Koalitionsfreiheit), Abs. 7 (Streikrecht) und Abs. 8 (Recht auf Kollektivverhandlungen) Präambel der Verfassung von 1946.

Zunehmend spielt die Frage des Verfassungsranges einzelner Grundrechte in Frankreich also durchaus eine Rolle, eine Rolle, die im Übrigen stetig an Bedeutung gewonnen hat.

Vor diesem Hintergrund wird im Folgenden in erster Linie die Gewährleistung der Koalitionsfreiheit und der Tarifautonomie durch die Verfassung untersucht.

A. Das Recht auf Koalitionsfreiheit in Frankreich

Wie in Deutschland, ist die Koalitionsfreiheit in Frankreich ein verfassungsmäßig verbürgtes Recht.[29] Es wird als „liberté syndicale" bezeichnet. Grundlage dieses Rechts bildet Abs. 6 der Präambel der Verfassung von 1946[30]:

> *„Tout homme peut défendre ses droits et ses intérêts par l'action syndicale et adhérer au syndicat de son choix."*[31]

Während der Begriff „coalition" im Französischen lediglich einen kurzzeitigen Zusammenschluss zur Förderung der Arbeits- und Wirtschaftsbedingungen zur

---

27 „Le Peuple français proclame solennellement son attachement aux Droits de l'Homme et aux principes de la souveraineté nationale tels qu'ils sont définis par la Déclaration de 1789, confirmée et complétée par le préambule de la Constitution de 1946, […]" (Präambel der französischen Verfassung).

28 *Mahnke*, S. 29 ff., 341; C.C. 15.1.1975, déc. n° 74–54 DC (zitiert nach http://www.conseil-constitutionnel.fr). Alle nachfolgenden Entscheidungen des Conseil constitutionnel ohne Angabe einer weiteren Fundstelle sind zitiert nach http://www.conseil-constitutionnel.fr.

29 Bestätigung der Verfassungsqualität der Koalitionsfreiheit: C.C. 22.10.1982, Dr. soc. 1983, 162; C.C. 25.7. 1989, Dr. soc. 1989, 627 (629); zum Verfassungsrang der Koalitionsfreiheit ausführlich: *Krieger*, S. 7 ff.

30 Zur Verfassungsqualität der Präambel der Verfassung von 1946 siehe voanstehend die Einleitung zu § 2 dieses Teils.

31 Jeder Mensch kann seine Rechte und Interessen durch Ausübung einer Koalitionstätigkeit verteidigen und der Koalition seiner Wahl beitreten.

Erreichung eines bestimmten einmaligen Erfolges bezeichnet[32], ist die mit dem deutschen Begriff der Koalition im Sinne des Art. 9 Abs. 3 GG vergleichbare französische Bezeichnung diejenige des „syndicat“. Hat der Begriff „syndicat“ im französischen auch mehrere Bedeutungen, so ist er im arbeitsrechtlichen Kontext ausschließlich als „syndicat professionnel“, als Berufsverband, zu verstehen. Im Sprachgebrauch ist mit „syndicat“ oftmals ausschließlich die Gewerkschaft als Arbeitnehmervereinigung gemeint. Rechtlich betrachtet umfasst der Begriff „syndicat professionnel“ grundsätzlich jedoch sowohl Arbeitgeber- als auch Arbeitnehmervereinigungen.[33] In vielen Fällen kann nur aus dem jeweiligen Kontext geschlossen werden, ob „syndicat“ im konkreten Fall die (Arbeitnehmer-) Gewerkschaft oder allgemein den Berufsverband bezeichnet. Dies wird bei etwaigen Übersetzungen im Folgenden berücksichtigt werden und die dem Kontext entsprechende Übersetzung verwendet.

Parallel zur deutschen Konzeption der Koalitionsfreiheit als Doppelgrundrecht[34] wird auch in Frankreich zwischen der Gewährleistung der individuellen (I.) und der kollektiven (II.) Koalitionsfreiheit unterschieden.

I. Die individuelle Koalitionsfreiheit

Zunächst garantiert der oben zitierte Abs. 6 der Präambel der Verfassung von 1946 die positive individuelle Koalitionsfreiheit.[35] Diese wird nicht als ein einheitliches Recht betrachtet, sondern wie auch in Deutschland in unterschiedliche Teilaspekte untergliedert: das Recht zur freien Gründung einer Koalition, das Recht einer Koalition aus freiem Entschluss beizutreten, in dieser zu verbleiben und das Recht sich in der gewählten Koalition zu betätigen.[36] Zudem wird in Abs. 6 der Präambel der Verfassung von 1946 ausdrücklich nicht nur das Recht gewährt, irgendeiner Koalition beizutreten, sondern der Koalition *„de son choix“*, der Koalition seiner Wahl.[37] Diese wenigen Worte haben weitreichende Konse-

---

32 *Zirpel*, S. 3, Rn. 4; *Prager*, S. 39; *Spyropoulos*, S. 11 spricht von „coalitions temporaires“.

33 *Pélissier/Supiot/Jeammaud*, Rn. 800; *Prager*, S. 36.

34 Vgl. für die Rspr. und h.L. z.B. BVerfG 24.2.1999, 1 BvR 123/93, BVerfGE 100, 214 (221); BVerfG 26.6.1991,1 BvR 779/85, BVerfGE 84, 212 (224); BAG 22.9.2009, 1 AZR 972/08, NZA 2009, 1347 (1349); Ricken, in: Münchner Handbuch Arbeitsrecht, § 200, Rn. 4/5; ErfK/Dieterich, Art. 9 GG, Rn. 39; a. A. *Staudinger/Richardi/Fischinger*, Vorbemerkung zu § 611 ff., Rn. 637 – 639.

35 *Ogier-Bernaud*, S. 133.

36 *Zirpel*, S. 6, Fn. 9–11; *Fromont*, S. 257; Einfachgesetzlich werden diese unterschiedlichen Aspekte ausdrücklich durch Art. L. 2131–2 C. trav. (Gründungsfreiheit), und L. 2141–1 C. trav. (Beitrittsfreiheit) geregelt.

37 Auch eingachgesetzlich ist die Garantie der freien Wahl der Gewerkschaft, neben der Beitrittsfreiheit, in Art. L. 2141–1 C. trav. geschützt.

quenzen. Ihnen wird die Gewährleistung einer pluralistischen Berufsverbandsordnung entnommen.[38] Dies prägt die französische Gewerkschaftslandschaft.[39]

Obwohl nicht ausdrücklich erwähnt, garantiert Abs. 6 Präambel der Verfassung von 1946 auch die negative individuelle Koalitionsfreiheit und mithin das Recht keiner Koalition beizutreten bzw. diese zu verlassen.[40] Der verfassungsrechtliche Gewährleistungsinhalt der individuellen Koalitionsfreiheit in Frankreich ähnelt also im Grundsatz dem in Deutschland.[41]

Aus der Gewährleistung der negativen Koalitionsfreiheit folgt, dass auf den einzelnen Arbeitnehmer kein Druck ausgeübt werden darf, um ihn zu einer Mitgliedschaft in einer Gewerkschaft zu bewegen.[42] Dies schließt zum einen eine staatlich verordnete Zwangsmitgliedschaft aus, zum anderen ist zum Beispiel das Vereinbaren von „closed shop"[43] Klauseln oder das Boykottieren oder Bestreiken von Arbeitgebern, die unorganisierte Arbeitnehmer beschäftigen, unzulässig.[44]

Unzulässig und ein Verstoß sowohl gegen die negative als auch die positive individuelle Koalitionsfreiheit sind zudem alle diskriminierenden Maßnahmen des Arbeitgebers auf Grund einer bestehenden oder nicht bestehenden Koalitionsmitgliedschaft des Arbeitnehmers.[45] Dies folgt aus dem Schutz der Koalitionsfreiheit gegen Eingriffe Dritter.[46]

Der Arbeitgeber ist zu absoluter Neutralität verpflichtet, sowohl aktiv als auch passiv.[47] In Frankreich wird die individuelle Koalitionsfreiheit damit als eine von jeglichen äußeren Einflüssen losgelöste Entscheidung des Arbeitnehmers verstanden, einer Gewerkschaft beizutreten oder dies zu unterlassen. Diese Entscheidung hat bzw. darf keinerlei Auswirkungen auf die Behandlung des Arbeitnehmers durch den Arbeitgeber haben. Tarifliche Leistungen dürfen danach nicht nur Gewerkschaftsmitgliedern vorbehalten sein, würde hierin doch eine

---

38 *Kuhnmunch*, Aliéna 6, in: *Conac/Prétot/Teboul*, S. 158; *Ogier-Bernaud*, S. 135; *Zirpel*, S. 28, Rn. 58.

39 Ausführlich zur französischen Gewerkschaftslandschaft unter Teil 2 § 2 B. II.

40 C.C. 20.7.1983, déc. 83–162 DC, hierzu: *Ogier-Bernaud*, S. 137; *Engels*, S. 171; *Pontier*, S. 152; Einfachgesetzlich wird die negative Koalitionsfreiheit ausdrücklich durch Art. L. 2141–3 C. trav. geschützt.

41 Die negative Koalitionsfreiheit ist in Deutschland in Existenz und Umfang allerdings mehr als umstritten.

42 *Ogier-Bernaud*, S. 137.

43 Vgl. Treber, in: Schaub, § 190, Rn. 16; Löwisch/Rieble, in: Münchner Handbuch Arbeitsrecht, § 156, Rn. 32.

44 *Zirpel*, S. 29, Rn. 59; *Pélissier/Supiot/Jeammaud*, Rn. 807.

45 *Zirpel*, S. 27, Rn. 55; *Ogier-Bernaud*, S. 134; *Kuhnmunch*, Aliéna 6, in: *Conac/Prétot/Teboul*, S. 156/157.

46 *Zirpel*, S. 27, Rn. 55.

47 Vgl. *Kuhnmunch*, Aliéna 6, in: *Conac/Prétot/Teboul*, S. 156/157; *Pélissier/Supiot/Jeammaud*, Rn. 802 ff.

Ungleichbehandlung der Arbeitnehmer aufgrund Gewerkschaftsmitgliedschaft durch den Arbeitgeber liegen und damit eine Verletzung seiner Neutralitätsverpflichtung.

Die individuelle Koalitionsfreiheit wird mithin vollkommen losgelöst von der Frage der Tarifbindung betrachtet und geht sogar so weit, dass sie Diskriminierungsfragen betrifft.

Diese aus der individuellen Koalitionsfreiheit folgende Unzulässigkeit von diskriminierenden Maßnahmen spielt bei der Ausgestaltung des Schutzes der Koalitionsfreiheit durch den einfachen Gesetzgeber eine zentrale Rolle, der diesen Aspekt der individuellen Koalitionsfreiheit erstmals mit Gesetz vom 27. April 1956 konkretisiert hat.[48] Heute findet sich das Diskriminierungsverbot in Art. L. 2141–5 al. 1 C. trav.:

> *„Il est interdit à l'employeur de prendre en considération l'appartenance à un syndicat ou l'exercice d'une activité syndicale pour arrêter ses décisions en matière notamment de recrutement, de conduite et de répartition du travail, de formation professionnelle, d'avancement, de rémuneration et d'octroi d'avantages sociaux, de mesures disciplinaires et de rupture du contrat de travail."*[49]

Ein Verstoß gegen diese Vorschrift löst einerseits einen Schadenersatzanspruch aus[50] und wird andererseits strafrechtlich mit einer Geldbuße geahndet, bei Wiederholung sogar mit einer Freiheitsstrafe von bis zu einem Jahr und einer Geldbuße[51].

Art. L. 2141–5 C. trav. verbietet jegliche Art der Berücksichtigung der Gewerkschaftsmitgliedschaft, aber auch der Nicht-Mitgliedschaft[52] durch den Arbeitgeber. Das bedeutet also auch, dass einem Arbeitnehmer kein Vorteil aus seiner Gewerkschaftsmitgliedschaft erwachsen darf.

Darüber hinaus ist die gewerkschaftliche Tätigkeit als unzulässiger Differenzierungsgrund im Rahmen des allgemeinen, sowohl eine direkte als auch indirekte Diskriminierung verbietenden, arbeitsrechtlichen Diskriminierungsverbots („principe de non-discrimination") des Art. L. 1132–1 C. trav. aufgeführt. Sie ist hier als eine Tatsache von vielen, wie z. B. dem Geschlecht, den Sitten, der sexuellen Orientierung, dem Alter, des Familienstandes oder der Schwanger-

---

48 *Verdier*, S. 140 ff.

49 Es ist dem Arbeitgeber verboten die Gewerkschaftszugehörigkeit oder die Ausführung einer Gewerkschaftstätigkeit im Rahmen seiner Entscheidungen, insbesondere in Sachen Einstellung, Führung und Arbeitsverteilung, beruflicher Weiterbildung, beruflichem Fortkommen, Entlohnung und Gewährung von Sozialleistungen, Disziplinarmaßnahmen und der Beendigung des Arbeitsvertrages, zu berücksichtigen.

50 Art. L. 2141–8 C. trav.

51 Art. L. 2146–2 C. trav.

52 *Fromont*, S. 264.

schaft, der Zugehörigkeit oder Nicht-Zugehörigkeit zu einer Ethnie oder seiner religiösen Überzeugung, aufgeführt. Eine nachteilige Maßnahme aufgrund der Gewerkschaftstätigkeit eines Arbeitnehmers, aber auch eine begünstigende Maßnahme aus demselben Grund ist unwirksam.[53]

Vor diesem Hintergrund lässt sich erklären, dass in Frankreich die „erga-omnes" Wirkung von Tarifverträgen nicht als Verstoß gegen die individuelle Koalitionsfreiheit betrachtet wird, garantiert diese doch die, zumindest, tarifliche Gleichbehandlung aller Arbeitnehmer und setzt damit auf dieser Ebene die durch die individuelle Koalitionsfreiheit garantierte Neutralitätsverpflichtung des Arbeitgebers um.

Anders als in Frankreich verstößt in Deutschland der bloße Umstand Außenseiter anders zu behandeln als gewerkschaftlich organisierte Arbeitnehmer und ihnen tarifliche Leistungen zu versagen, grundsätzlich nicht gegen die (negative) Koalitionsfreiheit der Außenseiter.[54] Vielmehr bedarf es hierfür der Ausübung von Zwang oder Druck auf Außenseiter, einer Gewerkschaft beizutreten.[55] So hat das BAG z. B. einfache Differenzierungsklauseln in Tarifverträgen, die für das Entstehen eines tariflichen Anspruchs als zusätzliches Tatbestandsmerkmal die Mitgliedschaft in der tarifschließenden Gewerkschaft normieren, als wirksam erachtet.[56] Im Rahmen des allgemeinen arbeitsrechtlichen Gleichbehandlungsgrundsatzes ist die Gewerkschaftszugehörigkeit überdies ein zulässiger Differenzierungsgrund im Hinblick auf die Gewährung tariflicher Leistungen.[57] Dies ist im Hinblick auf §§ 3 Abs. 1 und 4 Abs. 1 TVG konsequent.

Der Schutz der individuellen Koalitionsfreiheit ist in Frankreich also weitgehender als in Deutschland.

II. Die kollektive Koalitionsfreiheit

Mit der Präambel der Verfassung von 1946 rückt erstmals auch die kollektivrechtliche Seite der Koalitionsfreiheit in den Blickpunkt,[58] und damit die Idee eines

53 *Pélissier/Supiot/Jeammaud*, Rn. 804.

54 BVerfG, 20.7.1971, 1 BvR 13/69, BVerfGE 31, 297 (302).

55 BVerfG, 11.7.2006, 1 BvL 4/00, BVerfGE 116, 202 (218); BVerfG, 20.7.1971, 1 BvR 13/69, BVerfGE 31, 297 (302).

56 BAG 23.3.2011, 4 AZR 366/09, NZA 2011, 920 (922); BAG 18.3.2009, 4 AZR 64/08, NZA 2009, 1028 ff. Spannungsklauseln, die eine Gleichstellung von tariflich gebundenen Arbeitnehmern und tariflich nicht gebundenen Arbeitnehmern rechtlich unmöglich machen, hat das BAG jedoch mangels Rechtssetzungsmacht der Tarifparteien für die Gestaltung der Arbeitsverträge des Arbeitgebers mit Außenseitern für unwirksam erklärt, BAG 23.3.2011, 4 AZR 366/09, NZA 2011, 920 ff.

57 BAG 23.3.2011, 4 AZR 366/09, NZA 2011, 920 (925); HWK/*Hergenröder*, Art. 3 GG, Rn. 51.

58 *Krieger*, S. 12.

Doppelgrundrechtes. Der Präambel der Verfassung von 1946 kann sowohl eine Koalitionsbestandsgarantie, als auch eine Koalitionsbetätigungsgarantie entnommen werden. Zu beachten ist wiederum, dass die kollektive Koalitionsfreiheit sich nicht allein auf Koalitionen, sondern auch auf regionale Verbandsunionen („unions de syndicats") und Verbände („fédérations de syndicats") bezieht.[59]

1. Bestandsgarantie

Die Garantie einer pluralistischen Berufsverbandsordnung, die der Formulierung des Abs. 6 Präambel der Verfassung von 1946 *„Tout homme peut [...] adhérer au syndicat de son choix"*, also dem Recht des einzelnen der Koalition seiner Wahl beizutreten, entnommen wird,[60] hat, außer der Gewährleistung eines größeren Maßes an individueller Koalitionsfreiheit durch die Möglichkeit der Wahl eines Berufsverbandes unter mehreren, auch eine kollektivrechtliche Seite.

Die Garantie einer pluralistischen Berufsverbandsordnung enthält gleichzeitig eine Bestandsgarantie der Koalitionen.[61] Diese richtet sich in ihrer Schutzrichtung vor allem gegen den Staat. Der Staat darf nicht nur einen Verband zulassen, vielmehr haben alle Berufsverbände eine Existenzberechtigung.[62] Hieraus folgt zunächst die Gründungsfreiheit von Berufsverbänden in ihrer kollektivrechtlichen Ausprägung.[63] Der Staat muss sich jeder Einflussnahme bei der Gründung und der internen Organisation eines Berufsverbandes enthalten.[64] Die Gründungsfreiheit ist Grundvoraussetzung der Bestandsgarantie. Ohne die Möglichkeit zur freien Gründung wäre die Garantie des Bestandes der Berufsverbände wirkungslos.

Des Weiteren beinhaltet die Bestandsgarantie – wie der Name sagt – eine Garantie des Bestandes eines einmal frei gegründeten Berufsverbandes und damit die Unzulässigkeit einer willkürlichen Zwangsauflösung durch den Staat.[65] Hiermit geht insbesondere die Verpflichtung des Staates zur Neutralität gegenüber den Berufsverbänden einher.[66]

---

59 *Kuhnmunch*, Aliéna 6, in: *Conac/Prétot/Teboul*, S. 161; *Pélissier/Supiot/Jeammaud*, Rn. 808; für die Gründungsfreiheit: *Zirpel*, S. 31/32, Rn. 65.

60 *Kuhnmunch*, Aliéna 6, in: *Conac/Prétot/Teboul*, S. 158; *Ogier-Bernaud*, S. 135; *Zirpel*, S. 28, Rn. 58.

61 Engels, S. 172; Prager, S. 61.

62 Zirpel, S. 32, Rn. 66.

63 Einfachgesetzlich garantiert durch Art. L. 2131–2 al. 1 C. trav.

64 Kuhnmunch, Aliéna 6, in: Conac/Prétot/Teboul, S. 159; Pélissier/Supiot/Jeammaud, Rn. 808.

65 *Spyropoulos*, S. 77.

66 *Spyropoulos*, S. 278; *Zirpel*, S. 32, Rn. 66.

2. *Betätigungsgarantie*

Neben der Bestandsgarantie enthält Art. 6 der Präambel der Verfassung von 1946 mit der Gewährleistung einer Interessenverteidigung „par l'action syndicale", ein Recht der Koalitionen auf Tätigwerden. Aus dem nach dem Wortlaut zunächst dem Einzelnen zustehenden Recht auf freie Koalitionsbetätigung – „Jeder Mensch kann seine Rechte und Interessen durch Ausübung einer Koalitionstätigkeit verteidigen [...]" – folgt eine Betätigungsgarantie zugunsten der Koalitionen als solche.[67] Dieses verfassungsrechtlich garantierte Recht der Koalition, in ihrem koalitionsmäßigen Aufgabenbereich tätig zu werden, ist allerdings nicht losgelöst von der individuellen Koalitionsbetätigungsfreiheit der Mitglieder zu betrachten, sondern stellt die notwendige Konsequenz dieser individuellen Freiheit dar.[68] Nur wenn der gewählte Berufsverband ein Recht auf Tätigwerden hat, kann der Einzelne seine Rechte und Interessen „par l'action syndicale" verteidigen.[69] Die Koalitionen haben ein Recht zur Koalitionstätigkeit also nicht um ihrer selbst, sondern um ihrer Mitglieder willen und dürfen die individuelle Koalitionsfreiheit mithin nicht beschneiden bzw. sind mit dieser in Einklang zu bringen.

Den Berufsverbänden ist somit das Recht garantiert, innerhalb ihres koalitionsmäßigen Aufgabenbereiches tätig zu werden. Eine konkrete Beschreibung des geschützten Aufgabenbereiches der Berufsverbände lässt sich der Verfassung jedoch nicht entnehmen. Das einfache Gesetzesrecht umschreibt ihren Aufgabenbereich in Art. L- 2131–1 C.trav. folgendermaßen:

> *„Les syndicats professionnels ont exclusivement pour objet l'étude et la défense des droits ainsi que des intérêts matériels et moraux, tant collectifs qu'individuels, des personnes mentionnées dans leurs statuts.*"[70]

Art. 6 der Präambel der Verfassung vom 1946 garantiert den Berufsverbänden allgemein ein Recht zur „action syndicale". Der konkrete Inhalt der verfassungsrechtlichen Gewährleistung der „action syndicale" ist in Frankreich jedoch nicht durch eine dezidierte verfassungsrechtliche Rechtsprechung ausgeformt und lässt sich nicht ohne weiteres präzisieren.

In der Literatur wird die „action syndicale" regelmäßig in zwei grundsätzliche Arten der Koalitionsbetätigung unterteilt: Die „action revendicative" (a), als fordernde Tätigkeit, und die „action constructive" oder „participation" (b), als

---

67 *Engels*, S. 173; *Spyropoulos*, S. 75; *Verdier*, S. 139; *Zirpel*, S. 35, Rn. 70.

68 *Zirpel*, S. 35, Rn. 71.

69 *Zirpel*, S. 35, Rn. 71.

70 Ausschließlicher Gegenstand der Tätigkeit von Berufsverbänden ist die Wahrung und Förderung der Rechte, sowie der umfassenden kollektiven und individuellen Interessen der in ihrer Satzung genannten Personen.

gestaltende bzw. regelnde Tätigkeit.[71] Auch diese Einteilung sagt aber noch nichts über die Verfassungsqualität der hierunter jeweils gefassten Koalitionsmittel aus und in der Literatur wird auch kaum ein Wort darüber verloren, ob die konkreten Koalitionsmittel lediglich einfachgesetzlich garantiert sind oder gleichzeitig auch Teil der verfassungsrechtlichen Garantie der „action syndicale" sind. An dieser Stelle wird die traditionell nachrangige Rolle der Verfassung im Bereich des Grundrechtsschutzes besonders deutlich.[72]

a) Die „action revendicative"

Als Teil der „action revendicative" wird in der Literatur z. B. das Recht zur freien Ausübung des Koalitionsrechts im Unternehmen über die Gründung und die Funktion von Gewerkschaftssektionen („section syndicale")[73] und der Benennung von Gewerkschaftsdelegierten („délégues syndicaux")[74] genannt.[75] Weiterhin umfasst der Rahmen der „action revendicative" klassischerweise zum einen die „action politique" und zum anderen die „action directe".[76] Unter einer zulässigen „action politique" wird in Frankreich die Nutzung politischer Mittel zu berufsbezogenen Zwecken verstanden, wie z. B. der Appell an die öffentliche Meinung, die Ausübung von Druck auf die Abgeordneten oder der Bezug einer Position bezüglich politischer Probleme.[77] Entscheidende Bedeutung für die Gewerkschaften hat jedoch insbesondere die „action directe". Sie umfasst z. B. die Organisation von Versammlungen, Demonstrationen, Petitionen, die Intervention der Gewerkschaftsführer bei den Arbeitgebern[78] und vor allem den Streik[79]. Dabei muss beachtet werden, dass das Streikrecht in Abs. 7 Präambel der Verfassung von 1946 eine eigene Regelung erfahren hat. Es ist ein kollektiv auszuübendes subjektives Recht des einzelnen Arbeitnehmers und nicht wie in Deutschland ein originäres Betätigungsrecht der Gewerkschaften im Rahmen ihrer kollektiven Koalitionsfreiheit. Das Streikrecht ist in Frankreich also kein Annex zur Koalitionsbetätigungsgarantie, sondern ein originäres Recht der

71 *Verdier*, S. 567; *Krieger*, S. 38; *Zirpel*, S. 3, Rn. 74.

72 Nähere Ausführungen zur traditionell nachrangigen Rolle der Verfassung im Bereich des Grundrechtsschutzes vorstehend in der Einleitung zu § 2 dieses Teils.

73 Siehe hierzu Teil 2 § 2 B. IV. 2. a).

74 Siehe hierzu Teil 2 § 2 B. IV. 2. a) bb) sowie § 1 C.

75 *Pélissier/Supiot/Jeammaud*, Rn. 842.

76 *Verdier*, S. 568.

77 *Verdier*, S. 465/466.

78 *Verdier*, S. 568.

79 *Spyropoulos*, S. 315: „L'intervention des syndicats dans les conflits collectifs du travail constitue une des plus importantes manifestations de l'action syndicale."; *Pélissier/Supiot/Jeammaud*, Rn. 843; *Verdier*, S. 568.

Arbeitnehmer. Eine ausführliche Untersuchung des Streikrechts in Frankreich findet sich in Teil 4 dieser Arbeit. Für weitere Ausführungen zum Streikrecht wird hierauf verwiesen.

Ob und inwieweit neben dem originären Streikrecht der Arbeitnehmer zusätzlich ein Recht der Gewerkschaften zum Streikaufruf bzw. zur Organisation eines Streiks als Teil der Betätigungsgarantie der kollektiven Koalitionsfreiheit verfassungsrechtlich garantiert ist, vermag nicht mit Sicherheit festgestellt werden. In der Literatur wird dieser Frage keine Beachtung geschenkt.

Die Literatur ordnet den Streik der „action directe“ der Gewerkschaften zu, obwohl das Streikrecht unbestritten in erster Linie ein verfassungsrechtlich garantiertes subjektives Recht der Arbeitnehmer ist. Dies macht deutlich, dass die Literatur mit der inhaltlichen Konkretisierung der „action syndicale“ nicht zwangsläufig eine Aussage über die verfassungsrechtliche Qualität der konkreten Koalitionsmittel trifft.

b) Die „action constructive“ oder „participation“

Bedeutsam im Rahmen der „action constructive“ oder „participation“ ist zunächst das Recht der Gewerkschaften zur gerichtlichen Interessenverteidigung, die sogenannte „action en justice“.[80] Auch dieses Recht ist jedoch nicht sicher verfassungsrechtlich garantiert. Einfachgesetzlich ist es in Art. L. 2132–3 C. trav. geregelt, der insofern bestimmt:

> *„Les syndicats ont le droit d'agir en justice. Ils peuvent, devant toutes les juridictions, exercer tous les droits réservés à la partie civile concernant les faits portant un préjudice direct ou indirect à l'intérêt collectif de la profession qu'ils représentent.“*[81]

Damit geht die Erlaubnis zur gerichtlichen Geltendmachung eigener Interessen des Verbandes einher. Weiterhin kann ein Berufsverband die Individualinteressen seiner Mitglieder in deren Namen vertreten. Die wirkliche „action syndicale“ besteht unterdessen in der Möglichkeit, die kollektiven Interessen eines ganzen Berufszweiges gerichtlich zu vertreten[82] und zwar sowohl vor den Zivil- als auch vor den Straf- und Verwaltungsgerichten[83]. In diesem Rahmen sind Gewerk-

---

80 Ausführlich hierzu z. B. *Pélisier/Supiot/Jeammaud*, Rn. 844 ff. oder *Verdier*, S. 583 ff; in deutscher Sprache zusammenfassend z. B. *Krieger*, S. 42.

81 Die Koalitionen haben das Recht vor Gericht Klage zu erheben. In Bezug auf Tatsachen, die dem Kollektivinteresse der von ihnen vertretenen Berufsgruppe direkten oder indirekten Schaden zufügen, können sie vor allen Gerichtsbarkeiten alle den Parteien vorbehaltenen Rechte ausüben.

82 *Pélisier/Supiot/Jeammaud*, Rn. 846.

83 *Pélisier/Supiot/Jeammaud*, Rn. 850.

schaften, sogar solche die nicht Tarifpartei sind[84], unter anderem berechtigt den Arbeitgeber auf die Anwendung geltender Tarifverträge zu verklagen.[85] An dieser Stelle wird mit der Tatsache, dass auch Gewerkschaften die nicht Tarifpartei sind ein Klagerecht gegen den Arbeitgeber auf Anwendung geltender Tarifverträge haben, besonders deutlich, dass sich das „kollektive Interesse eines Berufszweiges“ von dem eigenen Interesse des Berufsverbandes underscheidet.

Weiterhin Teil des kollektiven Interesses eines Berufszweiges ist die Einhaltung arbeitsgesetzlicher Bestimmungen wie gesetzlich vorgeschriebener Pausenzeiten oder der Arbeitssicherheits- und Hygienebestimmungen und Gewerkschaften können bei Nichteinhaltung dieser Bestimmungen gerichtlich gegen den Arbeitgeber vorgehen.[86]

Die „action syndicale“ ist dabei insofern nicht mit einer „class action“[87] nach US-amerikanischem Vorbild vergleichbar, als dass die Berufsverbände im Rahmen einer solchen Klage nicht eine Mehrzahl übereinstimmender individueller Ansprüche bestimmter Arbeitnehmer geltend machen und die betroffenen Arbeitnehmer selbst Prozesspartei werden. Berufsverbände handeln im Rahmen einer „action syndicale“ vielmehr ausschließlich im eigenen Namen und vertreten die „kollektiven Interessen eines Berufszweiges“ als eine eigene „Interessens-Kategorie“.

Die Feststellung, was Teil des kollektiven Interesses eines Berufszweiges ist erfolgt dabei insbesondere in Abgrenzung einerseits zum reinen öffentlichen Interesse, zu dessen Verteidigung ausschließlich der Staat befugt ist, und andererseits zum ausschließlich individuellen Interesse einzelner Arbeitnehmer, welches nur diese gerichtlich geltend machen können.[88] Das Bestehen eines ausschließlich individuellen Arbeitnehmerinteresses und damit die Prozessführungsbefugnis einer Gewerkschaft verneint hat der Cour de cassation z. B. in einem Fall, in dem es einzig um die Modalitäten der Ausführung eines Arbeitsvertrages ging, ohne dass hierbei beispielsweise tarifvertragliche Rechte betroffen waren[89], oder

84 Cass. soc. 16.1.2008, Bull. civ. V, n° 10.

85 Cass. soc. 12.6.2001, Bull. civ. V, n° 221.

86 So hat der Cour de cassation z. B. im Fall von Arbeitsunfällen, die – zumindest potentiell – aufgrund einer Nichteinhaltung der geltenden Sicherheitsbestimmungen entstanden waren, Gewerkschaften als Nebenkläger im Strafprozess zugelassen, da hierbei neben individuellen und öffentlichen Interessen auch kollektive Interessen des Berufszweiges als betroffen anzusehen waren (Cass. crim. 3.12.1981, Bull. crim., n° 323; Cass. crim. 20.3.1972, Bull. crim., n° 111). Die Verletzung von Bestimmungen des C. trav. ist häufig auch strafrechtlich sanktioniert.

87 Vgl. z. B. Hübinger, in: Beck'sches Rechtsanwalts-Handbuch, § 26, Rn. 96.

88 Hierzu und zum Folgenden vgl. *Pélisier/Supiot/Jeammaud*, Rn. 847 ff.; Krieger, S. 42.

89 Cass. soc. 21.10.1981, Bull. civ. V, n° 811.

in einem Fall der Anerkennung einer Gesellschaft als (Mit-)Arbeitgeber („co-employeur")[90] angenommen.

Als elementarer Bestandteil der „participation" wird weiterhin die Verhandlung von Tarifverträgen genannt. Dieses Recht ist den Gewerkschaften einfachgesetzlich zugewiesen.[91] Auch hier ist jedoch zu beachten, dass das Recht auf Kollektivverhandlungen in Abs. 8 Präambel der Verfassung von 1946 eine eigene Regelung erfahren hat, auf die im Folgenden im Rahmen der Frage nach dem Bestehen von Tarifautonomie in Frankreich noch ausführlich einzugehen sein wird. An dieser Stelle wird dann auch erörtert werden, ob und inwieweit den Gewerkschaften in Bezug auf die Verhandlung und den Abschluss von Tarifverträgen eine verfassungsrechtlich garantierte Rolle zukommt.

B. Tarifautonomie im französischen Tarifsystem?

An die Frage nach der Koalitionsfreiheit in Frankreich schließt sich die Frage an, ob in Frankreich Tarifautonomie garantiert wird (II). Einen einheitlich definierten Rechtsbegriff der Tarifautonomie gibt es in Frankreich nicht. Im Folgenden wird dies deshalb am Maßstab der deutschen Begriffsbildung (I.) diskutiert.

I. Der deutsche Begriff der Tarifautonomie

Tarifautonomie bezeichnet in Deutschland das Recht der Koalitionen „autonom", d. h. grundsätzlich ohne Einflussnahme des Staates, Arbeitsbedingungen zu regeln.[92] Dieses Recht der Koalitionen zur Regelung der Arbeits- und Wirtschaftsbedingungen mittels Tarifvertrag ist durch Art. 9 Abs. 3 GG als koalitionsspezifische Verhaltensweise im Rahmen der Betätigungsfreiheit der Koalitionen, die Teil der kollektiven Koalitionsfreiheit ist, verfassungsrechtlich geschützt.[93]

Charakteristisch für das deutsche Verständnis von Tarifautonomie ist also zunächst das Recht der Koalitionen zur Regelung der Arbeitsbedingungen durch Tarifvertrag. Hierbei handelt es sich um ein eigenes Recht der Koalitionen.

---

90 Cass. soc. 23.1.2008, Bull. civ. V., n° 22.

91 „Les organisations de salariés constituées en syndicats professionnels sont seules admises à négocier les conventions et accords collectifs de travail", Art. L. 2132–2 C. trav.

92 Vgl. BverfG 24.4.1996, 1 BvR 712/86, BVerfGE 94, 268 (283).

93 BVerfG in ständiger Rechtsprechung, vgl. BverfG 11.7.2006, 1 BvL 4/00, BVerfGE 116, 202 (216); BverfG 3.4.2001, 1 BvL 32/97, BverfGE 103, 293 (304); BverG 24.4.1996, 1 BvR 712/86, 94, 268 (283); BVerfG 2.3.1993, 1 BvR 1213/85, BverfGE 88, 103 (114).

Diese Normsetzungsbefugnis steht den Koalitionen dabei grundsätzlich ausschließlich gegenüber ihren Mitgliedern zu.[94] Die Mitgliedschaft legitimiert die Regelungsmacht der Koalitionen.[95] Im Hinblick auf die Begründung der Normsetzungsbefugnis ist dies nur konsequent. Personell bezieht sich die Tarifautonomie bzw. die Tarifkompetenz also grundsätzlich auf die Mitglieder der tarifschließenden Koalitionen. Nur durch diese sind die Koalitionen legitimiert, verbindliche Normen zu schaffen.

Weiterhin charakteristisch für die Tarifautonomie nach deutschem Recht ist die Tatsache, dass den Koalitionen von der Verfassung durch Art. 9 Abs. 3 GG auf dem Gebiet der Arbeits- und Wirtschaftsbedingungen ein eigener Regelungsbereich zuerkannt worden ist, ein Recht der Koalitionen, die Arbeits- und Wirtschaftbedingungen im Verhältnis zum Staat grundsätzlich *autonom* zu gestalten.[96] Eine Regelungsbefugnis des Gesetzgebers in dem für tarifvertragliche Regelungen offen stehenden Bereich bleibt zwar bestehen, bedarf jedoch einer verfassungsrechtlichen Rechtfertigung. So hat das BVerfG mehrfach entschieden, dass Art. 9 Abs. 3 GG *„den Tarifvertragsparteien in dem für tarifvertragliche Regelungen offen stehenden Bereich zwar ein Normsetzungsrecht, aber kein Normsetzungsmonopol"* gewährt. *„Der Gesetzgeber bleibt befugt das Arbeitsrecht zu regeln (vgl. Art. 74 Abs. 1 Nr. 12 GG). Damit verbundene Beeinträchtigungen der Tarifautonomie sind verfassungsgemäß, wenn der Gesetzgeber mit ihnen den Schutz der Grundrechte Dritter oder anderer mit Verfassungsrang ausgestatteter Belange bezweckt und wenn sie den Grundsatz der Verhältnismäßigkeit wahren."*[97]

II. Das „Recht auf Kollektivverhandlungen" („droit à la négociation collective") in Frankreich

Im Gegensatz zur Tarifautonomie in Deutschland hat in Frankreich das „Recht auf Kollektivverhandlungen" („droit à la négociation collective") durch Abs. 8 Präambel der Verfassung von 1946 eine eigene Regelung erfahren:

> *„Tout travailleur participe, par l'intermédiaire de ses délégués, à la détermination collective des conditions de travail ainsi qu'à la gestion des entreprises."*[98]

94 BVerfG. 14.6.1983, 2 BvR 488/80, BVerfGE 64, 208 (215).

95 Hierzu z. B.: ErfK/*Dietrich*, Art. 9 GG, Rn. 57; HWK/*Hergenröder*, Art. 9 GG, Rn. 73; Ausführlich *Bayreuther*, S. 55 ff.; a. A. *Gamillscheg*, § 15 III, 3 b).

96 BverfG 3.4.2001, 1 BvL 32/97, BverfGE 103, 293 (304); BVerfG 24.4.1996, 1 BvR 712/86, BVerfGE 94, 268 (283); BVerfG 24.5.1977, 2 BvL 11/74, BVerfGE 44, 322 (340/341).

97 BverfG 3.4.2001, 1 BvL 32/97, BverfGE 103, 293 (306); vgl. auch BVerfG 24.4.1996, 1 BvR 712/86, BVerfGE 94, 268 (284).

98 Jeder Arbeiter nimmt mittels seiner Delegierten an der kollektiven Bestimmung der Arbeitsbedingungen sowie an der Führung der Unternehmen teil.

Der erste Halbsatz dieser Bestimmung bildet die verfassungsrechtliche Grundlage des französischen Tarifvertragsystems.[99] Ebenso wie die Koalitionsfreiheit wird die Verfassungsqualität des Abs. 8 Präambel der Verfassung von 1946 über die Verweisung in der Präambel der französischen Verfassung auf die Präambel der Verfassungs von 1946 hergeleitet.[100]

Das französische Recht kennt also ein verfassungsrechtlich garantiertes Recht auf kollektive Bestimmung der Arbeitsbedingungen. Wer aber ist Träger dieses „Rechts auf Kollektivverhandlungen" in Frankreich? (1.). Und garantiert Abs. 8 Präambel der Verfassung von 1946 ein *autonomes* Recht auf kollektive Bestimmung der Arbeitsbedingungen? (2.).

1. Das Recht auf Kollektivverhandlungen – ein verfassungsrechtlich garantiertes Recht der Gewerkschaften?

Beachtenswert in Bezug auf Abs. 8 der Präambel der Verfassung von 1946 ist zunächst die Formulierung „*Tout travailleur participe [...]*", d. h. „Jeder Arbeitnehmer nimmt [...] teil". Das Recht auf Kollektivverhandlungen ist also ein Recht jeden Arbeitnehmers.[101] So bestimmt Art. L. 2221–1 C. trav. in Satz zwei der Vorschrift auch: „*Il définit les règles suivant lesquelles s'exerce le droit des salariés à la négociation collective [...].*"[102] Die Ausübung dieses Rechts erfolgt „*par l'intermédiaire de ses délégués*", also mittels Delegierter. Die Präambel der Verfassung von 1946 zeichnet das System zur kollektiven Bestimmung der Arbeitsbedingungen, mithin das Tarifvertragssystem, damit als ein repräsentatives System, in dem der einzelne Arbeitnehmer an der Bestimmung kollektiver Regelungen nicht direkt teilnimmt, sondern hierbei durch Delegierte vertreten wird.[103] Wie im Laufe der Arbeit festzustellen sein wird, ist diese Idee der Kollektivverhandlungen nach dem Vorbild eines repräsentativen demokratischen Sys-

---

99 Interessant ist, dass im zweiten Halbsatz ausdrücklich die betriebliche Mitbestimmung angesprochen ist, eine solche in Frankreich aber nur sehr eingeschränkt besteht. Das Problem betrieblicher Mitbestimmung in Frankreich soll im Rahmen dieser Arbeit jedoch nicht weiter vertieft werden.

100 Siehe hierzu vorstehend die Einleitung zu § 2 dieses Teils; explizit zu Abs. 8 Präambel der Verfassung von 1946 zudem *Daniel*, Aliéna 8, in: *Conac/Prétot/Teboul*, S. 179, sowie der Conseil constitutionnel, der in mehreren Entscheidungen den Verfassungsrang dieses Rechts auf Kollektivverhandlungen bestätigt: C.C. 18.1.1978, déc. n° 77–92 DC; C.C. 25.7.1989, déc. n° 89–257; C.C. 6.11.1996, déc. n° 96 – 383 DC, Pélissier/Lyon-Caen/Jeammaud/Dockès, Nr. 157.

101 *Fromont*, S. 279.

102 Es (das vorliegende Buch des C. trav.) definiert die Regeln, nach denen *das Recht der Arbeitnehmer* auf Kollektivverhandlungen ausgeübt wird [...].

103 So auch: *Morin*, S. 76.

tems charakteristisch für das französische Tarifvertragsrecht.[104] Sie findet sich sowohl in der Ermittlung der tariffähigen Gewerkschaft nach dem Kriterium der Repräsentativität[105] als auch in dem beim Abschluss von Tarifverträgen geltenden Mehrheitsprinzip[106] wieder. Das Recht auf Kollektivverhandlungen ist nach dem französischen Verständnis, im Gegensatz zur deutschen Konzeption der Tarifautonomie, also kein originäres Recht der Gewerkschaften.[107]

An dieser Stelle wird die Bedeutung der Tatsache deutlich, dass das Recht auf Bestimmung der kollektiven Arbeitsbedingungen in Deutschland als Teil der Betätigungsfreiheit der Koalitionen im Rahmen der kollektiven Koalitionsfreiheit gewährleistet wird, wohingegen in Frankreich die Koalitionsfreiheit und das Recht zur kollektiven Bestimmung der Arbeitsbedingungen zwei voneinander getrennte, verfassungsmäßig garantierte Rechte darstellen[108]. Diese unterschiedliche Grundkonzeption des Rechts auf Kollektivverhandlungen in Frankreich zieht weitere entscheidende Konsequenzen nach sich. So ist die Verhandlung kollektiver Arbeitsbedingungen insbesondere kein originäres Betätigungsrecht der Gewerkschaften zugunsten der von ihnen repräsentierten Mitglieder.[109] Vielmehr hat jeder Arbeitnehmer, nicht nur der gewerkschaftlich organisierte, das Recht, „mittels seiner Delegierten“ an der Verhandlung der kollektiven Arbeitsbedingungen teilzuhaben.[110]

Vor diesem Hintergrund rechtfertigt sich auch die bereits erläuterte „erga-omnes“ Wirkung von Tarifverträgen. Ist die Bestimmung der kollektiven Arbeitsbedingungen kein originäres Betätigungsrecht der Gewerkschaften, sondern ein Recht jeden Arbeitnehmers, so gebührt das Ergebnis der Kollektivverhandlungen konsequenterweise auch nicht ausschließlich den Gewerkschaftsmitgliedern. Vielmehr steht es im Rahmen der individuellen Koalitionsfreiheit jedem Arbeitnehmer frei, sich einer Gewerkschaft anzuschließen oder dies zu unterlassen.[111] Unabhängig davon muss jeder Arbeitnehmer, ohne Differenzierung nach dem gewerkschaftlichen Organisationsstatus, das Recht haben, „mittels seiner Delegierten“ an der Bestimmung der kollektiven Arbeitsbedingungen teil

104 Dies gilt umso mehr seit der Reform der Bestimmungen zur Repräsentativität von Gewerkschaften durch das Gesetz vom 20.8.2008 und der breiten Einführung des Mehrheitsprinzips zur Wirksamkeit von Tarifverträgen.

105 Zum Recht der Repräsentativität siehe Teil 2 § 2. B.

106 Zum Mehrheitsprinzip siehe Teil 2 § 3.

107 C.C. 6.11.1996, déc. n° 96–383 DC, Pélissier/Lyon-Caen/Jeammaud/Dockès, n° 157, obs. S. 722; *Morin*, S. 75.

108 *Morin*, S. 75: „Liberté syndicale et négociation collective sont deux principes constitutionnels indépendants.“.

109 *Morin*, S. 75/76.

110 *Morin*, S. 76.

111 Vgl. *Morin*, S. 75.

zu haben und folglich von gegebenenfalls zustande gekommenen Tarifabschlüssen zu profitieren.[112] Während die Normsetzungsbefugnis der Koalitionen in Deutschland also auf der kollektiven Koalitionsfreiheit basiert, letztere wiederum eine Realisierung und Verstärkung der individuellen Koalitionsfreiheit darstellt und damit der personelle Geltungsbereich von Tarifverträgen grundsätzlich auf die Mitglieder der tarifschließenden Koalitionen beschränkt ist, so muss die Befugnis der Gewerkschaften in Frankreich zum Tarifabschluss unabhängig von der Koalitionsfreiheit und dabei insbesondere unabhängig von der individuellen Koalitionsfreiheit der Mitglieder betrachtet werden. Die Mitgliedschaft in einer Gewerkschaft ist daher nicht Grundlage der Legitimation der Regelungsbefugnis der Gewerkschaften. Die Gewerkschaften erfüllen bei der Verhandlung und dem Abschluss von Tarifverträgen vielmehr die Funktion der „Delegierten" i. S. d. Abs. 8 der Präambel der Verfassung von 1946 und fungieren damit als Vertreter der gesamten, von den kollektiven Bestimmungen betroffenen, Arbeitnehmerschaft. Damit erfährt nicht nur die Anwendbarkeit eines Tarifvertrages auf Außenseiter, sondern auch auf Andersorganisierte eine Rechtfertigung.

Wie festgestellt, ist das „droit à la négociation collective" kein verfassungsmäßiges Recht der Gewerkschaften zugunsten ihrer Mitglieder. Es stellt sich unterdessen die Frage, ob den Gewerkschaften das Recht auf Verhandlung und Abschluss von Tarifverträgen in ihrer Rolle als „Delegierte", als Vertreter der Arbeitnehmer in einem repräsentativen System, von der Verfassung garantiert wird. Dem Wortlaut des Abs. 8 der Präambel der Verfassung von 1946 kann hierzu nichts entnommen werden. Wer die entsprechenden „Delegierten" sind, wird nicht ausgeführt. Weiterhin spricht viel dafür, dass der Staat hierdurch zwar eine Teilnahme der Arbeitnehmer an der Bestimmung der kollektiven Arbeitsbedingungen garantiert, die genauen Modalitäten dieser Beteiligung durch Abs. 8 Präambel der Verfassung von 1946 jedoch nicht festgelegt werden sollten, sondern dies dem Gesetzgeber überlassen wurde. So wurde in den vorbereitenden Debatten zur Verfassung von 1946 eine Übereinkunft in der Frage erzielt, dass die Kollektivverhandlungen allen Arbeitnehmern, sogar den Außenseitern, zugute kommen sollen.[113] Ein Zusatz mit der Präzisierung, dass die kollektive Bestimmung der Arbeitsbedingungen sich im Rahmen der Berufsverbände („dans le cadre de l'organisation professionnelle") abspielen soll, wurde dagegen mit dem Einwand zurückgewiesen, dass es sich hierbei um eine Frage der Anwendung und nicht um eine Frage des Prinzips handelt. So wurde dann auch vertreten, dass das Recht auf Kollektivverhandlungen den Gewerkschaften auch nicht in

112 Vgl. *Morin*, S. 76.

113 Zum Inhalt der vorbereitenden Debatte zur Verfassung von 1946 siehe: *Rivéro/Vedel*, S. 25.

der Rolle des „Delegierten“, des Vertreters der Arbeitnehmer, von der Verfassung garantiert wird.[114]

Eine Aufsehen erregende Entscheidung des Conseil constitutionnel aus dem Jahr 1996[115] lässt jedoch auf ein anderes Ergebnis schließen. In dieser Entscheidung wurde die Verfassungswidrigkeit eines Gesetzes gerügt, dass unter bestimmten Bedingungen gewählte Arbeitnehmervertreter, also Nicht-Gewerkschaftsvertreter, zur Verhandlung und zum Abschluss von Firmentarifverträgen zulässt. Einen Verstoß gegen Abs. 6 und Abs. 8 Präambel der Verfassung von 1946 lehnt das Gericht zwar mit dem Hinweis darauf ab, dass die Gewerkschaften kein Monopol im Bereich der Kollektivverhandlungen hätten.[116] Es führt aber weiterhin aus, dass diese Bestimmungen der Präambel der Verfassung von 1946 den Gewerkschaften die „natürliche Berufung“ („vocation naturelle“) verleihen, die Rechte und Interessen der Arbeitnehmer insbesondere im Wege der Kollektivverhandlungen zu gewährleisten. Die Beteiligung der gewählten Arbeitnehmervertreter an der Bestimmung der kollektiven Arbeitsbedingungen dürfe nicht dazu führen, die repräsentativen Gewerkschaften an derselben zu hindern. Das Gericht stellt damit eine Verbindung zwischen dem Recht auf Kollektivverhandlungen des Abs. 8 Präambel der Verfassung von 1946 und der im Rahmen der kollektiven Koalitionsfreiheit geschützten Betätigungsgarantie aus Abs. 6 Präambel der Verfassung von 1946 her. Danach gebührt den Gewerkschaften zwar kein Monopol in der Rolle des Vertreters der Arbeitnehmer im Bereich der Kollektivverhandlungen. Die kollektive Koalitionsfreiheit in Form der Betätigungsgarantie („action syndicale“) sichert den Gewerkschaften aber verfassungsrechtlich eine entscheidende Rolle hierbei zu.[117] Ein vollkommener Ausschluss der Gewerkschaften bei der kollektiven Bestimmung der Arbeitsbedingungen wäre demnach verfassungswidrig.[118]

Im Ergebnis kann mithin festgehalten werden, dass das Recht auf Kollektivverhandlungen zwar kein originäres Recht der Gewerkschaften ist, die Gewerkschaften jedoch in ihrer Funktion des „Delegierten“ durch die ihnen in Abs. 6

---

114 So im Ergebnis: *Zirpel*, S. 137, Rn. 266.

115 C.C. 6.11.1996, déc. n° 96–383 DC, Pélissier/Lyon-Caen/Jeammaud/Dockès, n° 157.

116 Die Bestimmungen über die Möglichkeit des Abschlusses eines Firmentarifvertrages durch gewählte Vertreter der Arbeitnehmerschaft ist insbesondere vor dem Hintergrund zu sehen, dass einziges kollektives Regelungsinstrument der Tarifvertrag ist. Betriebsvereinbarungen kennt das französische Arbeitsrecht nicht. Zur Verhandlung von Firmentarifverträgen unter Abwesenheit durch gewählte Arbeitnehmervertreter siehe z. B.: *Mazeaud*, Dr. soc. 2009, 669 ff.

117 *Morin*, Dr. soc. 2008, 24 (25); *Ogier-Bernaud*, S. 150/151.

118 So auch: C.C. 6.11.1996, déc. n° 96–383 DC, Pélissier/Lyon-Caen/Jeammaud/Dockès, n° 157, obs., S. 722.

Präambel der Verfassung von 1946 garantierte kollektive Koalitionsfreiheit verfassungsrechtlich geschützt sind.

2. *Das Recht auf kollektive Bestimmung der Arbeitsbedingungen nach Abs. 8 Präambel der Verfassung von 1946 – Gewährleistung einer autonomen Regelungsbefugnis?*

Zu klären bleibt die Frage, ob Abs. 8 Präambel der Verfassung von 1946 den Arbeitnehmern bzw. ihren Vertretern eine diesen vorbehaltene Regelungskompetenz zur kollektiven Bestimmung der Arbeitsbedingungen in dem Sinne gewährleistet, dass die Regelungskompetenz des Staates in diesem Bereich nachrangig ist, den Arbeitnehmern also eine autonome Regelungskompetenz für den Bereich der kollektiven Arbeitsbedingungen zugewiesen ist.

Diese Frage ist zu verneinen. Eine, dem deutschen Recht vergleichbare, verfassungsrechtlich geschützte Tarifautonomie gibt es in Frankreich nicht.[119]

Dieses Ergebnis ergibt sich insbesondere aus dem Zusammenspiel des Abs. 8 Präambel der Verfassung von 1946 mit Art. 34 französische Verfassung. Dieser lautet:

> *„La loi détermine les principes fondamentaux [...] du droit du travail, du droit syndicale et de la Sécurité sociale.“*[120]

Damit behält Art. 34 französische Verfassung die Regelung der grundlegenden Prinzipien des Arbeitsrechts, des Koalitionsrechts und der Sozialversicherung dem Gesetzgeber vor. Die Wahl dieser sehr weiten Formulierung der Kompetenzen des Gesetzgebers in Art. 34 französische Verfassung kennzeichnet die Abwesenheit eines grundsätzlich den Kollektivverhandlungen vorbehaltenen Regelungsbereiches.[121] Damit garantiert Abs. 8 Präambel der Verfassung von 1946 den Arbeitnehmern also weder einen diesen gänzlich vorbehaltenen, noch einen diesen vorrangig zustehenden Regelungsbereich, den der Gesetzgeber zu respektieren hat und in dem dessen Regelungskompetenz eine grundsätzliche

---

119 So auch: *Borenfreund/Souriac*, Dr. soc. 2003, 72 (77): „Et c'est bien là une des caractéristiques de notre système: il n'y a pas de domaine réservé à la négociation collective, encore moins de principe d'autonomie des partenaires sociaux à l'allemande.“; *Mazeaud*, Dr. soc. 2003, 361 (361) „Il n'existe pas véritablement d'autonomie collective au sens fort en droit français.“; *Morin*, Le droit des salariés à la négociation collective, S. 81: „La Constitution garantit le droit à la négociation, mais non "l'autonomie collective".“, sowie im Ergebnis: *Zirpel*, S.136/137, Rn. 266.

120 Das Gesetz bestimmt die grundlegenden Prinzipien des Arbeitsrechts, des Koalitionsrechts und der Sozialversicherung.

121 *Daniel*, Aliéna 8, in: *Conac/Prétot/Teboul*, S. 205.

Einschränkung erfährt.[122] Abs. 8 Präambel der Verfassung von 1946 garantiert den Arbeitnehmern zwar ein Recht auf Kollektivverhandlungen, jedoch nur im Rahmen der gesetzlichen Bestimmungen.[123] Dies ist nicht nur ein Gesetzesvorbehalt, sondern wird in Zusammenhang mit Art. 34 französische Verfassung als Ausgestaltungsvorbehalt verstanden, dessen Grenze der Kernbereich der in Abs. 8 Präambel der Verfassung von 1946 garantierten Rechte bildet:

Die Bestimmung der Voraussetzungen der Ausübung des Rechts aus Abs. 8 Präambel der Verfassung von 1946 gebührt dem Gesetzgeber.[124] Bei der Wahrnehmung dieser Kompetenz muss der Gesetzgeber wiederum die verfassungsmäßig garantierten Rechte der Arbeitnehmer beachten.[125] Das bedeutet jedoch eine Einschränkung der Regelungsmacht des Gesetzgebers einzig insoweit, dass dieser das Recht auf Kollektivverhandlungen nicht komplett abschaffen darf,[126] dass der Gesetzgeber keinen Arbeitnehmer von dem Recht auf Kollektivverhandlungen, unabhängig von seiner Gewerkschaftszugehörigkeit, ausschließen darf,[127] sowie, dass der Gesetzgeber den Verhandlungspartnern einen gewissen Regelungsfreiraum zur kollektiven Bestimmung der Arbeitsbedingungen belassen muss.[128] Das Recht der Kollektivverhandlungen ist folglich stark umrahmt durch die Intervention des Gesetzgebers, der dessen Ausübung abändern darf und die Bereiche bestimmt, in denen sie sich vollzieht.[129] Der Gesetzgeber hat also einen weiten Handlungsspielraum bei der Frage, in welchem Rahmen die Sozialpartner die kollektiven Arbeitsbedingungen durch Kollektivvereinbarungen regeln können.

Die Verteilung der Regelungskompetenz ist also genau gegenläufig zum deutschen Prinzip der Tarifautonomie. Während in Deutschland den Sozialpartnern eine vorrangige Regelungskompetenz im Bereich der Bestimmung der kollektiven Arbeitsbedingungen zukommt und der Gesetzgeber eine verfassungsmäßige Rechtfertigung für eigene Regelungen in diesem Bereich benötigt, so liegt in Frankreich die Regelungskompetenz zur Bestimmung der Arbeitsbe-

---

122 *Fourcade*, S. 50; *Morin*, S. 81; *Ogier-Bernaud*, JCP G 2004, I 118, S. 493 (496); *Daniel*, Aliéna 8, in: *Conac/Prétot/Teboul*, S. 205/206.

123 *Morin*, S. 81/82; *Ogier-Bernaud*, JCP G 2004, I 118, S. 493 (496).

124 C.C. 6.11.1996, déc. n° 96–383 DC, Pélissier/Lyon-Caen/Jeammaud/Dockès, n° 157, considérant 9 und 21; *Fourcade*, S. 52; *Daniel*, Aliéna 8, in: *Conac/Prétot/Teboul*, S. 206.

125 C.C. 10.6.1998, déc. n° 98–401 DC; C.C. 6.11.1996, déc. n° 96–383 DC, Pélissier/Lyon-Caen/Jeammaud/Dockès, n° 157, considérant 9: „; que c'est au législateur qu'il revient de déterminer dans le respect des disposition à valeurs constitutionnelle ci-dessus rappelées, la mise en oeuvre de ces derniers;".

126 So zumindest *Morin*, S. 85; *Ogier-Bernaud*, JCP G 2004, I 118, S. 493 (496).

127 *Morin*, S. 85; *Rivéro/Vedel*, S. 25.

128 So zumindest: *Morin*, S. 85.

129 *Ogier-Bernaud*, JCP G 2004, I 118, S. 493 (496).

dingungen vorrangig beim Staat. Dieser muss dabei lediglich den Kernbereich der durch Art. 8 Präambel der Verfassung von 1946 garantierten Rechte der Arbeitnehmer beachten. Treffend schreibt hierzu *Lyon-Caen*[130]: *„Nous sommes (...) les héritiers d'une tradition où l'autonomie collective a été construite dans l'hétéronomie. L'autonomie collective est à la fois garantie par l'État et lui est soumise.“*[131]

Die Regelungskompetenz der Arbeitnehmer bzw. ihrer „Delegierten“ zur kollektiven Bestimmung der Arbeitsbedingungen steht diesen allein aufgrund und im Rahmen staatlicher – gesetzgeberischer – Delegation zu.[132] Es handelt sich folglich nicht um eine autonome Regelungsbefugnis der Arbeitnehmer bzw. ihrer „Delegierten“, die *„materiellen Arbeitsbedingungen in einem von staatlicher Rechtssetzung frei gelassenen Raum in eigener Verantwortung und im wesentlichen ohne staatliche Einflussnahme durch unabdingbare Gesamtvereinbarungen sinnvoll zu ordnen“*[133].

Entsprechend der soeben erläuterten Konzeption der gesetzlichen Bestimmung des Verhandlungsraums und -rahmens von Kollektivvereinbarungen wird in der französischen Literatur die Frage, ob und inwieweit den Sozialpartnern eine „autonomie collective“ garantiert wird, oftmals nicht vor dem Hintergrund der Verfassung, sondern nach einer Analyse der einfachen Gesetze vorgenommen.[134] Dies bestätigt zusätzlich, dass die Regelungskompetenz den Sozialpartnern vom Gesetzgeber verliehen wird und eine „autonomie collective“ allenfalls im Rahmen der vom Gesetzgeber vorgegebenen Regelungen stattfindet. Weiterhin erklärt sich vor diesem Hintergrund die wesentlich stärkere gesetzliche Regulierung des Tarifvertrags- und Arbeitsrechts insgesamt, wie z. B. die Bestimmung von Verhandlungspflichten oder die Bestimmung gesetzlicher Mindestlöhne.

Zusammenfassend ist festzustellen, dass den Arbeitnehmern bzw. ihren „Delegierten“ durch Abs. 8 der Präambel der Verfassung von 1946 kein Recht zur *autonomen* Regelung der Arbeitsbedingungen gewährleistet wird.

130 *Lyon-Caen*, Anomie, autonomie et hétéronomie en Droit du travail, in: En hommage à P. Horion, Faculté de droit bèlge, Liège 1972, S. 173 (zitiert nach: *Fourcade*, S. 52).

131 Wir sind die Erben einer Tradition, in der die kollektive Autonomie in der Heteronomie konstruiert wurde. Die kollektive Autonomie wird zugleich vom Staat garantiert und ist diesem unterworfen.

132 *Borenfreund/Souriac*, Dr. soc. 2003, 72 (77/78).

133 BVerfG 24.5.1977, 2 BvL 11/74, BVerfGE 44, 322 (341).

134 So z. B. bei *Yannakourou*.

III. Ergebnis

Eine Tarifautonomie im Sinne des deutschen Rechts besteht in Frankreich nicht.

Träger des Rechts auf Kollektivverhandlungen sind nach Abs. 8 Präambel der Verfassung von 1946 die einzelnen Arbeitnehmer. Gewerkschaften erfüllen im französischen Tarifsystem die – verfassungsrechtlich geschützte – Funktion als „Delegierte" der Arbeitnehmer.

Auch in ihrer Rolle als „Delegierte" steht den Gewerkschaften jedoch keine verfassungsrechtlich garantierte autonome Regelungsbefugnis zu. Vielmehr liegt die Kompetenz zur Regelung der Arbeitsbedingungen vorrangig beim Staat.

C. Abschließende Betrachtung

Vergleicht man die verfassungsrechtlichen Grundlagen der Tarifsysteme von Deutschland und Frankreich, so fällt insbesondere die unterschiedliche Schwerpunktsetzung auf, die die Ausgestaltung der jeweiligen Tarifsysteme grundlegend beeinflusst.

Während in Frankreich die Rechte des Individuums, d. h. der Arbeitnehmer, im Mittelpunkt stehen, liegt der Fokus in Deutschland auf dem kollektiven Recht der Berufsverbände.[135] Das Recht zur Bestimmung der kollektiven Arbeitsbedingungen, also zur Verhandlung und zum Abschluss von Tarifverträgen, steht in Frankreich den Arbeitnehmern zu, während die Gewerkschaften dieses Recht lediglich stellvertretend für die Arbeitnehmer ausüben. Diese individualistische Konzeption des Rechts auf Kollektivverhandlungen führt, wie bereits festgestellt, dazu, dass das Ergebnis von Kollektivverhandlungen allen Arbeitnehmern zugute kommen muss. Konsequenz dessen ist wiederum zum einen das Konzept einer Tarifbindung mit „erga-omnes" Wirkung und zum anderen die Legitimation der Gewerkschaften als Vertreter der gesamten Arbeitnehmerschaft über das Kriterium der Repräsentativität[136].[137] Vor diesem Hintergrund sind sowohl das französische Verständnis der individuellen Koalitionsfreiheit, als einer reinen Entscheidung für oder gegen einen Gewerkschaftsbeitritt unter vollkommener Unabhängigkeit von jeglichen Fragen der Tarifbindung, als auch der Schutz der individuellen Koalitionsfreiheit über ein weites Diskiminierungsverbot, dass im Arbeitsverhältnis jegliche Berücksichtigung einer etwaigen gewerkschaftlichen Gebundenheit oder Nicht-Gebundenheit verbietet, konsequent. Da das Recht zu

135 Siehe hierzu: *Morin*, S. 117.

136 Ausführlich zur Repräsentativität unter Teil 2 § 2 B..

137 So auch: *Morin*, S. 117.

Kollektivverhandlungen allen Arbeitnehmern zusteht, wäre es dagegen inkonsequent, wenn die Tarifbindung der Außenseiter eine Beeinträchtigung der negativen individuellen Koalitionsfreiheit bedeuten würde.

In Deutschland dagegen steht das Recht zur Bestimmung der kollektiven Arbeitsbedingungen den Gewerkschaften als eigenes Recht im Rahmen ihrer kollektiven Koalitionsfreiheit zu. Aus der kollektiven Konzeption des Rechts auf Kollektivverhandlungen folgt eine auf Grundlage der Gewerkschaftsmitgliedschaft legitimierte Tarifbindung. Im Rahmen der individuellen Koalitionsfreiheit muss die Gewerkschaftsmitgliedschaft konsequenterweise ein zulässiger Differenzierungsgrund in Bezug auf die Gewährung tariflicher Leistungen sein. Ein dem französischen Recht gleichender Diskriminierungsschutz wäre widersprüchlich.

Die verfassungsrechtliche Ausgestaltung der individuellen Koalitionsfreiheit und das Recht auf Bestimmung der kollektiven Arbeitsbedingungen bedingen sich also in beiden Ländern gegenseitig und sind in sich konsequent. Es erfolgt aber eine jeweils andere Schwerpunktsetzung, die die jeweilige Ausgestaltung der Tarifsysteme grundlegend beeinflusst.

Teil 2: Der Tarifabschluss

Es fragt sich, welchen Voraussetzungen ein wirksamer Tarifvertragsschluss in Frankreich unterliegt.

Hierbei ist zunächst auf die tariffähigen Vertragsparteien einzugehen (§ 2.). Zusätzlich unterliegt der Abschluss eines wirksamen Tarifvertrages in Frankreich einem gesetzlich geregelten Mehrheitsprinzip (§ 3.).

Bevor jedoch die Voraussetzungen eines wirksamen Tarifabschlusses erörtert werden, soll einführend ein Überblick über die in Frankreich existierenden Arten von Tarifverträgen gegeben werden (§ 1.).

§ 1. Arten von Tarifverträgen in Frankreich

Tarifverträge lassen sich in Frankreich zum einen nach ihrem Regelungsumfang sowie nach ihrem räumlichen, betrieblichen oder fachlichen Geltungsbereich[138] differenzieren. In Bezug auf den Regelungsumfang unterscheidet das Gesetz die „convention collective“ und den „accord collectif“. Als „convention collective“ wird hierbei ein Tarifvertrag bezeichnet, der alle tariflich regelbaren Gegenstände für alle betroffenen Berufsgruppen behandelt, wohingegen ein „accord collectif“ sich ausschließlich auf ausgewählte, tariflich regelbare Gegenstände bezieht.[139] Regelbare Gegenstände in einem Tarifvertrag sind die Beschäftigungsbedigungen („conditions d'emploi“), die Bedingungen der beruflichen Weiterbildung („conditions de formation professionnelle“), die Arbeitsbedingungen („conditions de travail“) und die soziale Sicherung („garanties sociales“).[140] Der Begriff der „conditions d'emploi“ umfasst dabei die maßgeblichen Gesichtspunkte des Zugangs zur Beschäftigung („accès à l'emploi“), den Schutz der Beschäftigung („protection de l'emploi“), d. h. insbesondere Kündigungsvoraussetzungen, sowie die Rechtsstellung der Arbeitslosen, d. h. die Suche nach Beschäftigung („recherche d'un emploi“).[141] Die „conditions d'emploi“ hingegen bezeichnen die Arbeitsbedingungen als solche, d. h. beispielsweise Fragen der Arbeitsorganisation, der

138 Zur Definition dieser Begriffe siehe in der Einleitung zu Teil 3 § 1.
139 Art. L. 2221–2 C. trav.
140 Art. L. 2221–1 C. trav.
141 *Krieger*, S. 118.

Arbeitszeit, des Entgeltes, der Eingruppierung oder Arbeitssicherheit – und hygiene, sowie der kollektiven Arbeitnehmerrechte.[142] Regelt ein Tarifvertrag also z.B ausschließlich Fragen der Arbeitsorganisation oder der Arbeitszeit und des Entgeltes, so handelt es sich um einen „accord collectif".

Die Unterscheidung nach „convention collective" oder „accord collectif" hat praktisch unterdessen keine Auswirkungen, da im Gesetz „conventions collectives" und „accords collectifs" regelmäßig gleichgestellt sind. Zudem wird der Begriff „convention collective" oftmals als Oberbegriff verwendet. In dieser Arbeit wird aus diesem Grund auch keine Unterscheidung nach „conventions collectives" und „accords collectifs" vorgenommen. Die Begriffe werden synonym verwand und einheitlich mit dem Begriff Tarifvertrag übersetzt.

Eine Unterkategorie der „convention collective" und des „accord collectif" bilden die „accords catégoriels". Hierbei handelt es sich um Berufsgruppentarifverträge, also um Tarifverträge, deren Geltungsbereich sich nur auf eine bestimmte Berufs- oder Arbeitnehmergruppe bezieht.

Eine Legaldefinition des Begriffes „accord catégoriel" gibt es nicht, jedoch lässt sich die Eigenschaft als Unterkategorie der „convention collective" und des „accord collectifs" dem Gesetz entnehmen. So besagt z. B. Art. 2232–13 C. trav.: *„Lorsque la convention ou l'accord ne concerne qu'une catégorie professionnelle déterminée […]."*[143].

Gleichlautende Bestimmungen gibt es sowohl für branchenübergreifende als auch für Branchentarifverträge.[144] Soweit ersichtlich, gab es vor dem jüngsten großen Reformgesetz im Tarifvertragsrecht vom 20. August 2008 über die Erneuerung der sozialen Demokratie und die Reform der Arbeitszeit[145] keine ausdrückliche gesetzliche Erwähnung von „accords catégoriels". Wie im Folgenden festzustellen sein wird, hat das Gesetz vom 20. August 2008 nun spezifische Regelungen für den Abschluss von „accords catégoriels" eingeführt, die eine Berufsgruppe betreffen, die bei den Wahlen zur Arbeitnehmerinteressenvertretung im Unternehmen[146] einem bestimmten Wahlkolleg zuordenbar sind.

Im Hinblick auf die räumliche und betriebliche Geltungsebene können in Frankreich grundsätzlich drei verschiedene Arten von Tarifverträgen unterschieden werden. Dies sind zum einen die national branchenübergreifenden Tarifverträge, die sich „accords nationaux interprofessionnels" nennen oder auch „ANI"

---

142 *Krieger*, S. 118.

143 Wenn der Vertrag oder das Abkommen nur eine bestimmte Berufsgruppe betrifft […].

144 Art. L. 2232–2–1 und L. 2232–7 C. trav.

145 Loi n° 2008–789 du 20 août 2008 portant rénovation de la démocratie sociale et réforme du temps du travail.

146 Für Ausführungen zu den Wahlen zur Arbeitnehmerinteressenvertretung in Frankreich siehe im Folgenden unter § 2 B. IV. 2. a) aa) bbb) dieses Teils.

abgekürzt werden (A.) Darunter befindet sich die Ebene der Branchentarifverträge (B.). Schließlich gibt es noch die Firmentarifverträge (C.).

A. Der „accord national interprofessionnel" (ANI), ein national branchenübergreifender Tarifvertrag

National branchenübergreifende Tarifverträge sind eine französische Besonderheit, die im deutschen Recht in dieser Form nicht bekannt sind. Ihre Regelungsgegenstände überschreiten oftmals den arbeitsrechtlichen Bereich im engeren Sinne und bewegen sich im Bereich der Sozialversicherung und der Altersvorsorge. So wurden in der Vergangenheit bereits wegweisende Abkommen zur Verbesserung der arbeitsrechtlichen und sozialrechtlichen Stellung der Arbeitnehmer getroffen. Erwähnenswert sind an dieser Stelle insbesondere zwei Errungenschaften des modernen Sozialrechts, die nicht durch Gesetz sondern durch Tarifvertrag eingeführt wurden: zum einen die Einrichtung einer Arbeitslosenversicherung durch Gründung der A.S.S.E.D.I.C („Association pour l'emploi dans l'industrie et le commerce") durch ein Abkommen vom 31. Dezember 1958 und zum anderen die Einrichtung einer zusätzlichen Rentenversicherung durch die Gründung der A.R.R.C.O. („Association des régimes de retraites complémentaires") durch Abkommen vom 14. März 1947 und 8. Dezember 1961.[147] Das Besondere ist hierbei vor allem, dass durch die national branchenübergreifenden Tarifverträge gemeinsame Einrichtungen begründet wurden, die im Anschluss von den Sozialpartnern auf paritätischer Basis geleitet wurden.[148]

Bis heute gibt es in fast allen wichtigen Bereichen des Arbeitsrechts nationale branchenübergreifende Tarifverträge, unter anderem zum bezahlten Urlaub im Jahr 1965, zur Arbeitszeit im Jahr 1989 oder zur Modernisierung des Arbeitsmarktes im Jahr 2008.[149] Im Jahr 2009 wurden 45 national branchenübergreifende Tarifverträge geschlossen, darunter 34 „avenants" (Zusatztarifverträge zu bereits bestehenden Tarifverträgen) und 11 neue Verträge.[150]

Im Verhältnis der nationalen branchenübergreifenden Tarifverträge zur Gesetzgebung besteht eine ganz eigene Wechselwirkung. Entweder stammt die Initiative zur Regelung bestimmter Sachverhalte durch national branchenübergreifende Tarifverträge von den Sozialpartnern, die im Nachgang den Gesetzgeber dazu bewegen, die getroffenen Regelungen gesetzlich zu bestätigen bzw. umzusetzen, ähnlich wie in Art. 155 Abs. 2 AEUV, oder der Gesetzgeber übt

---

147 *Krieger*, S. 218 mit weiteren Beispielen für wichtige ANI in den Fußnoten; *Pélissier/Supiot/Jeammaud*, Rn. 1131.

148 *Pélissier/Supiot/Jeammaud*, Rn. 1131.

149 *Pélissier/Supiot/Jeammaud*, Rn. 1133; weitere Beispiele auch bei *Krieger*, S. 218/219.

150 *Ministère du Travail,* Bilan de la négociation collective en 2009, S. 17.

umgekehrt Druck auf die Sozialpartner aus, bestimmte Sachverhalte durch einen nationalen branchenübergreifenden Tarifvertrag zu regeln.[151] Auf diese Weise beeinflussen bzw. begleiten die Sozialpartner wichtige Gesetzesentwicklungen und -reformen. So spricht man bei dieser Praxis auch von der „loi négociée" (verhandeltes Gesetz).[152]

B. Branchentarifverträge

Weiterhin kennt das französische Recht Branchentarifverträge. Im Hinblick auf den räumlichen Geltungsbereich gibt es diese sowohl auf nationaler, als auch auf infranationaler, d. h. auf regionaler, departementaler und lokaler Ebene.[153] Hierbei bilden die auf infranationaler Ebene geschlossenen Tarifverträge in den meisten Fällen eine Ergänzung zu den nationalen Branchentarifverträgen.[154]

Der Hauptteil der Branchentarifverträge wird auf nationaler Ebene geschlossen. Im Jahr 2008 belief sich der Anteil der nationalen Branchentarifverträge, wie bereits im Jahr zuvor, auf zwei von drei Verträgen,[155] im Jahr 2009 sogar auf fast drei Tarifverträge von vier[156]. Dennoch stellen Tarifverträge auf infranationaler Ebene einen bedeutenden Teil des französischen Tarifgefüges dar. Sowohl 2007 als auch 2008 wurden auf dieser Ebene drei von zehn Branchentarifverträgen (zwei auf regionaler, einer auf départementaler oder lokaler Ebene) geschlossen[157] und im Jahr 2009 weniger als zwei Branchentarifverträgen von zehn[158]. Der überwiegende Teil, der auf infranationaler Ebene abgeschlossenen Tarifverträge, findet sich in den Sektoren der Metallindustrie, der Bauwirtschaft und dem Tiefbau („traveaux publics").[159] Im Allgemeinen lässt sich festhalten, dass es sich inhaltlich bei dem Großteil der auf regionaler oder lokaler Ebene geführten Branchentarifverhandlungen um Lohntarifverhandlungen handelt, die das Ziel verfolgen, die Löhne an die lokalen Gegebenheiten anzupassen.[160]

Insgesamt stieg die Zahl der geschlossenen Brachentarifverträge im Jahr 2008 um 105 Verträge im Vergleich zu 2007 an und kann mit 1117 Branchentarifver-

---

151 *Pélissier/Supiot/Jeammaud*, Rn. 1131.
152 *Pélissier/Supiot/Jeammaud*, Rn. 1133.
153 Art. L. 2232–5 C. trav.
154 *Pélissier/Supiot/Jeammaud*, Rn. 1091.
155 *Ministère du Travail,* Bilan de la négociation collective en 2007, S. 114.
156 *Ministère du Travail,* Bilan de la négociation collective en 2009, S. 252.
157 *Ministère du Travail,* Bilan de la négociation collective en 2007, S. 115.
158 *Ministère du Travail,* Bilan de la négociation collective en 2009, S. 252.
159 *Ministère du Travail,* Bilan de la négociation collective en 2009, S. 253.
160 *Ministère du Travail,* Bilan de la négociation collective en 2009, S. 253; *Ministère du Travail,* Bilan de la négociation collective en 2008, S. 211.

trägen beziffert werden.[161] Im Jahr 2009 beläuft sich die Zahl der geschlossenen Branchentarifverträge auf 1108 Verträge,[162] befindet sich damit also wieder etwa auf dem Niveau von 2007. Wie bereits in den Jahren zuvor[163] bilden die Lohntarifverträge den Schwerpunkt der abgeschlossenen Branchentarifträge, wenn auch mit deutlich weniger abgeschlossenen Branchentarifverträgen in diesem Bereich im Vergleich zu 2008.[164] Gefolgt werden diese von den Branchentarifverträgen über folgende Themen: Prämien („les primes"), Altersvorsorge und zusätzliche Rentenversicherung („prévoyance et la retraite complémentaire"), Berufs(aus)bildung („formation professionnelle"), Arbeitsvertrag („contrat de travail"), Beschäftigungsverhältnis („l'emploi"), berufliche Gleichberechtigung von Männern und Frauen („égalité professionnelle entre les femmes et les hommes"), Arbeitszeit („temps de travail") und Eingruppierung („classification").[165] Betrachtet man die Verteilung der Tarifabschlüsse auf Branchen- und branchenübergreifender Ebene von 2001 bis 2009 im Hinblick auf die daran beteiligten Gewerkschaften, fällt insbesondere die im Vergleich zu den anderen Gewerkschaften mit Abstand niedrigste Quote von Tarifabschlüssen der CGT auf. Die Tarifabschlussquote der CGT in dieser Zeit bewegt sich konstant zwischen 30 % und 40 %, während die anderen vier bis 2008 anerkannt repräsentativen Gewerkschaften (CFDT, CGT-FO, CFTC und CFE-CGC)[166] regelmäßig über 60 %, die CFDT sogar regelmäßig über 70 % der abgeschlossenen Tarifverträge unterzeichneten.[167] An der mit Abstand niedrigsten Quote von Tarifabschlüssen der CGT lässt sich noch immer ihre traditionell ablehnende Haltung gegenüber sozialpartnerschaftlichen Verhandlungen mit der Arbeitgeberseite ablesen, auch wenn sie ihre strikte Ablehnung gegenüber dem Abschluss von Tarifverträgen inzwischen aufgegeben hat.[168]

Der räumliche und fachliche Geltungsbereich wird durch den Tarifvertrag selbst bestimmt, wobei der fachliche Geltungsbereich in der Regel anhand von Wirtschaftsbereichen definiert wird.[169] Die sich so ergebende Anzahl an verschiedenen Branchen ist im Vergleich zu Deutschland in Frankreich ungleich höher.

---

161 *Ministère du Travail,* Bilan de la négociation collective en 2008, S. 17.

162 *Ministère du Travail,* Bilan de la négociation collective en 2009, S. 250.

163 *Ministère du Travail,* Bilan de la négociation collective en 2008, S. 17.

164 *Ministère du Travail,* Bilan de la négociation collective en 2009, S. 18.

165 *Ministère du Travail,* Bilan de la négociation collective en 2009, S. 18. Für eine ausführliche Analyse der Branchentarifverträge zu den einzelnen Themenfeldern im Jahr 2009 siehe S. 271 ff.

166 Nähere Ausführungen zu den einzelnen Gewerkschaften und ihrer Bedeutung im Folgenden unter § 2 B. II. 1. dieses Teils.

167 *Ministère du Travail,* Bilan de la négociation collective en 2009, Tabelle S. 258.

168 Siehe hierzu § 2 B. II. 1. a) dieses Teils.

169 Art. L. 2222–1 C. trav.

Wurde Ende 2004 durch das Bundesministerium für Wirtschaft und Arbeit in Deutschland eine Unterscheidung in über 300 Wirtschaftssektoren festgestellt[170], so ist die französische Tariflandschaft in über 874 Branchen sehr unterschiedlicher Größen unterteilt (274 Branchen mit mehr als 5000 Arbeitnehmern und mehr als 600 Branchen mit weniger als 5000 Arbeitnehmern)[171]. Diese ernorme Aufsplitterung trägt neben der bisher stark zerteilten Gewerkschaftslandschaft[172] und einer fehlenden Friedenspflicht[173] zu einer Behinderung der Effektivität von Kollektivverhandlungen in Frankreich[174] bei.

C. Firmentarifverträge

Seit der Gleichberechtigung der Firmentarifverträge im Verhältnis zu Branchentarifverträgen durch das Gesetz vom 13. Juli 1971 und der Reform des Tarifvertragsrechts mit dem Gesetz „Auroux" im Jahr 1982, gewann diese Verhandlungsebene stetig an Bedeutung.[175] Auslöser für die steigende Bedeutung der Firmentarifverträge war insbesondere die 1982 eingeführte jährliche Verhandlungspflicht auf Unternehmensebene.[176] Betont werden muss in diesem Zusammenhang, dass es sich ausschließlich um eine Verhandlungs- und keine Abschlusspflicht handelt. Die noch immer bestehende jährliche Verhandlungspflicht auf Unternehmensebene betrifft traditionell, seit ihrer Einführung durch die „Auroux"-Gesetze 1982, die Effektivlöhne und die effektive Arbeitszeit sowie deren Verteilung.[177] So ist es nicht verwunderlich, dass es sich von 2005 bis 2009 bei den mit Abstand meisten unterzeichneten Firmentarifverträgen um Lohntarifverträge (35,2 % in 2005, 33,2 % in 2009) oder Arbeitszeittarifverträge (29,3 % in 2005, 26,1 % in 2009) handelt.[178] Die tatsächliche Lohnfindung voll-

---

170 Zitiert nach: *Jacobs/Krause/Oetker*, § 5, Rn. 48.

171 *Combrexelle*, Dr. soc. 2008, 20 (21).

172 Siehe hierzu § 2 B. II. dieses Teils.

173 Siehe hierzu Teil 4 § 1 A. II.

174 *Combrexelle*, Dr. soc. 2008, 20 (21).

175 Für die Entwicklung bis 1971 siehe: *Schulze-Doll*, S. 84 ff.

176 *Krieger*, Das französische Tarifvertragsrecht, S. 130.

177 Art. L. 2242–8 C. trav. Später gesellten sich hierzu noch die berufliche Gleichbehandlung von Männern und Frauen, Art. L. 2242–5 C. trav., die Gesundheitsvorsorge („prévoyance maladie"), Art. L. 2242–11 C. trav., vermögenswirksame Leistungen, Art. L. 2242–12 C. trav. und der Erhalt der Arbeitsplätze von Arbeitnehmern mit Behinderung, Art. L. 2242–13 C. trav.

178 *Ministère du Travail,* Bilan de la négociation collective en 2009, Tabelle S. 478. Für eine ausführliche Analyse der Firmentarifverhandlungen in 2009 siehe: *Ministère du Travail,* Bilan de la négociation collective en 2009, S. 465 ff.

zieht sich regelmäßig im Rahmen von Firmentarifverträgen.[179] Im Allgemeinen ist die Anzahl der Firmentarifverträge von 2005 (25.270 Tarifverträge) bis 2008 31.350 Tarifverträge) stetig angestiegen und war 2009 etwas rückläufig (22.204 Tarifverträge).[180] Interessant im Hinblick auf die Bereitschaft der Gewerkschaften zum Abschluss von Firmentarifverträgen[181] ist, dass die CGT hier nur eine unwesentlich geringere Bereitschaft zum Tarifabschluss zeigt als die anderen bis 2008 anerkannt repräsentativen Gewerkschaften, während sie im Rahmen von Branchentarifverhandlungen, wie soeben gesehen, die mit Abstand niedrigste Tarifabschlussquote aufweist. Die Bereitschaft zum Abschluss von Firmentarifverträgen bewegte sich sowohl bei der CFDT, CGT-FO, CFTC und CFE-CGC zwischen 2006 und 2009 um die 90 % und bei der CGT in demselben Zeitraum um die 82 %.[182] Die traditionell skeptische Haltung der CGT gegenüber dem Abschluss von Tarifverträgen[183] ist auf Unternehmensebene also so gut wie nicht mehr festzustellen.

Die französischen Arbeitgeber nutzen Firmentarifverträge insbesondere zur Flexibilisierung der Arbeitsbedingungen vor dem Hintergrund der aktuellen wirtschaftlichen Entwicklung.[184] So hat sich im Laufe der Zeit insbesondere eine Verhandlung von Leistung und Gegenleistung etabliert, die sogenannten „accords donnants-donnants", die in wirtschaftlichen Krisenzeiten vor allem eine Beschäftigungssicherung als Gegenleistung für verschlechterte Arbeitsbedingungen enthalten.[185]

Verhandlungspartner im Rahmen von Firmentarifverträgen sind grundsätzlich die von den repräsentativen Gewerkschaften bestimmten Gewerkschaftsdelegierten („délégués syndicaux").[186] In vielen kleinen Unternehmen gibt es jedoch keine Gewerkschaftsdelegierten. Um Tarifabschlüsse auch in diesen Unterneh-

---

179 *Bardenhewer*, S. 63.

180 *Ministère du Travail*, Bilan de la négociation collective en 2009, Tabelle S. 478.

181 Untersucht wurde hier die Anzahl der abgeschlossenen Firmentarifverträge im Verhältnis zu der Anzahl der abgeschlossenen Firmentarifverträge, die im Anschluss an Tarifverhandlungen getroffen wurden, bei der die entsprechende Gewerkschaft vertreten war (*Ministère du Travail*, Bilan de la négociation collective en 2009, Tabelle S. 486). In absoluten Zahlen schloss im Zeitraum von 2006 bis 2009 die CFDT die mit Abstand meisten Firmentarifverträge ab (61 % in 2009), gefolgt von der CGT (54 % in 2009), der CGT-FO (43% in 2009), der CFE-CGC (34 % in 2009) und der CFTC (29 % in 2009) (*Ministère du Travail*, Bilan de la négociation collective en 2009, Tabelle S. 485).

182 *Ministère du Travail*, Bilan de la négociation collective en 2009, Tabelle S. 486 ff.

183 Siehe hierzu § 2 B. II. 1. a) dieses Teils.

184 *Bardenhewer*, S. 64.; *Pélissier/Supiot/Jeammaud*, Rn. 1107.

185 *Pélissier/Supiot/Jeammaud*, Rn.1107; *Schulze-Doll*, S. 104 und ff. mit näheren Ausführungen zu den „accords donnants-donnants" und weiteren Literaturnachweisen.

186 Art. L. 2232–17 C. trav. Nähere Ausführungen zur Funktion der „délégues syndicaux" bei § 2 B. IV. 2. a) bb) dieses Teils.

men zu fördern, wurden seit den 1990er Jahren für festgelegte Themenbereiche Ausnahmen von dieser Regel eingeführt und die Verhandlung von Firmentarifverträgen durch gewählte Arbeitnehmervertreter („représentants élus au comité d'entreprise“ oder „délégués du personnels“)[187] oder durch gewerkschaftlich mandatierte Arbeitnehmer zugelassen.[188] Diese Verhandlungsmöglichkeiten wurden durch das Gesetz vom 4. Mai 2004 unter Vorbehalt eines entsprechenden allgemeinverbindlichen Branchentarifvertrages auf alle potenziellen Verhandlungsthemen ausgeweitet, wobei die konkret zugelassenen Themen durch den Branchentarifvertrag festgelegt wurden.[189] Das Gesetz vom 20. August 2008 hat die Regelungen zum Abschluss von Tarifverträgen in Unternehmen ohne Gewerkschaftsdelegierte erneut modifiziert. Die Möglichkeit von Tarifabschlüssen durch gewählte Arbeitnehmervertreter oder gewerkschaftlich mandatierte Arbeitnehmer ist seit dem 1.10.2010[190] von Rechts wegen möglich und bedarf nicht mehr der Voraussetzung eines allgemeinverbindlichen Branchentarifvertrages.[191] In jedem Fall unterliegen Firmentarifverträge, die nicht von Gewerkschaftsdelegierten abgeschlossen wurden, aber zusätzlichen Wirksamkeitsvoraussetzungen und spezifischen Formvorschriften.[192]

Im Hinblick auf ihren Geltungsbereich können Firmentarifverträge sowohl auf Unternehmensebene („convention collective d'entreprise“), auf Betriebs-

187 Für weitere Ausführungen hierzu siehe § 2 B. IV. 2. a) aa) und bb) dieses Teils.

188 *Pélissier/Supiot/Jeammaud*, Rn. 1114 ff.; *Ministère du Travail*, Bilan de la négociation collective en 2009, S. 466; Eine ausführliche Darstellung der Entwicklung zur Anerkennung der Kompetenz von gewählten Arbeitnehmervertretern oder von gewerkschaftlich mandatierten Arbeitnehmern zum Abschluss von Firmentarifverträgen in Unternehmen ohne Gewerkschaftsdelegierte bei *Schulze-Doll*, S. 217 ff.

189 Zu den seit dem Gesetz vom 4. Mai 2004 geltenden besonderen Regelungen zu der Verhandlung von Firmentarifverträgen in Unternehmen ohne Gewerkschaftsdelegierte siehe Art. L. 2232–21 bis L. 2232–29 C. trav. a. F.; Ausführlich zu den durch das Gesetz vom 4. Mai 2004 eingeführten Regelungen bei *Schulze-Doll*, S. 231 ff.

190 Bis dahin galten übergangsweise die alten Regelungen fort.

191 Art. L. 2232–21 C. trav.

192 Art. L. 2232–21 ff. C. trav.: „Dans les entreprises de moins de deux cents salariés, en l'absence de délégués syndicaux dans l'entreprise ou l'établissement, ou de délégué du personnel désigné comme délégué syndical dans les entreprises de moins de cinquante salariés, les représentants élus du personnel au comité d'entreprise ou à la délégation unique du personnel ou, à défaut, les délégués du personnel peuvent négocier et conclure des accords collectifs de travail sur des mesures dont la mise en oeuvre est subordonnée par la loi à un accord collectif, à l'exception des accords collectifs mentionnées à l'article L. 1233–21.“; ausführlich zu den im vorstehenden Artikel des C. trav. erwähnten unterschiedlichen Arbeitnehmervertretern im Unternehmen siehe im Folgenden § 2 B. IV. 2. a); für eingehendere Ausführungen zu Firmentarifverhandlungen in Unternehmen ohne Gewerkschaftsdelegierte seit dem Gesetz vom 20. August 2008 siehe z. B. *Mazeaud*, Dr. soc. 2009, 669 ff., spezielle Wirksamkeitsvoraussetzungen, 669 (675 ff.);.

ebene („convention collective d'établissement“) als auch in Form eines Konzerntarifvertrages („convention collective de groupe“) geschlossen werden.[193] Dabei unterliegen Unternehmens- und Betriebstarifverträge regelmäßig den gleichen gesetzlichen Regelungen.

Soweit im Rahmen dieser Arbeit von Tarifverträgen auf Unternehmensebene gesprochen wird, schließen diese Ausführungen Betriebstarifverträge ein. Zu beachten ist in diesem Zusammenhang, dass es im französischen Recht keine Betriebsvereinbarungen gibt. Firmentarifverträge sind also die einzige Form einer Kollektivvereinbarung auf Unternehmensebene.[194]

§ 2. Die tariffähigen Vertragsparteien

Zunächst setzt der wirksame Abschluss eines Tarifvertrages in Frankreich, ebenso wie in Deutschland, voraus, dass er von Tarifparteien geschlossen wird, die hierzu berechtigt, also tariffähig, sind.[195] Tarifpartei auf Arbeitgeberseite kann hierbei gem. Art. L. 2231–1 C. trav sowohl jede Form von Arbeitgebervereinigung sein, als auch der einzelne Arbeitgeber für sich. Weitere Anforderungen an die Tariffähigkeit stellt das Gesetz nicht.

Anders sieht es nach Art. L. 2231–1 C. trav. im Hinblick auf die auf Arbeitnehmerseite agierende Tarifpartei aus:

> *„La convention ou l'accord est conclu entre:*
> - *d'une part, une ou plusieurs organisations syndicales de salariés representative dans le champs d'application de la convention ou de l'accord; [...]*“[196]

Die Tarifpartei auf Arbeitnehmerseite muss also grundsätzlich ein „syndicat de salariés“, d. h. eine „Gewerkschaft“ sein (A.). Die Gewerkschaftseigenschaft als solche begründet aber noch keine Tariffähigkeit. Vielmehr muss eine weitergehende Voraussetzung erfüllt sein: Die Gewerkschaft muss repräsentativ sein (B.).

---

193 Art. L. 2232–16 C. trav.

194 Wurde der rechtliche Rahmen von Konzerntarifverträgen lange Zeit ausschließlich durch die Rechtsprechung bestimmt, so hat ihm der Gesetzgeber mit dem Gesetz vom 4. Mai 2004 eine rechtliche Grundlage geschaffen, die einige spezifische, an den Konzernvertrag angepasste, Regelungen enthält, Art. L. 2232–30 ff. C. trav; Nähere Ausführungen zum Konzertarifvertrag z. B. bei *Teyssié*, S. 537 ff. oder *Grangé*, SSL 2004, n° 1183, S. 73 ff. Eine ausführliche Auseinandersetzung mit den Regelungen zu Konzerntarifverträgen würde im Rahmen dieser Arbeit jedoch zu weit führen. Im Folgenden werden diese deshalb nicht berücksichtigt.

195 *Pélissier/Supiot/Jeammaud*, Rn. 1048.

196 Der Tarifvertrag oder das Tarifabkommen wird geschlossen zwischen: – auf der einen Seite, einer oder mehreren im Geltungsbereich des Tarifvertrages oder -abkommens repräsentativen Gewerkschaften; [...].

Der Unterschied zwischen Deutschland und Frankreich ist an dieser Stelle also vor allem terminologischer Natur. Der deutsche Begriff der – nicht tariffähigen – „Arbeitnehmerkoalition“ ist in Frankreich gleichbedeutend mit dem Begriff der „Gewerkschaft“ („syndicat de salariés“). Demgegenüber entspricht der deutsche Begriff der Gewerkschaft im Sinne des § 2 Abs. 1 TVG, als einer tariffähigen Arbeitnehmerkoalition, dem französischen Begriff der repräsentativen Gewerkschaft. Im Folgenden wird der Begriff der „Gewerkschaft“ im französischen Sinne verwendet.

Die Repräsentativität spielt eine zentrale Rolle in den kollektiven Arbeitsbeziehungen in Frankreich. Neben der Tariffähigkeit sind nahezu alle entscheidenden, gesetzlich verbrieften Koalitionsrechte den repräsentativen Gewerkschaften vorbehalten.[197]

A. Der Gewerkschaftsstatus

Art. L. 2132–2 C.trav. bestimmt, dass nur Arbeitnehmerorganisationen in der Form eines „syndicat professionnels“ tariffähig sind.[198] Für den Status eines „syndicat professionnel“ muss zunächst ein zulässiger Koalitionszweck bestehen. Zulässiger Koalitionszweck ist hierbei gem. Art. L. 2131–1 C. trav. die Wahrung und Förderung der beruflichen Rechte und Interessen der Mitglieder. Unzulässig sind daher insbesondere Koalitionszwecke von ausschließlich kommerzieller, religiöser oder weltanschaulicher Natur.[199] Die Frage, ob Berufsverbände politische Zwecke verfolgen dürfen, ist differenziert zu betrachten.

Eine vorrangige Verfolgung politischer Zwecke und die Verteidigung einer politischen Plattform sind unzulässig.[200] Die Verfolgung beruflicher Interessen auf politischem Wege und die Teilnahme an bzw. die Meinungsäußerung im Rahmen politischer Entscheidungsprozesse ist jedoch Teil der Verteidigung der beruflichen Interessen der Mitglieder. Zudem sind die Gewerkschaften in Frank-

197 Hiezu zählen z. B. das Recht Vertreter in den Unternehmensausschuss („comité d’entreprise“) zu entsenden, Art. L 2324–2 C.trav., Gewerkschaftsdelegierte im Unternehmen zu benennen, Art. L 2143–3 C.trav., einen Sitz in der nationalen Kommission der Kollektivverhandlungen einzunehmen, Art. L 2272–1, das Recht auf finanzielle staatliche Mittel für die gewerkschaftliche Betätigung im Betrieb oder auf Mitwirkung bei der Sozial- und Arbeitslosenversicherung, vgl. *Zumfelde/Remy*, NZA 2009, 186 (186/187).

198 *„Les organisations de salariés constituées en syndicats professionnels sont seules aptes à négocier les conventions et accords collectifs de travail.“*.

199 *Clavel-Fauquenot/Marignier*, S. 16–19; *Pélissier/Supiot/Jeammaud*, Rn. 814.

200 Ch. Mixte, 10.4.1998, Dr. soc. 1998, 576.

reich mehrheitlich Richtungsgewerkschaften.[201] Eine gewisse Politisierung der Gewerkschaften ist den französischen Berufsverbänden also bereits immanent.

Im Hinblick auf den Mitgliederkreis verlangt Art. L. 2131–2 C. trav. weiterhin ein Mindestmaß an Übereinstimmung hinsichtlich der beruflichen Interessen des Mitgliederkreises. Diese Übereinstimmung kann dem Gesetz nach sowohl auf einer Identität bzw. Ähnlichkeit der beruflichen Tätigkeit beruhen, als auch auf einer Tätigkeit in ein und demselben Industriezweig. Zulässig sind damit sowohl Branchen- als auch Fachgewerkschaften.[202]

Weitere materielle Anforderungen werden an ein „syndicat professionnel" nicht gestellt. Insbesondere die Gegnerfreiheit und (Gegner-)Unabhängigkeit sind keine Kriterien bei der reinen Frage des Status als „syndicat professionnel". Stellen die Gegnerfreiheit und die Gegnerunabhängigkeit im deutschen Recht bereits Tatbestandsmerkmale des Koalitionsbegriffs dar,[203] werden sie vom französischen Gesetzgeber erst bei der Frage nach der Repräsentativität, also der Frage der Tariffähigkeit einer Gewerkschaft, angesiedelt[204].

B. Die Repräsentativität – Legitimationsgrundlage der Gewerkschaften zum Abschluss von Tarifverträgen mit „erga-omnes" Wirkung

Die Tatsache, dass an die Tariffähigkeit einer Arbeitnehmerkoalition bestimmte Anforderungen gestellt werden, ist auch dem deutschen Recht nicht fremd. Zwar sind die Anforderungen an eine tariffähige Arbeitnehmerkoalition in Deutschland nicht gesetzlich bestimmt. Die Rechtsprechung des BAG verlangt von einer solchen jedoch in ständiger Rechtsprechung, dass sie eine ausreichende Durchsetzungskraft gegenüber dem sozialen Gegenspieler besitzt, sowie eine gewisse Leistungsfähigkeit ihrer Organisation aufweist.[205] Diese Anforderungen sind dazu bestimmt, die Fähigkeit einer Gewerkschaft zur Verhandlung mit dem Arbeitgeber auf Augenhöhe sicher zu stellen und damit in der Lage zu sein, „den von der staatlichen Rechtsordnung frei gelassenen Raum des Arbeitslebens durch

201 Zur französischen Gewerkschaftslandschaft siehe im Folgenden unter B. II. dieses Paragraphen.

202 *Pélissier/Supiot/Jeammaud*, Rn. 812.

203 HWK/*Hergenröder*, Art. 9 GG, Rn. 41 – 46.

204 Siehe hierzu im Folgenden unter B. IV. 1. a) dieses Paragraphen.

205 Vgl. etwa BAG vom 14.12.2010, 1 ABR 19/10, NZA 2011, 289 (295); BAG vom 5.10.2010, 1 ABR 88/09, NZA 2011, 300 (302); BAG vom 28.3.2006, 1 ABR 58/04, NZA 2006, 1112 (1114); BAG vom 6.6.2000, 1 ABR 10/99, NZA 2001, 1060 (160); BAG vom 16.1.1990, 1 ABR 10/89, NZA 1990, 623 (624); BAG vom 25.11.1986, 1 ABR 22/85, NZA 1987, 492 (492).

Tarifverträge sinnvoll zu gestalten".[206] Gewerkschaften müssen also in der Lage sein, die Interessen ihrer Mitglieder gegenüber der Arbeitgeberseite effektiv zu vertreten.

Im Unterschied zu Deutschland binden Tarifverträge in Frankreich nicht nur Mitglieder der tarifschließenden Parteien, sondern sie entfalten „erga-omnes" Wirkung in Bezug auf alle von dem Geltungsbereich des Tarifvertrages erfassten Arbeitnehmer eines tarifgebundenen Arbeitgebers.[207] Diese Befugnis verlangt eine besondere Legitimation der Gewerkschaften – die Repräsentativität. Vor diesem Hintergrund verkörpert die Tariffähigkeit in Form der Repräsentativität die Fähigkeit einer Gewerkschaft, über die Interessen ihrer Mitglieder hinausgehend, die Interessen eines Kollektivs zu vertreten und zudem dieses Kollektiv zu verpflichten.[208] Die Repräsentativität dient beim Abschluss von Tarifverträgen der Legitimation der Gewerkschaften als Vertreter der gesamten Arbeitnehmerschaft.[209]

Problematisch ist, dass damit einige Gewerkschaften vom Gesetzgeber bevorzugt behandelt werden und mithin die Neutralitätsverpflichtung des Staates gegenüber den Berufsverbänden im Rahmen der kollektiven Koalitionsfreiheit beeinträchtigt wird.[210] Gerechtfertigt wird diese verfassungsrechtliche Beeinträchtigung in der Literatur jedoch durch die Notwendigkeit einer funktionsfähigen beruflichen Interessenvertretung.[211] Auch der Conseil constitutionnel sieht in der Repräsentativität keine Verletzung des Abs. 6 Präambel der Verfassung von 1946.[212]

Das bis August 2008 herrschende Recht der Repräsentativität konnte die soeben angesprochene besondere Legitimation nur mangelhaft vermitteln. Der Hauptgrund hierfür lag begründet in der Anerkennung der Repräsentativität durch Regierungsverordnung zugunsten der fünf großen französischen Gewerkschaftsdachverbände und der unwiderlegbaren Vermutung der Repräsentativität zugunsten der ihnen angeschlossenen Gewerkschaften.[213] Bereits im Rahmen der Reform des Tarifvertragsrechts durch das Gesetz „Fillon" vom 4. Mai 2004 for-

---

206 BAG vom 28.3.2006, 1 ABR 58/04, NZA 2006, 1112 (1116).

207 Siehe unter Teil 1 § 1.

208 *Favennec-Héry*, Dr. soc. 2009, 630 (630); *Morin*, Dr. soc. 2008, 24 (24/26) sowie Dr. soc. 2011, 62 (62).

209 So treffend: *Schulze-Doll*, S. 37 ff.

210 *Fromont*, S. 264; *Spyropoulos*, S. 282; *Prager*, S. 47; *Zirpel*, S. 33, Rn. 68. Zur Neutralitätsverpflichtung des Staates im Rahmen der kollektiven Koalitionsfreiheit siehe unten bei Teil 1, § 2 A. II. 1.

211 *Spyropoulos*, S. 282/283; *Prager*, S. 47.

212 C.C. 7.10.2010, déc. n° 2010–42 QCP, JO du 8.10.2010, S. 18235; C.C. 25.6.1989, Dr. soc. 1989, 627 (629); *Kuhnmunch*, Aliéna 6, in: *Conac/Prétot/Teboul*, S. 163/164.

213 Siehe hierzu ausführlich im Folgenden unter B. III dieses Paragraphen.

derten viele Stimmen im Schrifttum darum eine Reform des Rechts der Repräsentativität und insbesondere der unwiderlegbaren Vermutung der Repräsentativität.[214] Diese Forderung sollte sich allerdings erst vier Jahre später, im Zuge des Gesetzes vom 20. August 2008 über „die Erneuerung der sozialen Demokratie und die Reform der Arbeitszeit"[215] erfüllen.

Diese, maßgeblich dem Recht der Repräsentativität gewidmete Gesetzesreform, sorgt – wenn auch nur schrittweise[216] – für eine ausnahmslose Geltung der Repräsentativität kraft Nachweis (III.), so dass in Zukunft jede Gewerkschaft ihre Repräsentativität anhand der gesetzlichen Repräsentativitätskriterien beweisen muss. Diese Einführung der ausnahmslosen Geltung der Repräsentativität kraft Nachweis geht einher mit einer Überarbeitung der Repräsentativitätskriterien (IV.), die wieder in den Mittelpunkt des Rechts der Repräsentativität rücken.

Zunächst jedoch einführend Erläuterungen zu der zeitlichen und räumlichen Reichweite der Repräsentativität (I.) sowie ein Überblick über die in Frankreich bedeutenden Gewerkschaftsverbände (II.).

I. Die zeitliche und räumliche Reichweite der Repräsentativität

Im Hinblick auf die zeitliche Reichweite der Repräsentativität hat das Gesetz vom 20. August 2008 eine klare Begrenzung eingeführt. Die Beurteilung der Repräsentativität und mithin eine Beurteilung der Tariffähigkeit wird alle vier Jahre erneuert.[217]

Wie im Folgenden festzustellen sein wird, ist die Beurteilung der Repräsentativität über das 2008 eingeführte Repräsentativitätskriterium der „audience" an die Wahlen zu den Arbeitnehmervertretungen gekoppelt worden.[218] Diese Wahlen finden alle vier Jahre statt[219], einhergehend damit eine Neubeurteilung der „audience"[220] und konsequenterweise eine Neubeurteilung der Repräsentativität.

Nach Einholung der Ansicht des eigens dafür geschaffenen „Haut Conseil du dialogue social", erlässt der Arbeitsminister für die Branchenebene und die national branchenübergreifende Ebene eine Liste mit den anhand der Repräsen-

---

214 *Bonnard-Plancke*, Dr. soc. 2005, 866 (868); *Favennec-Héry*, S. 19; *Grumbach/Koskas*, SSL 2004, n° 1183, S. 42 ff.; *Langlois*, SSL 2004, n° 1152, S. 6 (6); Ray, Dr. soc. 2008, 3 (12).

215 Loi n° 2008–789 du 20 août 2008 portant rénovation de la démocratie sociale et réforme du temps du travail.

216 Vgl. die Übergangsfristen im Folgenden unter B. V. dieses Paragraphen.

217 Vgl. Art. L. 2122–11 i. V. m Art. R* 2122–3 C. trav.

218 Zur „audience" siehe im Folgenden unter B. IV. 2. dieses Paragraphen.

219 Art. L. 2324–3 S. 2 C. trav.

220 Art. L. 2122–5 und L. 2122–9 C. trav.

tativitätskriterien auf diesen Ebenen als repräsentativ anerkannten Gewerkschaften, Art. L. 2122–11 C. trav. Das „Haut Conseil du dialogue social“ besteht dabei aus Vertretern von Gewerkschaften und Arbeitgeberverbänden sowie Vertretern des Arbeitsministeriums und auf Vorschlag des Arbeitsministers vom Premierminister ernannter Vertreter.[221]

Im Hinblick auf die räumliche Reichweite der Repräsentativität bestimmt Art. L. 2231–1 C. trav., dass die tarifschließende Partei auf Arbeitnehmerseite eine Gewerkschaft ist bzw. Gewerkschaften sind, die eine Repräsentativität „dans le champs d'application de la convention“, d. h. im Geltungsbereich des Tarifvertrages, besitzen. Diese Formulierung schließt den räumlichen Geltungsbereich ein und spiegelt damit das von der Rechtsprechung entwickelte Prinzip der Konkordanz („règle de concordance“) wider. Hiernach bestimmt sich die Repräsentativität überall dort, wo sie für eine Koalitionsbetätigung gesetzlich vorausgesetzt wird, stets im Hinblick auf den Geltungsbereich, der in der in Rede stehenden Bestimmung festgelegt wird, z. B. Branche oder Unternehmen.[222]

Weiterhin tritt die „règle de concordance“ im Rahmen der Repräsentativitätskriterien insbesondere im Rahmen der „audience“[223] in Erscheinung, die für die jeweils unterschiedlichen Tarifebenen gesondert ermittelt wird.[224]

Im Hinblick auf die Tariffähigkeit hat die „règle de concordance“ zur Folge, dass eine Gewerkschaft nicht, wie es im deutschen Recht der Fall ist[225], einheitlich tariffähig ist. Es findet vielmehr eine relative Beurteilung der Repräsentativität in Abhängigkeit von der jeweiligen Geltungsebene des Tarifvertrages statt. Der Abschluss eines Tarifvertrages auf national branchenübergreifender Ebene setzt also eine Repräsentativität auf national branchenübergreifender Ebene voraus, während für einen Tarifabschluss in einer Branche lediglich eine Repräsentativität der abschließenden Gewerkschaften auf Branchenebene vorhanden sein muss. Umgekehrt bedeutet die Tatsache, dass eine Gewerkschaft auf Branchenebene repräsentativ ist nicht automatisch, dass sie diese Qualität auch in allen Unternehmen der Branche, also auf Unternehmensebene, besitzt.[226] Die Repräsentativität auf einer höheren Tarifebene lässt also keine zwingenden Rückschlüsse auf die Repräsentativität einer Gewerkschaft auf einer untergeordneten Tarifebene zu.

221 Art. R.* 2122–1 C. trav.

222 Cass. soc. 7.12.1995, Bull civ. 1995 V, n° 341; Cass. soc. 18.7.2000, TPS 2000, comm. 325; *Krieger*, S. 48; *Pélissier/Supiot/Jeammaud*, Rn. 834; *Schulze-Doll*, S. 43

223 Zur audience siehe im Folgenden B. IV. 2. dieses Paragraphen.

224 Zu weiteren Auswirkungen der „règle de concordance“ im Rahmen der Ermittlung der „audience“ insbesondere auf Unternehmensebene siehe *Pécaut/Petit*, Dr. soc. 2010, 1168 (1170 ff.).

225 BAG vom 14.12.2010, 1 ABR 19/10, NZA 2011, 289 (297); BAG vom 28.3.2006, 1 ABR 58/04, NZA 2006, 1112 (1118); ErfK/*Franzen*, § 2 TVG, Rn. 13.

226 Cass. soc., 8.11.2006, RJS 2/07, n° 242.

Eine Gewerkschaft kann demnach auf national branchenübergreifender Ebene repräsentativ sein, in bestimmten Unternehmen jedoch keine Repräsentativität für den Abschluss von Firmentarifverträgen besitzen. Umgekehrt kann eine Gewerkschaft auf Unternehmensebene in einzelnen Unternehmen repräsentativ sein, auf Branchenebene oder national branchenübergreifender Ebene dagegen nicht.

II. Die französische Gewerkschaftslandschaft – ein Überblick

Die französische Gewerkschaftslandschaft ist insbesondere geprägt durch den Gedanken des Pluralismus. Dieser ist nicht nur rechtlich Teil der verfassungsrechtlich verankerten Koalitionsfreiheit[227], sondern findet sich auch tatsächlich in der für Frankreich so charakteristischen starken Teilung der Gewerkschaftsbewegung.[228]

Zwar wurde im Zuge der Reform des Rechts der Repräsentativität durch das Gesetz vom 20. August 2008 die Regierungsverordnung vom 31.3.1966[229], die die Anerkennung der Repräsentativität zu Gunsten der fünf großen Gewerkschaftsdachverbände enthielt, gegenstandslos[230]. Es bietet sich jedoch ob der gewachsenen Bedeutung der betroffenen fünf Gewerkschaftsverbände und der Unsicherheit der künftigen Entwicklung der Gewerkschaftslandschaft, eine Zweiteilung in (1.) die Gruppe der bisher anerkannt national repräsentativen Gewerkschaftsdachverbände und (2.) sonstiger Gewerkschaftsverbände von gewisser Bedeutung, für eine überblicksartige Darstellung des französischen Gewerkschaftsgefüges nach wie vor an.

Anzumerken ist an dieser Stelle weiterhin, dass die weit überwiegende Zahl der Arbeitnehmer in Frankreich nicht gewerkschaftlich gebunden ist. Seit Anfang der 1990er Jahre hat sich die Anzahl der gewerkschaftlich gebundenen Arbeitnehmer bei 8 % eingependelt.[231] Frankreich liegt damit laut einer Statistik der OECD in den Jahren von 1999 bis 2008 (8,2 % 1999 und 7,7 % 2008) bis 2004 an letzter Stelle der gemessenen OECD-Staaten, danach an vorletzter Stelle vor der Türkei.[232] Deutschland liegt im Vergleich dazu in dieser Statistik mit einem Maß an gewerkschaftlich organisierten Arbeitnehmern von 19 bis 25 % (25,3 % 1999 und 19,1 % 2008) im Mittelfeld der analysierten Staaten.

227 Siehe hierzu Teil 1 § 2 A. II. 1.

228 *Verdier*, S. 307.

229 J.O. du 2.4.1966, S. 2675.

230 Hierzu im Anschluss ausführlich unter B. III. dieses Paragraphen.

231 *Wolff*; für weitergehende Informationen über die genauen Mitgliederzahlen der einzelnen Gewerkschaften u. a. unterteilt nach Branchen siehe: *Andolfatto/Labbé*.

232 *OECD*: Taux de syndicalisation.

1. Die bis zum Gesetz vom 20. August 2008 durch Regierungsverordnung anerkannten national repräsentativen Gewerkschaftsverbände

Wie einleitend bereits erwähnt, wurde mit Regierungsverordnung vom 31.3.1966 die nationale und branchenübergreifende Repräsentativität von fünf Gewerkschaftsdachverbänden anerkannt. Dies sind namentlich die „Confédération générale du travail" (CGT), die „Confédération française démocratique du travail" (CFDT), die „Confédération générale du travail force ouvrière" (CGT-FO), die „Confédération française des travailleurs chrétiens" (CFTC) und die Confédération générale des cadres (CFE-CGC).

Die vier erstgenannten Verbände (CGT, CFDT, CGT-FO, CFTC) sind dabei allgemeine, nach dem Industrieverbandsprinzip organisierte Dachverbände, die sich weder auf bestimmte Arbeitnehmerkategorien noch Berufsgruppen beschränken. Sie sind jedoch Richtungsgewerkschaftsverbände, unterscheiden sich also durch ihre politische bzw. idiologische Grundausrichtung. Die CFE-CGC dagegen ist ein sogenanntes „syndicat catégoriel", eine Berufsgruppengewerkschaft bzw. ein Berufsgruppengewerkschaftsdachverband und vertritt die Interessen der „cadres", was sich allgemein mit „Führungskräften" übersetzen lässt[233].

Der allgemeine Aufbau der Dachverbände gleicht sich unterdessen.[234] An der Spitze steht jeweils die „confédération", der Dachverband. Darunter herrscht eine zweigleisige Struktur, bei der die Basisgewerkschaften einerseits in Industriegewerkschaftsverbänden, den „fédérations", und andererseits in industriegewerkschaftsverbandsübergreifenden Regionalverbänden, den „unions", zusammengeschlossen sind. Die „unions" können dabei sowohl auf örtlicher, départementaler, sowie regionaler Ebene gebildet werden. Die Basisgewerkschaften sind also doppelt integriert, zum einen auf Branchenebene und zum anderen nach rein geographischen Gesichtspunkten, also branchenübergreifend.

a) Die „Confédération générale du travail" (CGT)

Die CGT ist einer der beiden größten Gewerkschaftsdachverbände und dabei zusätzlich der älteste. Sie hat sich bereits 1895 aus einer Vielzahl berufsspezifischer oder branchenübergreifender, revolutionärer oder reformistischer Organisationen zusammengeschlossen.[235] Programmatisch und personell war die CGT

233 *Doucet/Fleck*, S. 101.

234 Zum im Folgenden erläuterten Aufbau der Gewerkschaftsdachverbände siehe: *Jansen/Kißler/Kühne/Leggewie/Seul*, S. 56/57.

235 *Andolfatto*, S. 16.

lange Zeit eng mit der Kommunistischen Partei Frankreichs, der PCF verbunden, von der sie sich jedoch seit 1995 mehr und mehr emanzipiert.[236] Sie vertrat lange Zeit die Ansicht, dass nur der Arbeitskampf günstigere Bedingungen für die Arbeitnehmer schaffen könne und lehnte Tarifverhandlungen ab.[237]Die CGT vereint heute nach eigenen Angaben unter anderem insgesamt 33 nationale Industriegewerkschaftsverbände („fédérations professionnelles") und 96 „unions départementales".[238] Im Jahr 2004 waren die wichtigsten Industriegewerkschaftsverbände unter anderem die Folgenden: der Bergbau-Energie („mines-énergie") mit 11 % der Mitglieder, die Metallindustrie mit 10 % der Mitglieder oder der öffentliche Dienst mit 9% der Mitglieder.[239] Anfang 2007 zählte die CGT offiziell 715 000 Mitglieder.[240]

b) Die „Confédération française démocratique du travail" (CFDT)

Die CFDT ist neben der CGT der andere der zwei größten Gewerkschaftsdachverbände. Sie ist 1964 aus der christlichen CFTC hervorgegangen. Auf einem Gewerkschaftskongress der „Entwicklung" in Paris 1964 sprach sich eine überwiegende Mehrheit für ein „déconfessionnalisation" (Entkonfessionnalisierung) der CFTC aus und machte dies durch eine Umbenennung in CFDT und eine Änderung der Satzung deutlich.[241]

Die CFDT entwickelte sich zu einem sozialistisch geprägten Gewerkschaftsverband mit der Forderung nach einer Arbeiterselbstverwaltung, dem sogenannten „socialisme autogestionnaire", wobei sie von einer Fähigkeit der Arbeitnehmer zur kollektiven Entscheidung über ihre Ziele und Aktionsmittel ausging.[242] Dieser programmatische Kurs änderte sich ab 1978.[243] Die CFDT gab ihre politischen Illusionen auf, orientierte sich weg von der politischen Linken und damit auch von der ihr zuvor bündnispolitisch nahestehenden CGT. Zehn Jahre später hat sich die CFDT von der Politik und der Einordnung als linke Gewerkschaft distanziert und verfolgt die Strategie eines auf Verhandlungen beruhenden sozialen Wandels. Mit der Emanzipation der CGT von der PCF hat sich in jüngster Vergangenheit auch das Verhältnis zur CGT wieder gebessert. Die genaue Anzahl

---

236 *Andolfatto*, S. 37–42; Ausführungen zur gesamten Entwicklung der CGT ab S. 16 ff.
237 *Le Friant*, S. 149.
238 *CGT*: La CGT près de chez vous.
239 *Andolfatto*, S. 24.
240 *Andolfatto*, S. 23.
241 *Andolfatto*, S. 49; *Jansen/Kißler/Kühne/Leggewie/Seul*, S. 41.
242 *Andolfatto*, S. 49 und ff. mit weiteren Ausführungen; *Jansen/Kißler/Kühne/Leggewie/Seul*, S. 41–43; *Krieger*, S. 64.
243 Zur Entwicklung der CFDT ab 1978: *Andolfatto*, S. 55 ff.

der Industrieverbandsgewerkschaften ist ebenso wenig erkennbar wie die Anzahl der „unions départementales". Im Jahr 2006 hat die CFDT nach eigener Aussage 804 000 Mitglieder, wobei eine Studie von *Andolfatto* und *Labbé* die Mitgliederzahl nur zwischen 450 000 und 600 000 sieht.[244] Am 31.12.2010 zählte die CFDT nach eigenen Angaben 851.601.[245]

c) Die „Confédération générale du travail force ouvrière" (CGT-FO)

Die CGT-FO, regelmäßig nur FO genannt, ging 1947 aus einer Abspaltung des anti- bzw. nicht kommunistischen Flügels der CGT hervor. Sie betont in der Präambel ihrer Satzung insbesondere ihre parteipolitische Unabhängigkeit und bekennt sich zur demokratischen Staatsform, außerhalb derer eine echte Gewerkschaftsbewegung nicht existieren könne. Die FO umfasst nach eigenen Angaben 25 Industriegewerkschaftsverbände und 105 „unions départementales".[246] Ihr hauptsächliches Betätigungsfeld ist der öffentliche Dienst, sie konnte sich aber auch in der Privatwirtschaft mehr und mehr etablieren, wo ihr wichtigster Industriegewerkschaftsverband derjenige der Metallindustrie ist.[247] Zur genauen Mitgliederzahl gibt es keine repräsentativen Angaben. Bei den Wahlen zum „comité d'entreprise" stand die FO bis 2004–2005 an dritter Stelle der repräsentativen Gewerkschaften.[248]

d) Die „Confédération française des travailleurs chrétiens" (CFTC)

Die CFTC verkörpert als CFTC „maintenue" die Minderheit des katholischen Flügels, die eine „déconfessionnalisation" (Entkonfessionalisierung) und Umbenennung in CFDT auf dem Gewerkschaftskongress 1964 ablehnte und die Abspaltung der CFDT nicht mitmachte.[249] Sie besann sich zurück auf die ursprünglich von der CFDT der 1950er Jahre vertretene kirchliche Soziallehre und setzt insbesondere einen Schwerpunkt auf den Ausgleich von Familien- und Berufsleben.[250] Die CFTC zählt nach eigenen Angaben 142 000 Mitglieder, 14 Industriegewerkschaftsverbände mit insgesamt 1145 Mitgliedsgewerkschaften und unter anderem 100 „unions départementales".[251]

244 *Andolfatto*, S. 63/64.
245 *CFDT*: Nos adhérants.
246 *FO*: Fédérations professionnelles; *FO*: Unions départementales.
247 *Andolfatto*, S. 25.
248 *Andolfatto*, S. 108, Tabelle 6.
249 *Jansen/Kißler/Kühne/Leggewie/Seul*, S. 41; *Krieger*, S. 64.
250 *Andolfatto*, S. 68/69.
251 *CFTC*: La confédération du syndicat CFTC.

e) Die Confédération générale des cadres (CFE-CGC)

Die 1944 gegründete CFE-CGC, regelmäßig nur CGC genannt, unterscheidet sich wie bereits eingangs erwähnt, von den anderen bisher als repräsentativ anerkannten Gewerkschaftsdachverbänden dadurch, dass sie nicht den Anspruch erhebt, alle Arbeitnehmer zu vertreten, sondern sich auf den Personenkreis der „cadres“ beschränkt und stellt damit ein sogenanntes „syndicat catégoriel“, eine Berufsgruppengewerkschaft, dar. Die CGC lehnte von Beginn an die Klassenkampftheorien der anderen Gewerkschaften ab und steht für eine „économie concertée“, die eine direkte Verbindung zwischen der öffentlichen Hand („pouvoirs publics“) und den repräsentativen Organisationen der verschiedenen Gesellschaftsgruppen („catégories sociales“) beinhaltet.[252] Die CGC gibt im Jahr 2006 eine Mitgliederzahl von 160 000 an.[253] Ihre Hauptaktivität entfaltet sie in der Privatwirtschaft, insbesondere in den großen Unternehmen, der Metallindustrie und im Bankwesen.[254]

2. Weitere Gewerkschaftsverbände von Bedeutung

Neben den fünf repräsentativen Gewerkschaftsdachverbänden gibt es noch drei weitere erwähnenswerte Gewerkschaftsverbände, die allerdings ausschließlich in gewissen Branchen eine Rolle spielen: die „Union nationale des syndicats autonomes“ (UNSA), die „Fédération syndicale unitaire“ (FSU) und die „Union syndicale solidaires“ (USS).

a) Die „Union nationale des syndicats autonomes“ (UNSA)

Die UNSA hat sich 1993 aus fünf autonomen Berufsgruppengewerkschaften gegründet. Die bedeutendste darunter war wohl die bereits seit 1949 bestehende FEN (Fédération de l’éducation nationale), seit 2000 UNSA Éducation. Die wichtigsten die UNSA bildenden Gewerkschaften kommen aus dem öffentlichen Sektor, wo die UNSA 2006 ihren vierten Rang unter den Gewerkschaften festigen konnte.[255] Doch die UNSA hat sich mit dem Ziel eine branchenübergreifende repräsentative Gewerkschaft zu werden, nach und nach auch um eine Etablierung in der Privatwirtschaft bemüht. Dies ist ihr insbesondere im Banken- und Ver-

252 *Andolfatto*, S.73/74.
253 *Andolfatto*, S. 76.
254 *Andolfatto*, S. 76.
255 *Andolfatto*, S. 90.

sicherungswesen gelungen.[256] Nach eigenen Angaben hat die UNSA um die 360 000 Mitglieder[257] und steht damit im Hinblick auf die Mitgliederzahlen an vierter Stelle unter den Gewerkschaften in Frankreich. Sie ist unterteilt in 8 „pôles professionnelles“, denen insgesamt 12 Industriegewerkschaftsverbände zugeordnet werden.[258] 2003 hat die UNSA beim Arbeitsministerium den Antrag gestellt in die Liste der fünf national repräsentativen Gewerkschaften aufgenommen zu werden. Dies wurde, mit der Begründung einer national branchenübergreifend zu geringen Mitgliederzahl und einer zu geringen Verankerung in der Arbeitnehmerschaft, abgelehnt. Der Conseil d'État hat diese Entscheidung mit Urteil vom 5. November 2004 für rechtmäßig befunden.[259]

b) Die „Fédération syndicale unitaire“ (FSU)

Die 1993 aus einer Abspaltung der FEN hervorgegangene FSU ist der größte Gewerkschaftsverband im Bereich Erziehung.[260] Sie zählt nach eigenen Angaben 163 000 Mitglieder[261] und vereinigt 24 nationale Gewerkschaften[262].

c) Die „Union syndicale solidaires“ (USS)

Die USS wurde 1981 von zehn autonomen Gewerkschaften als G-10 (Groupe des Dix) gegründet, die insbesondere in bestimmten Berufszweigen des öffentlichen Dienstes angesiedelt waren, wie z. B. der Polizei oder den Lokführern der SNCF.[263] Maßgeblich gewachsen ist die G-10 mit dem fortlaufenden Anschluss der Gewerkschaften SUD (Solidaires, unitaires, démocratiques) in den 1990er Jahren, die in diversen Sektoren, vor allem aber im öffentlichen Sektor, aktiv sind.[264] Eine Umbenennung in USS folgt 2004. Die USS zählt nach eigenen Angaben ca. 90 000 Mitglieder in 45 nationalen Gewerkschaften oder Gewerkschaftsverbänden[265], von denen um die 30 SUD- Gewerkschaften sind.

---

256 *Andolfatto*, S. 91/92.
257 *UNSA*: UNSA en quelques mots.
258 *UNSA*: Organisation de l'UNSA.
259 Mit Anm. *Stahl*, Dr. soc. 2004, 1098 ff.
260 *Andolfatto*, S. 84.
261 *FSU*: Présentation et objectifs.
262 *FSU*: Les syndicats.
263 *Andolfatto*, Les syndicats en France, S. 76.
264 *Andolfatto*, Les syndicats en France, S. 77/78.
265 *USS:* Présentation synthétique de notre Union syndicale.

III. Die allgemeine Einführung der Repräsentativität kraft Nachweis

Ziel der Reform des Rechts der Repräsentativität durch das Gesetz vom 20. August 2008 war insbesondere eine Erhöhung der Legitimation der Sozialpartner.[266] Das Gesetz führt hierzu unter anderem eine generelle Geltung der Repräsentativität kraft Nachweises ein. Alle Gewerkschaften müssen hiernach in Zukunft ihre Repräsentativität anhand der im Folgenden unter IV. erörterten Repräsentativitätskriterien beweisen.

Wie einleitend zu B. dieses Pragraphen erwähnt, gab es bis zum Gesetz vom 20. August 2008 im Allgemeinen drei unterschiedliche Arten der Repräsentativität: 1. die durch Regierungsverordnung vom 31.3.1966[267] anerkannte Repräsentativität der fünf großen nationalen Gewerkschaftsdachverbände (CGT, CGT-FO, CFDT, CFTC und CFE-CGC)[268], 2. die „représentativité par affiliation ou empruntée", d. h. Repräsenativität kraft Beitritts oder geliehene Repräsentativität, die die unwiderlegbar[269] vermutete Repräsentativität der den fünf anerkannt repräsentativen Gewerkschaftsdachverbänden angeschlossenen Gewerkschaften bezeichnet[270] und 3. die „représentativité prouvée" oder „représentativité propre", d. h. Repräsentativität kraft Nachweis bzw. eigene Repräsentativität.[271]

Die „représentativité par affiliation ou empruntée" war dabei in ihrer Reichweite an die Repräsentativität des „vermittelnden" Gewerkschaftsdachverbandes gebunden. War eine Gewerkschaft z. B. der CFE-CGC angeschlossen, die ausschließlich in Bezug auf die von ihr vertretenen „cadres" repräsentativ war, so galt dies genauso für die angeschlossenen Gewerkschaften.[272] Für eine hierüber hinausgehende Repräsentativität musste die Erfüllung der Repräsentativitätskriterien bewiesen werden.[273] Die durch Dachverbandsmitgliedschaft verliehene

266 *Ministère du Travail,* Circulaire ministérielle DGT n° 20 du 13.11.2008 relativ à la loi du 20.8.2008, S. 1.

267 J.O. du 2.4.1966, S. 2675.

268 Weitere Informatioenen zu den einzelnen Gewerkschaftsdachverbänden vorstehend unter B. II. 1. dieses Paragraphen.

269 Cass. soc. 7.7.1983, Dr. soc. 1984, 86; Cass. soc. 28.6.1978, Bull. Civ. V, n° 534; *Morin*, S. 364; *Zumfelde*, NZA 2004, 836 (836).

270 *Pélissier/Supiot/Jeammaud*, Rn. 831.

271 Diese Dreiteilung zeigte sich in Art. L. 2231–1 C. trav. (a. F.): „La convention ou l'accord collective est conclu entre: d'une part, une ou plusieurs organisations syndicales de salariés reconnues représentatives au niveau national, ou affiliées à ces organisations, ou ayant fait la preuve de leur représentativité dans le champs d'application de la convention ou de l'accord; [...]".

272 Cass. soc. 7.11.1990, Dr. soc. 1991, 295; Cass. ass. plén. 15.3.1985, D. 1985, 573 mit Anm. Verdier; vgl. auch *Teyssié*, S. 44.

273 Cass. soc. 26.9.2002, RJS 12/02, n° 1417 im Umkehrschluss; Cass. ass. plén. 15.3.1985, D. 1985, 573 mit Anm. Verdier; vgl. auch *Teyssié*, S. 44.

Repräsentativität war in ihrer Reichweite also akzessorisch zu der Repräsentativität der vermittelnden Organisation. Relevant war dies jedoch ersichtlich nur im Fall des einzigen Berufsgruppendachverbandes CFE-CGC, da alle anderen Gewerkschaftsdachverbände in ihrer Repräsentativität nicht auf eine bestimmte Gruppe von Arbeitnehmern beschränkt waren.

Geprägt wurde die Gewerkschaftslandschaft und das Recht der Repräsentativität bis zum Reformgesetz vom 20. August 2008 maßgeblich durch die anerkannte Repräsentativität zugunsten der fünf großen nationalen Gewerkschaftsdachverbände, die das Monopol der Repräsentativität auf nationaler und auf Branchenebene innehatten,[274] und der unwiderlegbaren Repräsentativitätsvermutung zugunsten der ihnen angeschlossenen Gewerkschaften. Die Konstruktion der unwiderlegbaren Vermutung der Repräsentativität ermöglichte vor allem auf Unternehmensebene den wirksamen Abschluss von Tarifverträgen mit Gewerkschaften, die im Unternehmen nur schwach vertreten waren, sich aber durch Anschluss an einen auf nationaler Ebene repräsentativen Gewerkschaftsdachverband auf die unwiderlegbare Vermutung der Repräsentativität berufen konnten.[275] Vor dem Hintergrund der „erga-omnes“ Wirkung von Tarifverträgen und der daraus resultierenden Funktion der Gewerkschaften als Vertreter der gesamten Arbeitnehmerschaft[276], nicht ausschließlich ihrer Mitglieder, wurde von der Literatur insbesondere die fehlende Legitimation der Handlungen von Gewerkschaften kritisiert, die ihre Bedeutung ausschließlich der Anwendung der unwiderlegbaren Vermutung der Repräsentativität zu verdanken hatten.[277] Auf diese Weise konnten Gewerkschaften Tariffähigkeit erlangen, die nur die Unterstützung eines Bruchteils der Arbeitnehmer hatten, die sie repräsentierten.

Der Erwerb der Tariffähigkeit und damit der Fähigkeit zur Vertretung der gesamten, in den Geltungsbereich eines Tarifvertrages fallenden Arbeitnehmerschaft, war im Rahmen der unwiderlegbaren Vermutung vollkommen losgelöst von dem realen Stellenwert der Gewerkschaften im Rahmen eben dieses Arbeitnehmerkreises. Die Legitimation, die die Repräsentativität dem gewerkschaftlichen Handeln verleihen soll, insbesondere mit Blick auf Andersorganisierte oder Außenseiter, war damit unzureichend.

Dem soll mit der allgemeinen Einführung der Repräsentativität kraft Nachweis durch das Gesetz vom 20. August 2008 entgegengewirkt werden. Einzige

274 *Pécaut-Rivolier/Petit*, Dr. soc. 2010, 1168 (1169).

275 *Pélissier/Supiot/Jeammaud*, Rn. 832; *Yannakourou*, S. 309; *Zumfelde/Remy*, NZA 2009, 186 (187).

276 Siehe hierzu oben in der Einleitung zu B. dieses Paragraphen. Zum verfassungsrechtlichen Hintergrund siehe Teil 1 § 2 B. II. 1.

277 *Teyssié*, S. 44; *Pélissier/Supiot/Jeammaud*, Rn. 832; *Despax*, Dr. soc. 1979, 259 (260/261); *Yannakourou*, S. 309; die Kritik zusammenfassend auf deutsch auch bei *Schulze-Doll*, S. 46.

Legitimationsgrundlage ist danach die Erfüllung der Repräsentativitätskriterien, die so ihr volles Maß an Bedeutung gewinnen.

IV. Die Repräsentativitätskriterien nach dem Gesetz vom 20. August 2008 über die Erneuerung der sozialen Demokratie und die Reform der Arbeitszeit

Mit dem Gesetz vom 20. August 2008 wurden erstmals seit ihrer Einführung durch Art. 31 f. des Gesetzes vom 11. Februar 1950[278] die Kriterien zur Bestimmung der Repräsentativität geändert. Grundlage dieser Gesetzesreform war ein gemeinsam von Gewerkschaften und Arbeitgeberverbänden erarbeitetes Papier, die „position commune du 9 avril 2008 sur la représentativité, le développement du dialogue social et le financement du syndicalisme", dessen Inhalt in weiten Teilen durch den Gesetzgeber übernommen wurde. Der Ausdruck „position commune" ist jedoch insofern etwas irreführend, als dass auf Arbeitnehmerseite nur zwei der fünf repräsentativen Gewerkschaftsdachverbände, die CFDT und die CGT, das Papier unterzeichnet haben. Auf Arbeitgeberseite unterzeichneten mit dem MEDEF[279] und der CGPME[280] zwei große Arbeitgeberverbände.

An die Stelle der bis August 2008 geltenden fünf Kriterien: dem Mitgliederbestand, der Unabhängigkeit, der Mitgliedsbeiträge, der Erfahrung und dem „Alter" der Gewerkschaft und der patriotischen Haltung während der Besatzungszeit,[281] treten nun sieben Kriterien zur Ermittlung der Repräsentativität: die Achtung der republikanischen Werte, die Unabhängigkeit, die finanzielle Transparenz, eine Mindestbestandsdauer von zwei Jahren, die „audience" als Kriterium für das Maß an Unterstützung in der Arbeitnehmerschaft, der Einfluss der Gewerkschaft und die Mitgliederzahlen und Beitragseinnahmen.[282] Dabei lassen sich diese Kriterien wie folgt unterteilen:

278 Loi n° 50–205 du 11 février relative aux conventions collectives et aux procédures de règlement des conflits collectifs de travail.

279 „Mouvement des entreprises de France".

280 „Confédération Générale des Petites et Moyennes Entreprises".

281 Für nähere Ausführungen zum Inhalt dieser fünf Kriterien siehe z. B. *Schulze-Doll*, S. 39 ff.

282 Art. L. 2121–1 C. trav: „La représentativité des organisations syndicales est déterminée d`après les critères cumulatifs suivants: 1° Le respect des valeurs républicaines; 2° L'indépendance; 3° La transparence financière; 4° Une ancienneté minimale de deux ans dans le champ professionnel et géographique couvrant le niveau de négociation. Cette ancienneté s`apprecie à compter de la date de dépôt des statuts: 5° L`audience établie selon les niveaux de négociation conformément aux articles L. 2122–1, L. 2122–5, L. 2122–6, L. 2122–9; 6° L'influence, prioritairement caractérisée par l'activité et l'expérience; 7° Les effectifs d'adhérents et les cotisations.

Zunächst gibt es die Basiskriterien, in der Literatur teilweise auch „kleine Repräsentativität“ genannt[283]: Unabhängigkeit, Achtung der republikanischen Werte und Mindestbestandsdauer von 2 Jahren (1.). Erfüllt eine Gewerkschaft die Basiskriterien, darf sie an den Wahlen zur Arbeitnehmervertretung[284] teilnehmen und muss dort eine bestimmte Anzahl an Wählerstimmen auf sich vereinigen, um dem Kriterium der „audience“ zu genügen (2.). Die Erfüllung des rein quantitativen Kriteriums der „audience“ genügt neben den Basiskriterien aber noch nicht zur Etablierung der Repräsentativität. Darüber hinaus müssen auch die übrigen drei Kriterien erfüllt sein: finanzielle Transparenz, Mitgliederzahlen und Beitragseinnahmen und Einfluss der Gewerkschaft (3.).

Zu beachten ist weiterhin, dass Art. L. 2121–1 C. trav. nunmehr ausdrücklich bestimmt, dass die sieben Repräsentativitätskriterien kumulativ vorliegen müssen. Vormals mussten sich die Repräsentativitätskriterien lediglich gegenseitig ergänzen und konnten sich teilweise kompensieren.[285] Dies ließ der Rechtsprechung einen weiten Beurteilungsspielraum bei der Feststellung der Repräsentativität im konkreten Fall. Durch die Voraussetzung des kumulativen Vorliegens der sieben Kriterien und insbesondere durch das objektive Kriterium der „audience“ ist dieser Beurteilungsspielraum nun entsprechend eingeschränkt. Einige Autoren befürchten deshalb, dass die gerichtliche Kontrolle an Flexibilität bei Entscheidungen im konkreten Einzelfall einbüßen könnte.[286] Diese Befürchtung wird jedoch dadurch abgemildert, dass aus der Gesetzesbegründung hervorgeht, dass zwar alle Kriterien erfüllt sein müssen, ihre jeweilige Gewichtung aber je nach konkreter Situation und Niveau variiert werden kann und damit auch ihre entsprechende Bedeutung.[287] Zudem enthalten die einzelnen Kriterien, mit Ausnahme der Mindestbestandsdauer und der „audience“, jeweils genug Beurteilungsspielraum für die Rechtsprechung.

1. Die Basiskriterien: Unabhängigkeit, Achtung der republikanischen Werte und Mindestbestandsdauer von zwei Jahren

Die Kriterien Unabhängigkeit, Achtung der republikanischen Werte und die Voraussetzung einer Mindestbestandsdauer von zwei Jahren bilden die Grundlage der Repräsentativität einer jeden Gewerkschaft. Die Erfüllung dieser Kriterien ist Voraussetzung dafür, dass auch eine (noch) nicht repräsentative Gewerkschaft, die keiner auf nationaler oder branchenübergreifender Ebene

---

283 *Olivier*, Dr. soc. 2009, 687 (692).

284 Ausführungen zur Arbeitnehmerinteressenvertretung im Anschluss unter 2. a).

285 Cass. soc. 8.2.1994, RJS 3/94 n° 273; Cass. soc. 5.11.1986, Bull. civ. V, n° 512.

286 *Borenfreund*, RDT 2008, Études, 712 (714).

287 Zitiert nach: *Borenfreund*, RDT 2008, Études, 712 (714).

repräsentativen Gewerkschaftsorganisation angeschlossen ist, durch die Gründung einer Gewerkschaftssektion in einem Unternehmen aktiv auftreten kann und insbesondere befugt ist, an den Wahlen zur Arbeitnehmervertretung teilzunehmen.[288] Ohne diese Wahlteilnahme ist das Erreichen des Status einer repräsentativen Gewerkschaft seit der Einführung des Kriteriums der „audience“ nicht mehr möglich.[289] Der Gesetzgeber hat die Kriterien Unabhängigkeit, Achtung der republikanischen Werte und Mindestbestandsdauer den übrigen Repräsentativitätskriterien damit auf dem Weg zur Etablierung der Repräsentativität vorgeschaltet. Sie bilden also die Grundlage einer möglichen Repräsentativität und unterscheiden sich insofern von den übrigen Repräsentativitätskriterien im eigentlichen Sinne. Diese Tatsache rechtfertigt die hier vorgenommene Einordnung als Basiskriterien.

Im Widerspruch zum Gesetzgeber betrachtet die Literatur die Kriterien Unabhängigkeit und Achtung der republikanischen Werte überwiegend sogar bereits als Voraussetzung für den Gewerkschaftsstatus und nicht erst als Kriterium der Repräsentativität.[290] Hiermit nimmt die französische Literatur interessanterweise also eine dogmatische Einordnung parallel zum deutschen Recht vor, wo die Gegnerunabhängigkeit Voraussetzung der Koalitionseigenschaft im Sinne des Art. 9 Abs. 3 GG ist.[291]

a) Die gewerkschaftliche Unabhängigkeit (L'indépendance)

Die gewerkschaftliche Unabhängigkeit war schon vor der Gesetzesreform vom August 2008 ein Repräsentativitätskriterium. Eine Legaldefinition bestand und besteht aber nicht. Der Begriff der Unabhängigkeit wurde vielmehr von der Rechtsprechung geprägt. Das Fehlen zusätzlicher Ausführungen zu diesem Kriterium in der „position commune“ der Sozialpartner vom 9. April 2008 oder durch den Gesetzgeber spricht dafür, dass diese Rechtsprechung auch nach der Reform vom August 2008 ihre Geltung behält.[292]

---

288 Art. L. 2142–1 und L. 2324–4 C. trav.

289 Ausführungen zur „audience“ im Anschluss unter 2.

290 *Antonmattei*, Dr. soc. 2008, 771 (772); *Borenfreund*, RDT 2008, 712 (715); *Favennec-Héry*, Dr. soc. 2009, 630 (636); *Gauriau*, JCP S 2008, n° 1448, S. 13 (14); *Letombe*, JCP S 2008, Act. 319, S. 3 (3); *Olivier*, Dr. soc. 2009, 687 (691); *Ray*, Dr. soc . 2009, 887 (889), Fn. (5); *Verdier*, Droit du travail, S. 501; *Verkindt*, obs. Cass.soc. 13.9.2005, Dr. soc. 2006, 235 (236); *Morin*, Dr. soc. 2011, 62 (67).

291 Vgl. z. B. *Preis*, Kollektivarbeitsrecht, S. 26; ErfK/Dieterich, Art. 9 GG, Rn. 25.

292 *Gauriau*, JCP S 2008, n° 1448, S. 13 (14).

Hiernach müssen Gewerkschaften sowohl im Verhältnis zum Staat, zu politischen Parteien, als auch im Verhältnis zum Arbeitgeber[293] unabhängig sein.[294] Praktisch spielt jedoch fast ausschließlich die Arbeitgeberunabhängigkeit eine Rolle.

Indizien für die Unabhängigkeit sind insbesondere eine ausreichende Anzahl an Mitgliedern, folglich auch an Beitragseinnahmen und eine tatsächliche Aktivität der Gewerkschaft in den Unternehmen, in denen sie tarifzuständig sind.[295] Gegen eine Unabhängigkeit spricht umgekehrt der Erhalt von Subventionen durch den Arbeitgeber, die den Hauptteil, wenn nicht in Gänze, die finanziellen Mittel der Gewerkschaft bilden,[296] sowie eine systematisch feindliche Haltung gegenüber anderen Gewerkschaften und eine permanente Kritik an der Nutzung des Streikrechts[297]. Wie in Deutschland ist auch in Frankreich die Gegnerfreiheit logischer Bestandteil des Kriteriums der (Arbeitgeber- bzw. Gegner-)Unabhängigkeit.[298]

Eine Besonderheit gibt es bei dem Kriterium der Unabhängigkeit im Rahmen der Beweislastverteilung. Während es grundsätzlich den Gewerkschaften obliegt, die eigene Erfüllung der Repräsentativitätskriterien zu beweisen, so ist der Beweis einer fehlenden Unabhängigkeit von demjenigen zu erbringen, der die Unabhängigkeit bestreitet.[299] Die Unabhängigkeit einer Gewerkschaft wird also widerleglich vermutet.[300] Vor der Gesetzesreform 2008 war dies das einzige Kriterium, das bei Nichtvorliegen automatisch die Verneinung der Repräsentativität zur Folge hatte.[301] Hierin zeigt sich die der Unabhängigkeit einer Gewerkschaft bereits vor der Reform von 2008 innewohnende, grundlegende Bedeutung.

b) Die Achtung der republikanischen Werte (Le respect des valeurs républicaines)[302]

Das Kriterium der Achtung der republikanischen Werte ersetzt das durch den Zeitablauf obsolet gewordene Kriterium der patriotischen Haltung während der

293 Cass. soc. 29.10.1998, RJS 12/98, n° 1505.

294 *Teyssié*, S. 36.

295 *Pélissier/Supiot/Jeammaud*, Rn. 838.

296 Cass. soc. 4.2.1976, Bull. civ. V, n° 73; Cass. soc. 31.1.1973, Bull. civ. V, n° 50 und n° 51.

297 Cass. soc. 11.1.1979, D. 1979, inf. Rap. 326; Cass. soc. 23.2.1973, Dr. soc. 1973, 589; Cass. soc. 4.4.1973, Dr. soc. 1973, 590.

298 *Bélier/Legrand*, S. 42

299 Cass. soc. 24.2.1993, RJS 4/93, n° 416; Cass. soc. 22.7.1981, Bull. civ. V, n° 748.

300 *Teyssié*, S. 37.

301 *Verdier*, S. 503; *Yannakourou*, S. 172.

302 Ausführlich hierzu *Pagnerre*, JCP S 2009, n° 1050, S. 7 ff.

Besatzung.[303] Es soll insbesondere den Respekt der Meinungs- und Religionsfreiheit, sowie die Ablehnung jeglicher Diskriminierung sicherstellen.[304] Eine Klärung, wenn auch nicht zum Inhalt des Begriffs der „republikanischen Werte“, so doch zum Maßstab der Ermittlung dieses Kriteriums, hat ein jüngst ergangenes Urteil des Cour de cassation gebracht.[305] Das Gericht erklärte hier, dass der Beweis einer Missachtung der republikanischen Werte nicht allein anhand der Satzung zu führen sei, sondern anhand der tatsächlichen Handlungen der Gewerkschaft. Die Beweislast trage dabei derjenige, der die Erfüllung des Kriteriums bestreite.[306]

c) Mindestbestandsdauer von zwei Jahren („Une ancienneté minimal de deux ans [...]“)

Weiterhin kann eine Gewerkschaft nun nur dann repräsentativ sein, wenn sie eine Mindestbestandsdauer von zwei Jahren auf dem „professionnellen“ und räumlich angestrebten Geltungsbereich nachweisen kann („Une ancienneté de deux ans dans le champs professionnel et géographique couvrant le niveau de négociation.“, Art. L. 2121–1 n° 4 C. trav.).[307] Die Beurteilung dessen erfolgt anhand des Datums der Hinterlegung der Satzung.[308] Dabei kann auch der „professionnelle“ und räumlich angestrebte Verhandlungsbereich einer Gewerkschaft ihrer Satzung als Teil der dort festgelegten Tarifzuständigkeit entnommen werden.[309]

Das Kriterium der Mindestbestandsdauer entwickelt das bereits vor der Reform bestehende Repräsentativitätskriterium des „Alters“ einer Gewerkschaft weiter und gibt ihm eine neue Bedeutung. Vor der Reform spielte das Kriterium des „Alters“ einer Gewerkschaft allerdings eine sehr untergeordnete Rolle, und ein fehlendes „Alter“ allein schloss die Repräsentativität in der Regel nicht aus,

303 *Antonmattei*, Dr. soc. 2008, 771 (772).

304 Art.1–6 de la position commune du 9 avril 2008 sur la Représentativité, le developpement du dialogue sociale et le financement du syndicalisme.

305 Cass. soc. 13.10.2010, n° 10–60.130 (zitiert nach www.legifrance.gouv.fr), hierzu: *Morin*, Dr. soc. 2011, 62 (67). Alle nachfolgenden Entscheidungen des Cour de cassation ohne Angabe einer weiteren Fundstelle sind zitiert nach der staatlichen Seite www.legifrance.gouv.fr.

306 Cass. soc. 13.10.2010, n° 10–60.130; Cass. soc. 8.7.2009, n° 08–60.599, Urteilsauszug in: *Pécaut-Rivolier*, SSL 2009, n° 1408, S. 6 (10/11).

307 Die Aufgabe der Mitgliedschaft einer Gewerkschaft in einem Gewerkschaftsverband ändert nichts an der bisherigen Existenz der Gewerkschaft, d. h. durch die Trennung entsteht keine neue Gewerkschaft, die erneut eine Bestandsdauer von zwei Jahren nachweisen muss (Cass. soc. 3.3. 2010, Dr. soc. 2010, 722 mit Anm. Petit; Hierzu auch: *Pécaut-Rivolier/Petit*, Dr. soc. 2010, 1168 (1175).

308 Art. L. 2121–1 n° 4 C. trav.

309 *Bélier/Legrand*, S. 35/36; *Morin*, Dr. soc. 2011, 62 (67).

solange die Gewerkschaft tatsächlich eine Verbandsaktivität gewissen Ausmaßes vorweisen konnte.[310] Dies hat sich in zweierlei Hinsicht geändert. Zum einen müssen die Repräsentativitätskriterien nun kumulativ erfüllt sein. Das Kriterium des „Alters“ wurde also insofern von der Verbandsaktivität abgekoppelt, dass es durch eine solche nicht mehr kompensiert werden kann. Zum anderen wurde das Repräsentativitätskriterium „Alter der Gewerkschaft“ durch die Reform vom August 2008 mit der Vorgabe einer absoluten Mindestbestandsdauer, die sich anhand eines konkreten und nachweisbaren Datums beurteilt, zu einem objektiv messbaren Kriterium. Der Gesetzgeber hat auf diesem Wege also eine Art Repräsentativitätsfähigkeit eingeführt.[311]

2. Die „audience“ – Einführung einer Repräsentativität kraft Wahlen

Die wohl größte und entscheidendste Veränderung im Rahmen der Umgestaltung der Repräsentativitätskriterien durch das Gesetz vom 20. August 2008 ist die Einführung des Kriteriums der „audience“ als eigenständiges Kriterium.

Übersetzt man den Begriff „audience“ wörtlich, so bedeutet er „Zuhörerschaft“.[312] Die „audience“ spiegelt den Rückhalt einer Gewerkschaft in der Belegschaft eines Unternehmens wider. Eine Gewerkschaft kann nach dem Kriterium der „audience“ nur repräsentativ sein, wenn sie im ersten Wahlgang der Wahlen zur Arbeitnehmervertretung eine bestimmte, gesetzlich festgelegte, Wählerquote erreicht.[313] Bereits vor dem Reformgesetz vom 20. August 2008 hat die Rechtsprechung anhand der Ergebnisse der Wahlen zur Arbeitnehmervertretung die „audience“ einer Gewerkschaft ermittelt und in die Beurteilung der Repräsentativität einbezogen, ohne ein eigenständiges Kriterium zu bilden.[314] Die Festlegung einer zu erreichenden absoluten Mindestprozentzahl an Wählerstimmen im Rahmen der Wahlen zur Arbeitnehmervertretung ist eine Neuerung, die nach einhelliger Meinung in der Literatur als objektiv nachprüfbares Kriterium zum entscheidenden Eckstein der Repräsentativitätsprüfung werden dürfte und das Zentrum der zukünftigen Repräsentativitätsprüfung bilden wird.[315] Dies gilt ins-

310 *Schulze-Doll*, S. 41; *Teyssié*, S. 37.

311 *Antonmattei*, Dr. soc. 2008, 771 (772).

312 *Doucet/Fleck*, S. 69.

313 Siehe hierzu im Folgenden ausführlich unter b).

314 CE, 5.11. 2004, décision n° 257878, Pélissier/Lyon-Caen/Jeammaud/Dockès, n° 127–129, obs., S. 597; Cass. soc., 10.2. 1977, Bull. n° 105; Cass. soc., 22.7.1975, Bull. n° 416.

315 *Bélier/Legrand*, S. 65; *Borenfreund*, RDT 2008, Études, 712 (716), titelt: „L'audience électorale: un critère cardinal“; *Favennec-Héry*, Dr. soc. 2009, 630 (635), spricht unter dem Titel der „prédominance de l'audience“ von der „audience“ als einer „condition centrale de la représentativité“; *Mazeaud*, Dr. soc. 2009, 669 (669); *Morel*, Dr. soc. 2009, 885 (885); *Olivier*, Dr. soc. 2009, 687 (692);

besondere vor dem Hintergrund, dass die Repräsentativitätskriterien seit dem Gesetz vom 20. August 2008 kumulativ vorliegen müssen. Im Gegensatz zu den anderen – auslegungsbedürftigen – Kriterien, belässt die „audience“ als rein quantitatives Kriterium den Gerichten keinen Beurteilungsspielraum ob seiner Erfüllung im Einzelfall. Die erforderliche Wählerquote bildet also eine messbare Untergrenze der Zustimmung, die eine Gewerkschaft in der Arbeitnehmerschaft besitzen muss, um ihre Repräsentativität etablieren zu können und damit die Fähigkeit zu erwerben, Tarifverträge mit „erga-omnes“ Wirkung abzuschließen. Erreicht eine Gewerkschaft nicht die erforderliche Anzahl an Wählerstimmen, so ist sie nicht repräsentativ.[316]

Der Conseil constitutionnel hat das Kriterium der „audience“ für verfassungsgemäß erklärt.[317] Das Gericht sieht weder einen Verstoß gegen die Koalitionsfreiheit gem. Abs. 6[318] noch gegen das Recht auf Kollektivverhandlungen gem. Abs. 8 Präambel[319] der Verfassung von 1946. Es stünde dem Gesetzgeber im Rahmen seiner Gesetzgebungskompetenz aus Art. 34 französische Verfassung frei zwecks Bestimmung der Voraussetzungen für die Umsetzung des Rechts der Arbeitnehmer auf Kollektivverhandlungen die Kriterien zur Bestimmung der Repräsentativität zu definieren und den repräsentativen Charakter einer Gewerkschaften dabei insbesondere über die Ergebnisse bei den Wahlen zur Arbeitnehmervertretung zu gewährleisten. Der Gesetzgeber habe auch einer Zersplitterung der Vertretung der Arbeitnehmer durch eine Vielzahl an Gewerkschaften entgegenwirken wollen. Das Recht auf Koalitionsfreiheit aus Abs. 6 Präambel der Verfassung von 1946 bedeute nicht, dass alle Gewerkschaften, unabhängig von ihrem Rückhalt in der Arbeitnehmerschaft, als repräsentativ anerkannt werden müssen.

Die für die Repräsentativität erforderliche Wählerquote und gegebenenfalls zusätzlichen Voraussetzungen, richten sich nach der jeweiligen Verhandlungsebene. Dabei bleibt der Maßstab, anhand dessen die jeweils erforderliche Wählerquote ermittelt wird, immer gleich: Die Gewerkschaft muss, wie im Folgenden zu sehen sein wird, einen bestimmten prozentualen Anteil der abgegebenen Stimmen im ersten Wahlgang zu den letzten Wahlen der Arbeitnehmervertretung im Unternehmen, konkret gesprochen zu den letzten Wahlen der Mitglieder des „comité d’entreprise“ oder hilfsweise der „délégués du personnels“, erzielt haben.[320] Dies gilt unabhängig von der Anzahl der abgegebenen Wählerstimmen.

Bevor im Folgenden näher auf die konkreten Anforderungen der „audience“ je nach Verhandlungsebene (b) und anschließend auf die Sonderregelungen zur

316 TI Paris, 9.3.2010, JCP S 2010, Act. 166.

317 C.C. 7.10.2010, déc. n° 2010–42 QCP, JO du 8.10.2010, S. 18235.

318 Ausführlich zur Koalitionsfreiheit siehe Teil 1 § 2 A.

319 Ausführlich zum Recht auf Kollektivverhandlungen siehe Teil 1 § 2 B.

320 Vgl. Art. L. 2122–1 C. trav., Art. L. 2122–5 C. trav., Art. 2122–9 C. trav.

Repräsentativität von Berufsgruppengewerkschaften („syndicats catégoriels") eingegangen wird (c), erfolgt zunächst eine kurze Darstellung der Ausgestaltung der im Rahmen der Ermittlung der „audience" relevanten Arbeitnehmerinteressenvertretungen (a).

a) Die Arbeitnehmerinteressenvertretung im Unternehmen in Frankreich

Die Vertretung der Arbeitnehmerinteressen im Unternehmen wird in Frankreich im Wesentlichen durch vier Institutionen sichergestellt und kann in zwei Ebenen unterteilt werden.

Zum einen gibt es eine rein gewerkschaftliche, d. h. nicht gewählte Interessenvertretung im Unternehmen in Form der „section syndicale" (Gewerkschaftssektion) und der „délégués syndicaux" (Gewerkschaftsdelegierte) bzw. „représentants de la section syndicale" (Vertreter der Gewerkschaftssektion).

Zum anderen gibt es gewählte Arbeitnehmerinteressenvertretungen in Form des „comité d'entreprise" (Unternehmensausschuss) und der „délégués du personnel" (Belegschaftsvertreter). Zusätzlich gibt es noch das „comité d'hygiène, de sécurité et des conditions de travail" (Gesundheits- und Sicherheitsausschuss), dessen Mitgliedern von einem Kollegium aus „comité d'entreprise" und „délégués du personnel" ernannt werden.[321]

Eine „section syndicale" kann dabei in jedem Unternehmen, unabhängig von seiner Größe, von jeder Gewerkschaft gebildet werden, die im Unternehmen mindestens zwei[322] Mitglieder hat und die ihre Repräsentativität im Unternehmen bereits etabliert hat, einem auf national branchenübergreifender Ebene repräsentativen Gewerkschaftsverband angeschlossen ist oder die soeben erläuterten Basiskriterien der Repräsentativität erfüllt.[323] Ihr werden verschiedene Rechte zuerkannt, z. B. das Recht die Gewerkschaftsbeiträge einzuziehen[324], das Recht Räumlichkeiten zur Verfügung gestellt zu bekommen[325] oder das Recht auf freie Meinungsäußerung.[326] Letzteres schlägt sich gesetzlich in den Rechten zur freien Bekanntgabe und Verbreitung von Gewerkschaftsmitteilungen der Art. L. 2142–3 bis 2142–7 C. trav. nieder. Ein „délégué syndical" wiederum kann in allen Unternehmen mit mindestens 50 Arbeitnehmern von jeder dort repräsentativen Gewerkschaft bestimmt

321 Art. L. 4613–1 C. trav.

322 Cass. soc. 4.11.2009, n° 09–60.075; Cass. soc. 9.7.2009, n° 08–60.599.

323 Art. L. 2142–1 C. trav. Diese Regelung wurde erst durch das Gesetz vom 20. August 2008 eingeführt. Zuvor konnten nur bereits repräsentative Gewerkschaften eine „section syndicale" gründen.

324 Art. 2142–2 C. trav.

325 Art. L. 2142–8, 2142–9 C. trav.

326 Für nähere Ausführungen siehe z. B. *Pélissier/Supiot/Jeammaud*, Rn. 1015 ff.

werden.[327] Die Bestimmung als „délégué syndical" setzt dabei voraus, dass es sich um einen mindestens achtzehnjährigen Arbeitnehmer des entsprechenden Unternehmens handelt, der seit mindestens einem Jahr bei dem Unternehmen beschäftigt ist.[328] Zudem hat das Gesetz vom 20. August 2008 eine Bestimmung eingeführt, nach der der „délégué syndical" vorrangig aus den Kandidaten zu den Wahlen der Arbeitnehmerinteressenvertretung auszuwählen ist, die im ersten Wahlgang der letzten Wahlen zum „comité d'entreprise" oder der „délégués du personnel" mindestens 10 % der Stimmen auf sich vereinigen konnten.[329] Bezüglich der Funktion des „délégué syndical" besagt das Gesetz lediglich, dass dieser von seiner Gewerkschaft berufen wird, um diese beim Arbeitgeber zu vertreten (*„[...] pour la représenter auprés de l'employeur*").[330] Er übt die Gewerkschaftsrechte im Unternehmen aus und stellt unter anderem Forderungen jeder Art an den Arbeitgeber, z. B. Gehaltsforderungen oder Forderungen in Bezug auf die soziale Sicherung, ist oftmals an der Organisation von Streiks beteiligt und verteidigt die Arbeitnehmer z. B. vor der Verwaltung.[331] Die Hauptaufgabe des „délégué syndical" ist jedoch das Führen von Verhandlungen mit dem Arbeitgeber im Namen und als Vertreter seiner Gewerkschaft, insbesondere bei der Verhandlung von Firmentarifverträgen[332].[333] Die Figur des „représentant de la section syndicale" wurde durch das Gesetz vom 20. August 2008 neu geschaffen und trägt der Tatsache Rechnung, dass seitdem auch nicht repäsentative Gewerkschaften eine „section syndicale" gründen dürfen. Der „représentant de la section syndicale" wird im Gegensatz zum „délégué syndical" von den (noch) nicht repräsentativen Gewerkschaften im Unternehmen bestimmt, die eine „section syndicale" gegründet haben. Er hat die gleiche Funktion wie ein „délégué syndical", ohne dabei grundsätzlich mit Verhandlungsbefugnissen ausgestattet zu sein.[334]

Während die gewerkschaftliche Interessenvertretung in Form der „délégués syndicaux" aufgrund ihrer Verhandlungsbefugnisse insbesondere im Rahmen

327 Art. 2143–3 C. trav. Weiterführend, insbesondere zu den neuen Voraussetzungen bei der Nominierung des „délégué syndical" seit dem Gesetz vom 20. August 2008, z. B. bei *Cesaro*, Dr. soc. 2009 658, (662 ff.); *Guillouet*, JCP S 2010, n° 1136, S. 26 ff. oder *Gauriau*, Dr. soc. 2009, 641 (645/646)

328 *Pélissier/Supiot/Jeammaud*, Rn. 895.

329 Art. L. 2143–3 C. trav.; Ausführungen zum „comité d'entreprise" und den „délégués du personnel" im Anschluss unter aa) und bb).

330 Art. L. 2143–3 C. trav.

331 Siehe hierzu: *Dauxerre*, S. 70/71.

332 Art. L. 2232–17 C. trav. Siehe auch § 1 C. dieses Teils.

333 *Cesaro*, Dr. soc. 2009 658 (662); *Dauxerre*, S. 70; *Pélissier/Supiot/Jeammaud*, Rn. 1020.

334 Weiterführend zum „représentant de la section syndicale" z. B. bei *Gauriau*, Dr. soc. 2009, 641 (644/645), zur Ausnahme bestehender Verhandlungsbefugnisse siehe z. B. *Cesaro*, Dr. soc. 2009 658 (664/665).

der Kollektivverhandlungen im Unternehmen eine zentrale Rolle spielt, so sind für die hier in Rede stehende Frage der Ermittlung der „audience" ausschließlich die gewählten Arbeitnehmervertretungsorgane „comité d'entreprise" und „délégués du personnel" von Interesse. Aus diesem Grund sollen auch nur sie im Folgenden ausführlicher erläutert werden.

aa) Das „comité d'entreprise"

Das 1945 im Rahmen eines Reformprogramms zur Demokratisierung der Wirtschaft eingeführte „comité d'entreprise"[335] ist als gewählte betriebliche Interessenvertretung das Hauptorgan der französischen Arbeitnehmervertretung im Unternehmen und am ehesten mit dem deutschen Betriebsrat zu vergleichen. Es wird in Unternehmen mit mindestens 50 Arbeitnehmern gewählt.[336] Eine Verpflichtung zur Wahl eines „comité d'entreprise" besteht dabei dann, wenn das Unternehmen in den vorangehenden drei Jahren für einen Zeitraum von, nicht zwingend zusammenhängend, zwölf Monaten die Anzahl von mindestens 50 Arbeitnehmern erreicht hat.[337] Die Wahl des „comité d'entreprise" findet alle vier Jahre auf Initiative des Arbeitgebers statt.[338] Eine Behinderung der Bildung oder des ordnungsgemäßen Betriebs des „comité d'entreperise", insbesondere durch die Nichtdurchführung der Wahl, ist für den Arbeitgeber strafrechtlich sanktioniert und gem. Art. L. 2328–1 C. trav. mit einer einjährigen Freiheitsstrafe und einer Geldstrafe von 3.750 Euro bedroht.

Das „comité d'entreprise" besteht aus dem Arbeitgeber als Vorsitzenden[339], den im Rahmen der Wahl zum „comité d'entreprise" gewählten Arbeitnehmervertretern („représentants élus au comité d'entreprise") und den von den im „comité d'entreprise" vertretenen Gewerkschaften entsandten „représentants syndicaux au comité d'entreprise"[340] (Gewerkschaftsvertreter im Unternehmensausschuss).[341] In seiner Zusammensetzung unterscheidet sich das „comité d'entreprise" damit von dem ausschließlich aus gewählten Arbeitnehmervertretern bestehenden deutschen Betriebsrat.

---

335 *Lasserre*, S. 33, mit weitergehenden Erläuterungen zu der Reform und Hintergründen der Einführung der „comité d'entreprises.

336 Art. L. 2322–1 C. trav.

337 Art. L. 2322–2 C. trav.

338 Art. L. 2324–3 S. 2 C. trav.

339 Art. L. 2325–1 S. 2 C. trav.

340 In Unternehmen mit unter 300 Beschäftigten wird die Funktion des „représentant syndical au comité d'entreprise" von Rechtswegen durch den Gewerkschaftsdelegierten, den „délégué syndicale", wahrgenommen, Art. 2143–22 C. trav.

341 Art. L. 2324–1, 2324–2 C. trav.

Die gewählten Arbeitnehmervertreter bilden jedoch die wichtigste Gruppe des „comité d'entreprise. Nur sie besitzen ein volles Stimmrecht für alle Beschlüsse des „comité d'entreprise“. Der Arbeitgeber hat insbesondere kein Stimmrecht im Hinblick auf Beschlüsse, die die gewählten Arbeitnehmervertreter im Rahmen der ihnen zustehenden Konsultationsrechte als Vertreter der Belegschaft treffen.[342] Ein Stimmrecht verbleibt ihm daher im Wesentlichen bei Beschlüssen, die die interne Organisation bzw. Arbeitsweise des „comité d'entreprise“ betreffen.[343] Die Aufgabe der „représentants syndicaux au comité d'entreprise“ wiederum ist rein beratend. Sie sind dazu berufen, die Position ihrer Gewerkschaft zu den im „comité d'entreprise“ diskutierten Fragen darzustellen, ohne ein Stimmrecht zu besitzen.[344]

Die Aufgabe des „comité d'entreprise“ besteht nach Art. L. 2323–1 S. 1 C. trav. in der Wahrung der kollektiven Interessen der Arbeitnehmer im Unternehmen bei Entscheidungen hinsichtlich der Unternehmensführung, der ökonomischen und finanziellen Entwicklung des Unternehmens, der Arbeitsorganisation, der beruflichen Weiterbildung und der Produktionstechniken. Weitherhin formuliert das „comité d'entreprise“ gem. Art. L. 2323–1 S. 2 C. trav. eigenständig bzw. untersucht auf Initiative des Arbeitgebers Vorschläge, die geeignet sind, die Arbeits- und Beschäftigungsbedingungen, die berufliche Weiterbildung sowie generell die Lebensbedingungen im Unternehmen zu verbessern.

aaa) Die Rechte des „comité d'entreprise“

Die Wahrung der Arbeitnehmerinteressen findet insbesondere auf Grundlage von Informations- und Konsultationsrechten statt.[345] Der Arbeitgeber muss im Rahmen der Konsultation in bestimmten Angelegenheiten die Meinung des „comité d'entreprise“ einholen, ohne grundsätzlich jedoch daran gebunden zu sein.[346] Das Ziel der Konsultation des „comité d'entreprise“ durch den Arbeitgeber ist dabei die Herbeifühurung eines echten Dialoges und konstruktiven

342 Art. L. 2325–18 C. trav.

343 *Pélissier/Supiot/Jeammaud*, Rn. 947; so hat der Arbeitgeber z. B. ein Stimmrecht bei der Wahl des Schriftführers, Cass. soc., 10.7.1991, Bull. civ. V, n° 355.

344 *Teyssié*, S. 139.

345 Vgl. Art. 2323–2 ff. C. trav.; weitergehende Ausführungen zur Entwicklung des „comité d'entreprise“ als Repräsentationsorgan seit 1945 und zu bestehenden Informations- und Konsulatationsrechten bei *Schulze-Doll*, S. 197 ff.

346 Marquet de Vasselot, RJS 9–10/00, 607 (611): „Ainsi il est unanimement reconnu que le système français des relations sociales ne saurait être assimilé à une forme de cogestion venant associer intimement les représentants du personnel au processus décisionel. […] il n'en démeure pas moins consacré par la loi et par le juge, de telle sorte qu'en matière d'information et de consultation l'employeur n'est pas tenu de solliciter l'avis conforme des représentants du

Meinungsaustausches zwischen den Sozialpartnern.[347] Echte Mitbestimmungsrechte, wie sie dem deutschen Betriebsrat z. B. nach § 87 BetrVG zustehen, hat das „comité d'entreprise" grundsätzlich nicht.[348]

Weiterhin gibt es kein rechtlich anerkanntes Äquivalent zu den in Deutschland bestehenden Betriebsvereinbarungen als Intrument innerbetrieblicher Rechtssetzung. Treffend hierzu schreibt z. B. *Verkindt*[349]: „*Le but des éléctions dans l'entreprise n'est en effet pas d'assurer la constitution d'une assemblée souveraine titulaire d'un pouvoir de décision de nature à s'imposer à la collectivité qui se dote de représentants. Aucune des instances de représentantion du personnel ne peut être de près ou de loin assimilée à une assemblée légiférante.*"[350]

Die einzige Art von Verhandlungsabschlüssen zwischen dem Arbeitgeber und der betrieblichen Interessenvertretung sind die, durch die Praxis eingeführten und rechtlich nicht geregelten, von der Rechtsprechung anerkannten, „accords atypiques".[351] Im Rahmen dieser atypischen Vereinbarungen kann sich jedoch ausschließlich der Arbeitgeber rechtswirksam verpflichten und dabei nur für den Arbeitnehmer günstigere Regelungen herbeiführen.[352] Im Gegensatz zu den repräsentativen Gewerkschaften kommt dem „comité d'entreprise" nämlich keine individuelle oder kollektive Interessenvertretung der Arbeitnehmer oder des gesamten Berufszweiges zu[353] und damit konsequenterweise kein Verhandlungsrecht bezüglich der Arbeitsbedingungen gegenüber dem Arbeitgeber.

Das einzige kollektivvertragliche Regelungsinstrument bleibt also der Tarifvertrag, dessen Verhandlung und Abschluss jedoch grundsätzlich den (repräsentativen) Gewerkschaften vorbehalten ist. Gibt es in einem Unternehmen keine durch die repräsentativen Gewerkschaften bestellten „délégués syndicaux", so sieht das Gesetz unter bestimmten Umständen allerdings ausnahmsweise die

---

personnel, étant précisé que ce n'est que par exception que la loi accorde un droit de „veto" au comité d'entreprise".

347 TGI Créteil 10.2.2000, zitiert nach: Marquet de Vasselot, RJS 9–10/00, 607 (610).

348 Einer Zustimmung durch das „comité d'entreprise" bedarf es ausnahmsweise z. B. wenn der Arbeitgeber, um dem Bedürfnis bestimmter Arbeitnehmer Rechnung zu tragen, individualisierte Arbeitszeiten einführen will, Art. L. 3122–23.

349 *Verkindt*, Dr. soc. 2009, 648 (650/651).

350 Das Ziel der Wahlen im Unternehmen ist es in der Tat nicht, die Bildung einer souveränen Versammlung zu gewährleisten, die im Hinblick auf die Wahlgemeinschaft verbindliche Entscheidungen zu treffen befugt ist. Keine der Personalvertretungsinstanzen kann auch nur im Entferntesten mit einer normsetzenden Versammlung verglichen werden.

351 *Pélissier/Supiot/Jeammaud*, Rn. 1047; weitere Ausführungen zur Geschichte und rechtlichen Bewertung der „accords atypiques" bei *Schulze-Doll*, S. 209 ff.

352 *Pélissier/Supiot/Jeammaud*, Rn. 81; *Schulze-Doll*, S. 215/216, m. w. N.

353 Cass. soc., 23.10.1985, Dr. soc. 1987, 105; *Morin*, S. 334/335.

Möglichkeit des Abschlusses eines Firmentarifvertrages durch die gewählten Arbeitnehmervertreter im „comité d'entreprise" vor.[354]

bbb) Die Wahl des „comité d'entreprise"

Bei der Wahl zum „comité d'entreprise" haben die Gewerkschaften im ersten Wahlgang ein Monopol beim Listenvorschlagsrecht.[355] Bis zur Reform vom 20. August 2008 stand dieses Recht ausschließlich den repräsentativen Gewerkschaften zu.[356] Wie gesehen, hat das Gesetz vom 20. August 2008 das Kriterium der „audience" jedoch als eigenständiges Repräsentativitätskriterium eingeführt und das Erzielen eines gesetzlich festgelegten prozentualen Anteils an Wählerstimmen im ersten Wahlgang zum „comité d'entreprise" damit bereits zur Voraussetzung für die Repräsentativität gemacht. Auch (noch) nicht repräsentative Gewerkschaften müssen nun also ein Listenvorschlagsrecht im ersten Wahlgang haben, um die Möglichkeit zu bekommen, ihre Repräsentativität etablieren zu können. Diese Notwendigkeit führte aber nicht dazu, dass nunmehr alle Gewerkschaften ein Listenvorschlagsrecht im ersten Wahlgang bei den Wahlen zum „comité d'entreprise" haben. Vielmehr steht dieses Recht seit dem Gesetz vom 20. August 2008 folgenden Gewerkschaften zu: Nicht repräsentativen Gewerkschaften, die erstens die Kriterien der Achtung der republikanischen Werte und der (Arbeitgeber-)Unabhängigkeit erfüllen, seit mindestens zwei Jahren rechtmäßig gegründet sind und deren geographisches und berufliches Tätigkeitsfeld das Unternehmen abdeckt, zweitens einer auf nationaler oder branchenübergreifender Ebene repräsentativen Gewerkschaftsorganisation angeschlossen sind, sowie – wie bisher –Gewerkschaften, die im Unternehmen bereits als repräsentativ anerkannt sind und alle Gewerkschaften, die eine Gewerkschaftssektion im Unternehmen gegründet haben[357].[358]

Ein zweiter Wahlgang, bei dem sich auch gewerkschaftsunabhängige Kandidaten zur Wahl stellen lassen können, findet statt, wenn im ersten Wahlgang unter 50 % der eingeschriebenen Wähler wirksam ihre Stimme abgegeben haben.[359]

---

354 Art. L. 2232–21 C. trav.; zur Verhandlung von Firmentarifverträgen unter Abwesenheit von „délégués syndicaux" siehe z. B. *Mazeaud*, Dr. soc. 2009, 669 ff.

355 *Pélissier/Supiot/Jeammaud*, Rn. 886.

356 *Pélissier/Supiot/Jeammaud*, 23. Aufl., Rn. 621.

357 Wobei gem. Art. L 2142–1 C. trav. alle Gewerkschaften , die die soeben genannten Voraussetzungen erfüllen, eine Gewerkschaftssektion gründen können, wenn sie im Unternehmen eine Mehrzahl an Mitgliedern haben.

358 Art. L. 2314–3 C. trav.; hierzu auch: *Bélier/Legrand*, S. 127/128.

359 *Pélissier/Supiot/Jeammaud*, Rn. 887.

Die Wahl findet grundsätzlich in zwei Wahlkollegien statt: Arbeiter und Angestellte einerseits und Ingenieure, Abteilungsleiter, Spezialisten, leitende Angestellte und diesen gleichgestellte andererseits.[360] Die Anzahl und die Zusammensetzung der Wahlkollegien kann gemäß Art. L. 2324–12 C. trav. durch einen von allen in dem entsprechenden Unternehmen repräsentativen Gewerkschaften unterzeichneten Tarifvertrag abgeändert werden.

Aktiv wahlberechtigt sind grundsätzlich Beschäftigte ab dem 16. Lebensjahr mit mindestens dreimonatiger Unternehmenszugehörigkeit.[361] Passiv wahlberechtigt sind grundsätzlich alle aktiv wahlberechtigten Beschäftigten ab dem 18. Lebensjahr und einer mindestens einjährigen Unternehmenszugehörigkeit.[362]

bb) Die „délégués du personnel"

Die 1936 eingeführten „délégués du personnel" (Belegschaftsdelegierte) sind die älteste Arbeitnehmerinteressenvertretung im Unternehmen in Frankreich und existieren grundsätzlich neben dem „comité d`entreprise".

Bei Abwesenheit eines „comité d'entreprise" in Unternehmen mit mindestens 50 Arbeitnehmern, z. B. aufgrund fehlender Kandidaten, nehmen die „délégués du personnel" jedoch unter bestimmten Voraussetzungen Teile der Aufgaben des „comité d'entreprise" wahr.[363] Auch kann der Arbeitgeber in Unternehmen mit unter 200 Arbeitnehmern gem. Art. L. 2326–1 C. trav. entscheiden, dass die „délégués du personnel" gleichzeitig im „comité d'entreprise" die Delegation der gewählten Arbeitnehmervertreter bilden. Dies nennt sich dann „délégation unique du personnel" (einheitliche Belegschaftsdelegation). In diesem Fall sind die als „délégués du personnel" gewählten Arbeitnehmer „délégués du personnel" und gewählte Arbeitnehmervertreter im „comité d'entreprise" („représentants élus au comité d'entreprise") in Personalunion.

Die Wahl von „délégués du personnel" ist in allen Unternehmen mit mindestens elf Arbeitnehmern gesetzlich vorgeschrieben.[364] Dabei sind die soeben zur Wahl des „comité d'entreprise" gemachten Aussagen bezüglich des Wahlturnus, des Listenvorschlagrechts im ersten Wahlgang und den Wahlgängen, den Wahlkollegien und dem aktiven und passiven Wahlrecht auch für die „délégués du personnel" gültig. Es handelt sich dabei um gemeinsame Vorschriften der Arbeit-

---

360 Art. L. 2314–8 und L. 2324–11 C. trav.; näheres zur Zusammensetzung der Wahlkollegien z. B. bei *Teyssié*, S. 90 ff.

361 Art. L. 2314–15 C. trav.

362 Art. L. 2324–16 C. trav.

363 Vgl. Art. L. 2313 ff. C. trav; *Pélissier/Supiot/Jeammaud*, Rn. 934.

364 Art. L. 2312–1 C. trav.

nehmervertretungsorgane. Die Wahlen zu den beiden Vertretungsorganen finden zudem parallel statt.[365]

Die gewählten „délégués du personnel“ hatten ursprünglich die Aufgabe, Einzelbeschwerden der Arbeitnehmer beim Arbeitgeber vorzutragen und die Arbeitsinspektion über betriebliche Missstände in Kenntnis zu setzen.[366] Diese Rolle als Beschwerdeorgan ist bis heute erhalten geblieben, wobei sie von Einzelbeschwerden auf Kollektivbeschwerden ausgeweitet wurde. Laut Art. L. 2313–1 C. trav. tragen die „délégués du personnel“ dem Arbeitgeber alle individuellen und kollektiven Beschwerden im Hinblick auf die Gehälter einerseits und die Anwendung des Code du travail, der anderen gesetzlichen Bestimmungen hinsichtlich der sozialen Sicherung, der Gesundheit und der Sicherheit sowie im Hinblick auf die im Unternehmen anwendbaren Tarifverträge andererseits vor. Im Gegensatz zum „comité d'entreprise“, welches nur die kollektiven Interessen der Arbeitnehmer vertritt, ist der Tätigkeitsbereich der „délégués du personnel“ also etwas breiter angelegt.

Während die Forderungen der „délégués du personnel“ grundsätzlich allein darauf gerichtet sind die Einhaltung der gesetzlichen bzw. tarifvertraglichen Bestimmungen zu erwirken, so können die Gehälter betreffende Forderungen auf eine Erhöhung derselben abzielen.[367] Parallel zum „comité d'entreprise“ kommen aber auch den „délégués du personnel“ grundsätzlich keine Verhandlungsrechte zu. Etwas anderes gilt dagegen z. B. in dem Fall, dass ein „délégué du personnel“ von einer repräsentativen Gewerkschaft in einem Unternehmen mit weniger als fünfzig Mitarbeitern mit den Aufgaben des „délégué syndical“ betraut wird.[368] Unter bestimmten, gesetzlich festgelegten Umständen, kann den „délégués du personnel“ in Abwesenheit von „délégués syndicaux“ im Unternehmen ausnahmsweise auch ein eigenes Recht zum Abschluss von Firmentarifverträgen zukommen.[369]

b) Anforderungen an das Kriterium der „audience“ auf den einzelnen Verhandlungsebenen

Die Anforderungen, die das Gesetz an die Erfüllung des Kriteriums der „audience“ stellt, variieren in Abhängigkeit von den unterschiedlichen Tarifvertragsebenen, für die die Repräsentativität bestimmt werden soll.

---

365 Art. L. 2324–3 C. trav.

366 *Lasserre*, S. 32.

367 *Pélissier/Supiot/Jeammaud*, Rn. 929.

368 Art. L. 2143–6 C. trav.

369 Art. L. 2232–21 C. trav.; zur Verhandlung von Firmentarifverträgen in Abwesenheit von „délégués syndicaux“ im Unternehmen siehe z. B. *Mazeaud*, Dr. soc. 2009, 669 ff.

Hinsichtlich einer Repräsentativität auf Unternehmens- oder Betriebsebene bestimmt Art. L. 2122–1 C.trav. folgendes:

> *„Dans l'entreprise ou l'établissement, sont représentatives les organisations syndicales qui satisfont aux critères de l'article L. 2121–1 C. trav. et qui ont recueilli au moins 10 % des suffrages exprimés au premier tour des dernières élections des titulaires au comité d'entreprise ou de la délégation unique du personnel ou, à defaut, des délégués du personnel, quel que soit le nombre de votants.“*[370]

Zur Erfüllung des Repräsentativitätskriteriums „audience“ auf Unternehmensebene, muss die betreffende Gewerkschaft, unabhängig von der Erfüllung eines Quorums, vorrangig im ersten Wahlgang bei den Wahlen zum „comité d'entreprise“ also mindestens 10 % der abgegebenen Stimmen auf sich vereinigt haben.[371] Im Falle mehrerer Wahlkollegien ist diese Prozentzahl in allen Wahlkollegien zusammengenommen („tous collèges confondus“) zu erreichen, unabhängig davon, ob eine Gewerkschaft in allen Wahlkollegien Kandidaten aufgestellt hat.[372] Gemäß Art. L. 2122–5 und L. 2122–9 C. trav. sinkt der im Rahmen der „audience“ geforderte Prozentsatz an Wählerstimmen auf Branchenebene oder national branchenübergreifender Ebene auf 8 % der abgegebenen Stimmen im ersten Wahlgang zu den Arbeitnehmervertretungen der Unternehmen. Zur Ermittlung der „audience“ auf Branchenebene werden die Ergebnisse der Wahlen in den einzelnen Unternehmen einer Branche addiert.[373] Zur Ermittlung der „audience“ auf nationaler branchenübergreifender Ebene werden dann die konsolidierten Ergebnisse der einzelnen Branchen addiert.[374]

Sowohl auf Branchenebene als auch auf national branchenübergreifender Ebene muss eine Gewerkschaft zur Etablierung ihrer Repräsentativität, neben dem Erreichen einer Zustimmung von 8 % bei den Wahlen zur Arbeitnehmervertretung und der Erfüllung der übrigen Repräsentativitätskriterien, jeweils eine weitere Voraussetzung erfüllen:

Die Repräsentativität auf Branchenebene verlangt zusätzlich eine national ausgewogene Präsenz der Gewerkschaft in der betroffenen Branche, Art. L 2122–5

---

370 Im Unternehmen oder im Betrieb sind diejenigen Gewerkschaften repräsentativ, die den Anforderungen der Kriterien des Art. L. 2121 C. trav. genügen und die mindestens 10 % der abgegebenen Stimmen im ersten Wahlgang zu den letzten Wahlen der Mitglieder des „comité d'entreprise“ oder der „délégation unique du personnel“ oder hilfsweise der „délégués du personnel“ erzielt haben, unabhängig von der Anzahl der Wähler.

371 Die Beschränkung auf die Ergebnisse im ersten Wahlgang ist insofern nachvollziehbar, als dass, wie vorstehend unter a) aa) bbb) gesehen, nur hierbei ausschließlich Gewerkschaften ein Listenvorschlagsrecht haben. Ausführlich zur Ermittlung des Kriteriums der „audience“ auf Unternehmensebene siehe z. B. *Pécaut/Petit*, Dr. soc. 2010, 1168 (1170/1171).

372 Cass. soc. 22.9.2010, n° 10–10.678.

373 Art. L. 2122–5 C. trav.

374 Art. L. 2122–9 C. trav.; *Teyssié*, S. 40.

n° 2 C. trav. Der Wahlerfolg in ausschließlich einzelnen Teilen Frankreichs reicht also nicht aus.[375]

Für die Repräsentativität einer Gewerkschaft auf national branchenübergreifender Ebene fordert Art. L. 2122–9 n° 2 C. trav. als Zusatzkriterium eine auf Branchenebene bestehende Repräsentativität der Gewerkschaft in den Branchen Industrie, Bau, Handel und Dienstleistung. Es wird also die Repräsentativität in einigen großen, bedeutenden Branchen verlangt und damit sichergestellt, dass die branchenübergreifende Repräsentativität ihren Namen in der Realität auch verdient.

c) Sonderregelungen für die Repräsentativität von Berufsgruppengewerkschaften

Weiterhin hat der Gesetzgeber spezielle Regelungen für die sogenannten „syndicats catégoriels" (Berufsgruppengewerkschaften) geschaffen. So lautet Art. L. 2122–2 C. trav. [376]:

> „*Dans l'entreprise ou l'établissement, sont représentatives à l'égard des personnels relevant des collèges éléctoraux dans lesquels leurs règles statutaires leurs donnent vocation à présenter des candidats les organisations syndicales catégorielles affiliées à une confédération syndicale catégorielle interprofessionnelle nationale qui satisfont aux critères de l'article L. 2121–1 et qui ont recueilli au moins 10 % des suffrages exprimés au premier tour des dernières élections des titulaires au comité d'entreprise [...] dans ces collèges, quel que soit le nombre des votants.*"[377]

Zunächst müssen Berufsgruppengewerkschaften die im Rahmen der „audience" erforderliche Wählerquote also nicht in allen Wahlkollegien zusammengenommen („tous collèges confondus") erreichen, sondern einzig in dem Wahlkollegium, dem die nach ihrer Satzung vertretene Arbeitnehmergruppe angehört. Eine Berufsgruppengewerkschaft muss ihre Repräsentativität also nur im Hinblick auf und im „Wahlkreis" der von ihr vertretenen Arbeitnehmergruppe etablieren. Das Erreichen der erforderlichen Wählerquote wird damit im Verhältnis zu den all-

375 *Teyssié*, S. 39.

376 Gleichlautende Vorschriften gibt es sowohl für die Branchenebene (Art. L. 2122–7 C. trav.) als auch für die national branchenübergreifende Ebene (Art. L. 2122–10 C. trav.)

377 Im Unternehmen oder Betrieb sind die einem nationalen Berufsgruppengewerkschaftsdachverband angeschlossenen Berufsgruppengewerkschaften im Hinblick auf das Personal repräsentativ, das den Wahlkollegien angehört in denen sie nach ihrer Satzung berufen sind Kandidaten zu präsentieren, soweit sie die Krtierien des Art. L. 2121–1 erfüllen und mindestens 10 % der im ersten Wahlgang zu den letzten Wahlen des „comité d'entreprise" [...] abgegebenen Stimmen in diesen Kollegien auf sich vereinigen konnten, unabhängig von der Anzahl der Wähler.

gemeinen Gewerkschaften, die dieselbe Wählerquote in allen Kollegien zusammengenommen erfüllen müssen, einfacher.

Dieser Unterschied in der Ermittlung der „audience“ ist zumindest dann nachvollziehbar, wenn man davon ausgeht, dass die Repräsentativität damit auch nur im Hinblick auf diese Arbeitnehmergruppe besteht und nicht für die gesamte Arbeitnehmerschaft[378]. Kann eine Gewerkschaft ihre Repräsentativität nur im Hinblick auf eine bestimmte Arbeitnehmergruppe etablieren, ist es konsequent, dass die Feststellung dieser Repräsentativität auch nur im Hinblick auf diese Gruppe vorgenommen wird. In Frankreich war die Verfassungsmäßigkeit dieser „Erleichterung“ in der Ermittlung der „audience“ jedoch umstritten.[379]

Das Tribunal d'Instance (Amtsgericht) Brest urteilte, diese „Erleichterung“ verletze den Grundsatz der Gleichbehandlung zwischen Berufsgruppengewerkschaften und allgemeinen Gewerkschaften. Die Berufsgruppengewerkschaften müssten ihre Repräsentativität einzig über das Erreichen der erforderlichen Stimmen in „ihrem“ Wahlkolleg etablieren, während eine allgemeine Gewerkschaft, selbst wenn sie in einem Wahlkolleg zehn Prozent der Stimmen auf sich vereinige, ihre Repräsentativität nicht einzig für die Arbeitnehmer dieses Wahlkollegs etablieren könne, sondern die erforderlichen Stimmen in allen Wahlkollegien zusammengenommen erfüllen muss.[380] Das Urteil des TI Brest wurde vom Cour de cassation im Anschluss zwar aufgehoben, auf die Argumentation bezüglich der „audience“ von Berufsgruppengewerkschaften ging der Cour dabei aber nicht ein, sondern stützte sein Urteil auf andere Gründe.[381]

Der Cour de cassation legte diese Frage jedoch auf Antrag u. a. einer der CGT-FO angeschlossenen Gewerkschaft, die Partei des Verfahrens war, dem Conseil constitutionnel im Rahmen des „QCP“-Verfahrens[382] („question prioritaire de constitutionnalité“) vor.[383] Der Conseil constitutionnel erklärte daraufhin

378 So m. E. richtig z. B. *Radé*, Dr. soc. 2010, 821 (823) unter Berufung auf den klaren Gesetzeswortlaut des Art. L. 2122–1 C. trav.: „[...] sont *représentatives à l'égard* des personnels rélévant des collèges électoraux dans lesquels leurs règles statutaires leur donnent vocation à présenter des candidats [...].“ ([...] sind *repräsentativ im Hinblick* auf das Personal, das den Wahlkollegien angehört, bei denen sie nach ihrer Satzung berufen sind Kandidaten zu präsentieren [...].), ebenso *Flament*, JCP S 2009, n° 1386, S. 16 (18).

379 Die Literatur sprach sich dabei mehrheitlich für eine Verfassungsmäßigkeit aus, siehe: *Artero/Béal*, RDT 2010, 556 ff.; *Radé*, Dr. soc. 2010, 821 (823/824)

380 TI Brest, 27.10.2009, n° 11–09–000634 (zitiert nach: *Akandji-Kombé*, SSL 2009, n° 1421, S. 10 (12 und 13), mit ausführlicher Besprechung der Entscheidung).

381 Cass. soc. 14.4.2010, n° 09–60.426, sowie 09–60.429. Siehe auch *Radé*, Dr. soc. 2010, 821 (823, Fn. 17).

382 Siehe hierzu Teil 1 Einleitung zu § 2.

383 C. cass. 8.7.2010, Arrêt n° 12142 (10–60.189) – question prioritaire de constitutionnalité; ausführlich zur question prioritaire de constitutionnalité n° 10–60.189: *Béraud*, RDT 2010, 564 (568 ff.)

in einer Entscheidung vom 7. Oktober 2010 die einschlägige gesetzliche Bestimmung, Art. L. 2122–2 C. trav., im Hinblick auf die Ermittlung der „audience" für Berufsgruppengewerkschaften in ausschließlich „ihrem" Wahlkolleg für verfassungsgemäß.[384] Die Ungleichbehandlung sei aufgrund der unterschiedlichen Situation von dachverbandlich angeschlossenen Berufsgruppengewerkschaften und allgemeinen Gewerkschaften gerechtfertigt. Gleichzeitig erklärte der Conseil constitutionnel in dieser Entscheidung auch das Kriterium der „audience" im Allgemeinen für verfassungsgemäß.[385]

Verfassungsrechtlich problematisch ist dagegen m. E. vielmehr die gesetzliche Einschränkung der Sonderregelung auf dachverbandlich angeschlossene Berufsgruppengewerkschaften. Ist die Sonderregelung für Berufsgruppengewerkschaften, d. h. Art. L. 2122–2 C. trav., eine Spezialregelung in dem Sinne, dass sich die Repräsentativität von Berufsgruppengewerkschaften ausschließlich nach dieser Vorschrift bemisst, so verhindert sie ausdrücklich die Repräsentativität und damit auch Tariffähigkeit von autonomen Berufsgruppengewerkschaften.[386] Selbst wenn es autonomen Berufsgruppengewerkschaften erlaubt ist, ihre Repräsentativität nach den allgemeinen Regeln, d. h. in allen Wahlkollegien zusammengenommen, zu etablieren[387], Art. L. 2122–2 C. trav. also nur eine Spezialregelung für die dachverbandlich angeschlossene Berufsgruppengewerkschaft darstellt, findet eine deutliche Benachteiligung der Repräsentativitäts- und damit auch Tariffähigkeit von autonomen Berufsgruppengewerkschaften statt. Für eine autonome Berufsgruppengewerkschaft wird es praktisch sehr schwer, wenn nicht gar unmöglich, das Repräsentativitätskriterium der „audience" in allen Wahlkollegien zusammengenommen zu erfüllen.[388] Die ausdrückliche Beschränkung der Sonderregelung zur Ermittlung der „audience" auf dachverbandlich angeschlossene Berufsgruppengewerkschaften benachteiligt autonome Berufsgruppengewerkschaften also erheblich. Eine Rechtfertigung für diese Ungleichbehandlung in der Repräsentativität von autonomen Berufsgruppengewerkschaften und Berufsgruppengewerkschaften, die einem national repräsentativen Dachverband angeschlossen sind, ist nicht ersichtlich.

Der Conseil constitutionnel dagegen hat drei an ihn gestellte „Questions prioritaires de constitutionnalité" von zwei nicht der CFE-CGC angehörigen Berufs-

---

384 C.C. 7.10.2010, déc. n° 2010–42 QCP., JO du 8.10.2010, S. 18235.

385 Siehe hierzu vorstehend die Einleitung zu B. IV. 2 dieses Paragraphen.

386 In diesem Sinne *Borenfreund*, RDT 2008, Études, 712 (716).

387 So *Morin*, Dr. soc. 2011, 62 (70).

388 Gesetzliche Sonderregelungen bestehen lediglich für autonome Berufsgruppengewerkschaften der Journalisten und nach dem „Code de l'aviation civile" auch für das technische Flugpersonal. Beide Berufsgruppen können ein spezielles Wahlkolleg bilden, in dem die „audience" einer Gewerkschaft gesondert ermittelt wird, (*Morin*, Dr. soc. 2011, 62 (71)).

gruppengewerkschaften und einer allgemeinen Gewerkschaft, die alle ihre Repräsentativität in dem einzigen Wahlkolleg gemessen sehen wollten, in dem sie Kandidaten aufgestellt hatten für nicht begründet erklärt.[389] Das Gericht stützte seine Entscheidung dabei auf die Tatsache, dass es in dem oben genannten Urteil vom 7. Oktober 2010[390] bereits die Verfassungsmäßigkeit des Art. L. 2122–2 C. trav., „*qui institue des règles particulières de calcul de l'audience des syndicats catégoriels*“[391], festgestellt hat.

Interessant ist, dass auch vor den soeben genannten den Entscheidungen des Conseil constitutionnel, in der Literatur die Verfassungsmäßigkeit im Hinblick auf die kollektiven Koalitionsfreiheit des Teils der Regelung, der eine Einschränkung auf dachverbandlich angeschlossene Berufsgruppengewerkschaften normiert, kaum diskutiert wurde. Ausschließlich *Borenfreund* meldete in einem Satz verfassungsrechtliche Bedenken an, führte diese jedoch nicht weiter aus.[392]

Die Entstehung der gesetzlichen Sonderregelung zur Repräsentativität von Berufsgruppengewerkschaften muss dabei vor dem Hintergrund der bestehenden französischen Gewerkschaftslandschaft betrachtet werden.[393] Die einzigen repräsentativen Berufsgruppengewerkschaften waren bisher die dem national repräsentativen Berufsgruppengewerkschaftsverband angeschlossenen CFE-CGC Gewerkschaften. Würde die Repräsentativität der CGC Gewerkschaften, wie bei den anderen Gewerkschaften, in allen Wahlkollegien zusammengenommen ermittelt, so wäre die Wahrscheinlichkeit groß, dass sie ihre Repräsentativität aufgrund des Verfehlens der Zehn-Prozent-Hürde verlieren würden.[394] Die durch das Gesetz vom 20. August 2008 eingeführte Sonderregelung zur Repräsentativität, die dachverbandlich angeschlossenen Berufsgruppengewerkschaften die Erfüllung der „audience“ ausschließlich in „ihrem“ Wahlkolleg erlaubt, ist daher insbesondere darauf zugeschnitten, den Erhalt der Repräsentativität der CGC-Gewerkschaften zu ermöglichen.[395] Das Gesetz wurde also offensichtlich mit ausschließlichem Blick auf die CFE-CGC Gewerkschaften erlassen.[396] Es ist vorstellbar, dass aufgrund

---

389 C.C. 12.11.2010, déc. n° 2010–63/64/65 QCP, JO du 13.11.2010, S. 20238; Hierzu: Morin, Dr. soc. 2011, 62 (71).

390 C.C. 7.10.2010, déc. n° 2010–42 QCP., JO du 8.10.2010, S. 18235.

391 (der die speziellen Regelungen der Berechnung der „audience“ von Berufsgruppengewerkschaften einführt) C.C. 12.11.2010, déc. n° 2010–63/64/65 QCP, JO du 13.11.2010, S. 20238.

392 *Borenfreund*, RDT 2008, Études, 712 (716).

393 Für einen Überblick über die französische Gewerkschaftslandschaft siehe oben unter B. II. dieses Paragraphen.

394 *Radé*, Dr. soc. 2010, 821 (821); *Artero/Béal*, RDT 2010, 556 (562).

395 *Radé*, Dr. soc. 2010, 821 (821).

396 Vgl. auch: *Ministère du Travail,* Mode d'emploi „Représentativité des syndicats“, S.5 sowie *Ministère du Travail,* Circulaire ministérielle DGT n° 20 du 13.11.2008 relativ à la loi du 20.8.2008, fiche n° 1, S. 3, n° 1.4.1. Beide Dokumente des Ministeriums besagen explizit, dass

der – zumindest gefühlten – praktischen Irrelevanz, die aus der Beschränkung der Sonderregelung auf dachverbandlich angeschlossene Berufsgruppengewerkschaften erwachsende enorme Benachteiligung autonomer Berufsgruppengewerkschaften vom Gesetzgeber nicht beachtet wurde. Genauso gut ist denkbar, dass der französische Gesetzgeber, in Anbetracht der bereits stark zerteilten Gewerkschaftslandschaft, die Repräsentativität autonomer Berufsgruppengewerkschaften ausschließen bzw. stark erschweren wollte.

3. Die übrigen Repräsentativitätskriterien: Finanzielle Transparenz, Mitgliederzahlen und Beitragseinnahmen sowie Einfluss der Gewerkschaft

a) Die finanzielle Transparenz[397]

Das Vorliegen der geforderten finanziellen Transparenz wird durch die in Art. L. 2135–1 bis 2135–6 C. trav. aufgestellten Regelungen über die Veröffentlichung der Konten von Gewerkschaften bzw. Gewerkschaftsverbänden sichergestellt. Hiernach müssen die Gewerkschaften insbesondere ihre Jahresbilanz veröffentlichen und zwar entweder auf der Internetseite der „Direction des Journaux officiels", bei finanziellen Mitteln ab 230.000 Euro, oder auf der gewerkschaftseigenen Internetseite, bei finanziellen Mitteln unter 230.000 Euro.[398]

Da die Repräsentativitätskriterien kumulativ vorliegen müssen, sind die Gewerkschaften nun also gezwungen, die Regelungen zur Transparenz der Gewerkschaftsfinanzen einzuhalten, wenn sie die mit der Repräsentativität einhergehenden Rechte in Anspruch nehmen wollen. Die geschaffenen Regelungen zur Transparenz von Gewerkschaftskonten führen insbesondere zur Nachvollziehbarkeit der Herkunft der finanziellen Mittel der Gewerkschaften und ihrer Verwendung.[399] Damit wird nicht nur Ungereimtheiten in der Finanzierung der Gewerkschaften vorgebeugt, sondern auch dazu beigetragen, die Unabhängigkeit einer Gewerkschaft, insbesondere gegenüber dem Arbeitgeber, überprüfen zu können.[400]

---

die Sonderregelung praktisch ausschließlich die der CFE-CGC angeschlossenen Gewerkschaften der „cadres" betrifft.

397 Weiterführend zu diesem Kriterium siehe z. B. *Bélier/Legrand*, S. 52 ff..

398 Vgl. Art. L. 2135–1 i. V. m. Art. D. 2135–7, 2135–8 C. trav.

399 *Bélier/Legrand*, S. 52.

400 *Bélier/Legrand*, S. 52; *Gauriau*, JCP S 2008, n° 1448, S. 14.

b) Die Mitgliederzahlen und Beitragseinnahmen

Im Gegensatz zur finanziellen Transparenz waren eine ausreichende Mitgliederzahl und entsprechende Beitragseinnahmen schon vor dem Reformgesetz vom August 2008 Voraussetzung für die Repräsentativität einer Gewerkschaft. Eine Änderung des Inhalts dieser Kriterien ist nicht ersichtlich. Danach waren weder eine absolute Mindestzahl an Mitgliedern noch an Beitragseinnahmen erforderlich. Auch wurden solche Mindestzahlen nicht durch das Gesetz vom 20. August 2008 eingeführt. Verständlich ist dies insbesondere im Hinblick auf die Tatsache, dass in Frankreich ein nur sehr geringer gewerkschaftlicher Organisationsgrad herrscht.[401] *Letombe* schreibt insofern treffend über die französische Gewerkschaftsbewegung[402]: *„[...] il s'agit d'avantage d'un syndicalisme de représentation que d'adhesion."*[403]. Statt eine absolute Mitgliederzahl zu verlangen, nimmt die Rechtsprechung eine relative Betrachtung in dem Sinne vor, dass sie einerseits einen Vergleich mit den Mitgliederzahlen anderer Gewerkschaften und andererseits mit der Zahl der nicht gewerkschaftlich organisierten Arbeitnehmer durchführt.[404] So wurde z. B. im Hinblick auf die geringe Anzahl der gewerkschaftlich organisierten Arbeitnehmer in der Landwirtschaft die FO, trotz der geringen absoluten Mitgliederzahl ihres Landwirtschaftsverbandes, für die Landwirtschaftsbranche als repräsentativ anerkannt.[405] Entscheidend ist weiterhin, dass die Beweislast für eine ausreichende Mitgliederzahl bei der Gewerkschaft liegt, die die Repräsentativität für sich in Anspruch nimmt.[406] Einer Gewerkschaft, die der über die Repräsentativität entscheidenden Behörde[407] die Mitteilung ihrer Mitgliederzahlen verweigert, wurde die Repräsentativität grundsätzlich verwehrt.[408] Das Kriterium ausreichender Beitragseinnahmen soll zudem die Fähigkeit einer Gewerkschaft zu effektivem Handeln und ihre Unabhängigkeit sicherstellen.[409] Dabei wird es allerdings, ähnlich wie das Kri-

---

401 *Bélier/Legrand*, S. 48/49. Für weitere Ausführungen zum gewerkschaftlichen Organisationsgrad in Frankreich siehe unter B. II. dieses Paragraphen.

402 *Letombe*, JCP S 2008, Act. 319, S. 3 (4).

403 Es handelt sich eher um eine repräsentative als um eine mitgliedschaftlich geprägte Gewerkschaftsbewegung.

404 *Pélissier/Supiot/Jeammaud*, Rn. 840; *Teyssié*, S. 40/41.

405 CE 22.6.1951, Dr. soc. 1951, 472; vgl. auch *Pélissier/Supiot/Jeammaud*, Rn. 840; *Teyssié*, S. 40, Fn. 163.

406 Cass. Soc. 27.10.1971, D. 1972, 44; Cass. soc. 22.7.1981, Bull.civ. V, n° 748, S. 554; CE 26.10.1973, Dr. soc. 1975, 40.

407 Für die Branchenebene und die national branchenübergreifende Ebene ist dies z. B. das Arbeitsministerium.

408 CE 15.12.1954, Dr. soc. 1955, 224.

409 *Bélier/Legrand*, S. 50.

terium der Mitgliederzahl, durch den geringen Prozentsatz an gewerkschaftlich organisierten Arbeitnehmern relativiert.[410]

c) Der Einfluss der Gewerkschaft

Das Kriterium des Einflusses der Gewerkschaft ist ein ursprünglich von der Rechtsprechung entwickeltes Kriterium und war bisher nicht gesetzlich verankert.[411] Die Beurteilung des Einflusses einer Gewerkschaft nahm der Cour de Cassation hierbei anhand der Mitgliederzahlen, der Beitragseinnahmen, der Erfahrung und dem „Alter“ der betreffenden Gewerkschaft vor[412], also im Ergebnis anhand der gesetzlich festgelegten Repräsentativitätskriterien mit Ausnahme der Unabhängigkeit. In der Realität prüfte die Rechtsprechung in der Vergangenheit also nur zwei Kriterien, um die Repräsentativität einer Gewerkschaft zu beurteilen: die Unabhängigkeit und den Einfluss der Gewerkschaft.[413] Wobei an dieser Stelle die gesetzlich normierten Repräsentativitätskriterien zur Prüfung herangezogen wurden. Durch das Gesetz vom 20. August 2008 und insbesondere das Erfordernis einer kumulativen Erfüllung der Repräsentativitätskriterien ist das Kriterium des Einflusses der Gewerkschaft nun, obwohl gesetzlich verankert, zu einem Kriterium unter anderen geworden[414]. Es muss folglich neben den anderen Kriterien und nicht durch diese erfüllt sein. Zur Bestimmung des Einflusses einer Gewerkschaft gibt das Gesetz in Art. 2121–1 C. trav. nunmehr vor, dass dieser insbesondere durch das Maß an Tätigkeit und Erfahrung der Gewerkschaft bestimmt wird. Die „position commune“ der Sozialpartner vom 9. April 2008 wiederum präzisiert, dass das Maß gewerkschaftlicher Tätigkeit sich über die tatsächlich unternommenen Aktionen definiert und dadurch von der Effektivität der gewerkschaftlichen Präsenz zeugt.[415] Die Erfahrung einer Gewerkschaft wiederum ergibt sich aus dem Inhalt der gewerkschaftlichen Tätigkeit, wie zum Beispiel aus der Teilnahme an Tarifverhandlungen oder dem Abschluss eines einen Streik beendenden „accord de fin de conflit“.[416]

---

410 *Pélissier/Supiot/Jeammaud*, Rn. 840.

411 *Pélissier/Supiot/Jeammaud*, Rn. 839; *Teyssié*, S. 41; weiterführend zur Entwicklung des Kriteriums „influence“: *Letombe*, JCP S 2008, Act. 319, S. 3 ff.

412 *Antonmattei*, Dr. soc. 2008, 771 (772); *Letombe*, JCP S 2008, Act. 319, S. 3 (4/5).

413 Cass. soc. 3.12.2002, Bull.civ. V, n° 364; *Olivier*, Dr. soc. 2009, 687 (691); *Verdier*, Dr. soc. 2003, 298; *Verkindt*, Cass.soc. 13.9.2005 obs., Dr. soc. 2006, 235 (236).

414 *Letombe*, JCP S 2008, Act. 319, S. 3 (5).

415 Art. 1–3 de la position commune du 9 avril 2008 sur la Représentativité, le developpement du dialogue sociale et le financement du syndicalisme.

416 *Letombe*, JCP S 2008, Act. 319, S. 3 (5).

Mit dem Kriterium des Einflusses gibt das Gesetz den Gerichten neben dem rein quantitativen Kriterium der „audience“ die Möglichkeit einer weitergehenden, einzelfallbezogenen Beurteilung der Repräsentativität einer Gewerkschaft.[417] Es reicht also nicht allein aus, einen Mindestprozentsatz an Wählerstimmen auf sich zu vereinigen. Die Gewerkschaft muss ihre Fähigkeit zur Vertretung eines Teils der Arbeitnehmerschaft, der über die alleinige Gruppe ihrer Mitglieder hinausgeht, auch durch tatsächliches Handeln belegen. Eingeschränkt wird die Rechtsprechung in ihrer Beurteilung allerdings insofern, als dass die Beurteilungsparameter „Tätigkeit“ und „Erfahrung“ vom Gesetzgeber vorgegeben sind. Es bleibt abzuwarten, wie die Rechtsprechung mit dieser Vorgabe umgehen wird.

V. Übergangsfristen

Für die vollständige Umsetzung der Änderung durch das Gesetz vom 20. August 2008 gilt eine Übergangsfrist von bis zu fünf Jahren nach der Bekanntmachung des Gesetzes.

Die kürzeste Übergangsfrist besteht dabei für die Bestimmung der Repräsentativität auf Unternehmensebene. Hier gelten bis zu den Ergebnissen der ersten Wahlen zur Arbeitnehmervertretung nach Veröffentlichung des Gesetzes vom 20. August 2008 im Wesentlichen die alten Regelungen.[418] Die Übergangszeit kann – und wird – von den Gewerkschaften z. B. dadurch erfolgreich hinausgeschoben, dass bei den Wahlen zur Arbeitnehmervertretung keine Gewerkschaft eine Wahlliste präsentiert und die Wahl daher keine Möglichkeit bietet, die „audience“ festzustellen, was für die Bestimmung der Repräsentativität anhand der neuen Repräsentativitätskriterien wie gesehen notwendig ist. Die Möglichkeit dieses Vorgehens hat der Cour de Cassation in seiner Entscheidung vom 10.2.2010[419] bestätigt. Hierbei betonte das Gericht aber auch, dass die durch Art. 11 IV des Gesetzes vom 20. August 2008 eingeführte Übergangszeit für die Repräsentativität auf Unternehmensebene spätestens am 22. August 2012 endet.

Für die Branchenebene und branchenübergreifende Ebene findet gem. Art. 11 I des Gesetzes vom 20. August 2008 eine erste Feststellung des Kriteriums der „audience“ erst spätestens fünf Jahre nach in Kraft treten des Gesetzes statt, d. h. 2013.

Bis zu dem Zeitpunkt, in dem eine Feststellung der Repräsentativität der Gewerkschaften anhand der neuen Kriterien ermittelt werden kann, gelten

---

417 *Bélier/Legrand*, S. 48.

418 Art. 11 IV Abs. 1 des Gesetzes vom 20. August 2008; alle Übergangsregelungen befinden sich in Art. 11 – 17 des Gesetzes vom 20. August 2008.

419 Cass. soc. 10.2.2010, JCP S 2010, n° 1143 mit Anm. Kerbourc'h.

im Wesentlichen die alten Regelungen fort, vgl. Art. 11 II des Gesetzes vom 20. August 2008. Es gelten bis dahin auf Branchenebene und branchenübergreifender Ebene weiterhin die fünf bisher repräsentativen Gewerkschaftsdachverbände und die diesen angeschlossenen Gewerkschaften als repräsentativ.

Zudem wird für vier weitere Jahre die Repräsentativität der Gewerkschaften für die Branchenebene vermutet, die den nach der ersten „neuen" Repräsentativitätsbestimmung als repräsentativ anerkannten Gewerkschaftsdachverbänden angeschlossen sind.[420] Während die inhaltliche Geltung der Regierungsverordnung vom 31.3.1966 sein spätestes Ende also 2013 findet, wird die „représentativité par affiliation" erst spätestens 2017 komplett abgeschafft sein. *Borenfreund* kommentiert insofern treffend[421]: „*Si la présomption meurt, ce sera assurément de mort lente.*"[422].

Es wird also noch eine Weile dauern, bis die in 2008 eingeführte Umgestaltung der Repräsentativität vollzogen ist und ihre Auswirkungen auf die französische Gewerkschaftslandschaft vollständig zu Tage treten.[423]

Bereits jetzt kann jedoch anhand der Tatsache häufiger Änderungen in der dachverbandlichen Bindung von Gewerkschaften festgestellt werden, dass sich eine Veränderung in der Zusammensetzung der Gewerkschaftslandschaft vollzieht.[424]

VI. Abschließende Betrachtung: Eine Steigerung der Legitimation der Gewerkschaften durch die Reform des Rechts der Repräsentativität mit dem Gesetz vom 20. August 2008

Im Folgenden soll vor dem Hintergrund des deutschen Rechts noch einmal zusammenfassend dargelegt werden, inwiefern das Gesetz vom 20. August 2008 zur Steigerung der Legitimation der Gewerkschaften beiträgt und warum die Gewerkschaften in Frankreich dieser Legitimation über das Merkmal der Repräsentativität überhaupt bedürfen.

In Deutschland beschränkt sich die Macht der Gewerkschaften, Tarifbindung herbeizuführen, grundsätzlich auf ihre Mitglieder. Die frei gewählte Mitgliedschaft in einer Gewerkschaft ist also Legitimationsgrundlage für die unmittelbare Bindung an Tarifverträge, die von dieser Gewerkschaft geschlossen wurden.[425]

---

420 Art. 11 III Abs. 2 des Gesetzes vom 20. August 2008.

421 *Borenfreund*, RDT 2008, Études, 712 (718).

422 Wenn die Vermutung stirbt, wird dies sicherlich ein langsamer Tod sein.

423 So auch: *Ministère du Travail,* Bilan de la négociation collective en 2009, S. 12.

424 *Morin*, Dr. soc. 2011, 62 (70).

425 ErfK/*Dietrich*, Art. 9 GG, Rn. 57; HWK/*Hergenröder*, Art. 9 GG, Rn. 115; *Richardi*, in: Münchner Handbuch Arbeitsrecht, § 7, Rn. 5.

In Frankreich hingegen wirken Tarifverträge „erga-omnes“[426] und die Gewerkschaften sind beim Abschluss von Tarifverträgen Vertreter der gesamten Arbeitnehmerschaft.[427] Im Ansatz ist die Rolle der Gewerkschaften beim Abschluss von Tarifverträgen also vergleichbar mit der Rolle der Abgeordneten in einer repräsentativen Demokratie. Die Abgeordneten gehören einerseits einer Partei an, in ihrer Rolle als Abgeordnete sind sie jedoch Vertreter der Interessen des gesamten Volkes[428] und bedürfen als solche einer Legitimation, die durch Wahlen herbeigeführt wird. Genauso bedarf auch die Vertreterposition für die gesamte Arbeitnehmerschaft und die damit verbundene Befugnis eine Tarifbindung auch für anders- oder nichtorganisierte Arbeitnehmer herbeizuführen, einer Legitimation. Die Grundlage für diese Legitimation bildet im französischen Tarifvertragsrecht das Merkmal der Repräsentativität. In Zeiten der unwiderlegbaren Vermutung der Repräsentativität, war diese Legitimation insofern gering, als dass es für den Status einer repräsentativen Gewerkschaft ausreichte, einem der als repräsentativ anerkannten Gewerkschaftsdachverbände angeschlossen zu sein.[429]

Mit dem Wegfall der unwiderlegbaren Vermutung der Repräsentativität ist dies nun nicht mehr möglich. Jede Gewerkschaft muss ihre Repräsentativität beweisen, wobei die gesetzlich festgelegten Repräsentativitätskriterien den Maßstab bilden. Gleichzeitig führt das Gesetz vom 20. August 2008 eine komplette Veränderung der Repräsentativitätskriterien herbei.

Im Mittelpunkt dieser neuen Kriterien steht vor allem das Kriterium der „audience“, dass eine objektiv messbaren Wählerquote bei den Wahlen zur Arbeitnehmervertretung verlangt und darüber den realen Rückhalt einer Gewerkschaft in der Arbeitnehmerschaft widerspiegelt. Über das Kriterium der „audience“ entsteht also eine direkte Verbindung zwischen den Gewerkschaften als Repräsentanten und der gesamten Arbeitnehmerschaft als Repräsentierte.[430] Dies sorgt für eine gesteigerte Legitimation des Handelns der Gewerkschaften in ihrer Rolle als Vertreter der gesamten Arbeitnehmerschaft. Die Legitimation erfolgt nicht mehr von oben nach unten, sondern wie in einem demokratischen System, von unten nach oben,[431] ausgehend vom Wahlvolk Arbeitnehmerschaft.

---

426 Siehe Teil 1 § 1.

427 Siehe hierzu oben in der Einleitung zu B. dieses Paragraphen. Zum verfassungsrechtlichen Hintergrund siehe Teil 1 § 2 B. II.

428 Vgl. Art. 38 Abs. 1 S. 2 GG.

429 Siehe B. III. dieses Paragraphen.

430 Dieses Verhältnis von Gewerkschaften als Repräsentanten der gesamten Arbeitnehmerschaft liegt wie im Rahmen der Frage nach Tarifautonomie unter Teil 1 § 2 B. II. gesehen, bereits in der Verfassung begründet.

431 *Morin*, Dr. soc. 2011, 62 (64).

Diese neugestaltete Form der Ermittlung der Repräsentativität ist also insofern dem politischen System der repräsentativen Demokratie nachempfunden, als dass die Wahlen zur Arbeitnehmervertretung in den Mittelpunkt der Repräsentativität gerückt sind. Diese Parallele zeigt sich auch bereits im Namen des Gesetzes vom 20. August 2008: *„loi portant rénovation de la democratie sociale [...].*", Gesetz zur Erneuerung der *sozialen Demokratie.*

Gleichzeitig macht die Reform es kleineren und neuen Gewerkschaften insbesondere aufgrund des Kriteriums der „audience" schwer, sich zu etablieren.

Doch auch diese Tatsache ist vor dem Hintergrund der Rolle der Gewerkschaften als Vertreter der gesamten Arbeitnehmerschaft zu betrachten und zu bewerten. Um diese Rolle ausfüllen zu dürfen, muss auch von einer kleinen Gewerkschaft verlangt werden, dass sie einen entsprechenden Rückhalt in der Arbeitnehmerschaft vorweisen kann. Auch sie vertritt bei Tarifverhandlungen und -abschlüssen nicht nur ihre Mitglieder.

§ 3. Das Mehrheitsprinzip – Legitimation von Tarifabschlüssen mit „erga-omnes" Wirkung

Die Tariffähigkeit in Form der Repräsentativität einer Gewerkschaft reicht in Frankreich nicht aus, um wirksame Tarifverträge abschließen zu können. Sie besagt nur, dass eine Gewerkschaft die grundsätzliche Befähigung zum Tarifabschluss besitzt, dass sie verhandlungs- und abschluss*berechtigt* ist. Ein wirksamer Tarifabschluss verlangt zusätzlich, dass das in Frankreich im Rahmen des Tarifabschlusses geltende Mehrheitserfordernis erfüllt wurde.

Das Mehrheitsprinzip als Wirksamkeitsvoraussetzung für Tarifverträge gab es jedoch nicht immer. Vor dem Hintergrund des Gewerkschaftspluralismus mit dem Ziel der Gleichbehandlung der Gewerkschaften, konnten Tarifverträge lange Zeit von jeder repräsentativen Gewerkschaft allein geschlossen werden, d. h. auch von repräsentativen, in dem Anwendungsbereich des angestrebten Tarifvertrages minoritären Gewerkschaften.[432] Dies war insofern unproblematisch, als dass in Frankreich im Verhältnis des Gesetzes zu Tarifverträgen und auch im Verhältnis der Tarifverträge untereinander ein strenges Günstigkeitsprinzip („principe de faveur") herrschte, Tarifklauseln die Lage des Arbeitnehmers also nur verbessern und nicht verschlechtern konnten: *„Au pire, c'était mieux."*[433].[434] Tarif-

432 *Pélissier/Supiot/Jeammaud*, Rn. 1049.

433 (Im schlimmsten Fall, war es besser.), *Ray*, Dr. soc. 2004, 590 (591).

434 *Krieger*, S. 264/265; *Morin*, Dr. soc. 2000, 1080 (1082); *Ray*, Dr. soc. 2009, 887 (888); *Ray*, Dr. soc. 2004, 590 (591).

verträge wurden somit lange ausschließlich als Instrument zur Verbesserung der Situation der Arbeitnehmer wahrgenommen.[435]

Mit der Entwicklung der sogenannten „accords dérogatoires", d. h. von Tarifverträgen, die von tarifdispositiven Gesetzen und Verordnungen zu Lasten der Arbeitnehmer abweichen durften und ihrer gesetzlichen Anerkennung im Rahmen der Gesetzesreform „Auroux" 1982, ging die Notwendigkeit einer verbesserten Legitimation dieser ebenfalls „erga-omnes" wirkenden Tarifverträge einher.[436] Im Zuge dessen führte der Gesetzgeber zum ersten Mal ein Mehrheitserfordernis in Gestalt eines Widerspruchsrechts zugunsten der repräsentativen Gewerkschaften ein, die die Mehrheit der von dem „accord dérogatoire" betroffenen Arbeitnehmer vertraten.[437] Das Widerspruchsrecht bestand zunächst ausschließlich im Rahmen von Firmentarifverträgen, wurde später jedoch ebenso für wenige, bestimmte Fälle von Branchentarifverträgen eingeführt.[438] Die konkrete Ausgestaltung des Widerspruchsrechts – verlangt wurde eine Mehrheit der widersprechenden Gewerkschaften von fünfzig Prozent der Stimmen der eingeschriebenen Wähler bei den letzten Wahlen zum „comité d'entreprise"[439] – machte eine erfolgreiche Ausübung desselben jedoch insbesondere angesichts der Tatsache, dass die Gewerkschaft bei Berücksichtigung der Nichtwähler faktisch oftmals drei Viertel der abgegebenen Stimmen auf sich vereinigen musste, schwierig und es wurde nur zurückhaltend, wenn überhaupt, hiervon Gebrauch gemacht.[440] Mit den Jahren und zunehmenden „accords dérogatoires" vollzog sich eine stetige Entwicklung von Tarifverträgen als ausschließlichem Instrument der Verbesserung des Lebens der Arbeitnehmer weg und hin zu einem Mittel der Flexibilisierung der Arbeitsbedingungen und ihrer Anpassung an wirtschaftliche und soziale Veränderungen.[441] Tarifverhandlungen sind vor allem auf Unternehmensebene zu einem Instrument der Unternehmensführung geworden.[442]

Vor diesem Hintergrund stieß die fehlende Verbindung des Willens der vertretenen Arbeitnehmer und der diese vertretenden repräsentativen Gewerkschaften und mithin eine mangelnde Legitimation der Tarifabschlüsse, zunehmend auf

---

435 *Bonnard-Plancke*, Dr. soc. 2005, 866 (867).

436 *Favennec-Héry*, S. 18; *Pélissier/Supiot/Jeammaud*, Rn. 1049; *Ray*, Dr. soc. 2009, 887 (888); Ausführlicher hierzu: *Schulze-Doll*, S. 48 ff.; zur Einführung und frühen Entwicklung tarifdispositiver Normen („ordre public supplétif"); *Krieger*, S. 275 ff.

437 Siehe hierzu: *Krieger*, S. 283/284 oder *Favennec-Héry*, S. 18 mit einer kurzen Übersicht zur Entwicklung des Widerspruchsrechts.

438 *Pélissier/Supiot/Jeammaud*, Rn. 1049.

439 *Ray*, Dr. soc. 2009, 887 (888).

440 Hierzu: *Krieger*, S. 283/284; *Schulze-Doll*, S. 52.

441 *Larose*, Dr. soc. 2008, 18 (18); *Morin*, Dr. soc. 2008, 24 (25).

442 *Morin*, Dr. soc. 2008, 24 (25).

Kritik.[443] Diese fehlende Verbindung von Vertretern und Vertretenen war maßgeblich das Ergebnis der Kombination zweier Faktoren: Zum einen der Regel, dass jede repräsentative Gewerkschaft allein einen wirksamen Tarifvertragsabschluss herbeiführen konnte („principe de l'unicité de signature") und zum anderen der unwiderlegbaren Vermutung der Repräsentativität zugunsten der fünf großen Gewerkschaftsdachverbände und der ihnen angeschlossenen Gewerkschaften[444].[445] Im Zusammenspiel mit der „erga-omnes" Wirkung von Tarifverträgen[446] konnte sich so „das Gesetz der Minderheit" durchsetzten.[447]

Das Bedürfnis einer erhöhten Legitimation von Tarifverträgen machte sich auch in den Tarifverträgen selbst bemerkbar. So bestimmt z. B. ein Tarifabkommen der Pariser Gesellschaft des öffentlichen Personennahverkehrs RATP vom 23. Oktober 2001, dass die Sozialpartner sich vorrangig um Abkommen mit Gewerkschaften bemühen, die 50 % der im ersten Wahlgang zum „comité d'entreprise" abgegebenen Stimmen hinter sich wissen und in keinem Fall solche, die unter 35 % der Wählerstimmen bei den letzten Wahlen erreicht haben.[448] Solche Regelungen wurden auch von anderen großen Unternehmen getroffen. Dies geschah aus dem ganz praktischen Grund, dass zwar wirksame, aber zu minoritäre und von den Arbeitnehmern nicht anerkannte Tarifabkommen mehr „Ärger" bringen, als sie nützen.[449]

Mit dem Ziel, die Legitimation der mit „erga-omnes" Wirkung ausgestatteten Tarifabschlüsse zu steigern, führte der Gesetzgeber durch das Gesetz „Fillon" vom 4. Mai 2004[450] schließlich ein für alle Tarifverträge – ob „dérogatoire" oder nicht – geltendes Mehrheitserforderns ein (A.). Eine gesteigerte Legitimation der Tarifverträge wurde mit dem Gesetz vom 4. Mai 2004 umso mehr eine Notwendigkeit, als dass dasselbe Gesetz die Möglichkeit zum Abschluss von „accords dérogatoires" erheblich ausweitete. Wenn der Gesetzgeber sich mit dem Gesetz vom 4. Mai 2004 auch noch nicht an eine Reform der Repräsentativität und insbesondere der unwiderleglichen Vermutung traute,[451] so relativierte er mit der Einführung des Mehrheitsprinzips zumindest das „principe de l'unicité de signature". Die Ausgestaltung des Mehrheitsprinzips durch das Gesetz vom 4. Mai

443 *Bonnard-Plancke*, Dr. soc. 2005, 866 (868); *Borenfreund*, S. 8; *Morin*, Dr. soc. 2000, 1080 (1083).

444 Siehe hierzu unten bei § 2 B. III dieses Teils.

445 *Borenfreund*, S. 8.; *Favennec-Héry*, S. 18.

446 Siehe hierzu unten bei Teil 1 § 1.

447 *Borenfreund*, S. 8.

448 Zitiert nach: *Favennec-Héry*, S. 18.

449 *Ray*, S. 715.

450 Loi n° 2004–391 du 4 mai 2004 relative au dialogue social.

451 Eine Reform der Repräsentativität erfolgte, wie im vorhergehenden Paragraphen gesehen, erst durch das Gesetz vom 20. August 2008.

2004 rief jedoch berechtigte Kritik hervor und so wurde das Mehrheitsprinzip im Rahmen des Gesetzes vom 20. August 2008 einer erneuten Reform unterzogen (B.).

A. Die umfassende Einführung eines Mehrheitsprinzips durch das Gesetz „Fillon" vom 4. Mai 2004 – Die Antwort auf ein erhöhtes Legitimationsbedürfnis von Tarifverträgen[452]

In Deutschland bildet die Gewerkschaftszugehörigkeit, als Voraussetzung der Tarifbindung, die Legitimation für die Anwendbarkeit des konkreten Tarifvertrages auf die betroffenen (gewerkschaftlich gebundenen) Arbeitnehmer.[453] Die Schaffung einer zusätzlichen Verbindung des Willens der Arbeitnehmer und der tarifschließenden Gewerkschaften zur Legitimation von Tarifverträgen ist deshalb grundsätzlich nicht notwendig.

In Frankreich dagegen liegt der Fall aufgrund der „erga-omnes" Wirkung von Tarifverträgen und der damit einhergehenden Tarifbindung von Außenseitern anders. Tarifverträge, die auch Anders- oder Nichtorganisierte binden und ihre Rechtsposition im Vergleich zum Gesetz, wie im Fall der „accords dérogatoires", verschlechern können, bedürfen einer besonderen Legitimation.

Während die Repräsentativität eine Legitimationsgrundlage des Handelns der Gewerkschaften in ihrer Funktion als Vertreter der gesamten Arbeitnehmerschaft bildet, ist die Legitimation des konkreten, „erga-omnes" Wirkung entfaltenden Tarifabschlusses, Ziel des Mehrheitsprinzips.

Diesen Schritt zu einem positiven Mehrheitserfordernis ist der Gesetzgeber 2004 jedoch noch nicht gegangen. Er hat sich vielmehr an die „position commune" der Sozialpartner vom 16. Juli 2001[454] gehalten. Diese „position commune" vom 16. Juli 2001 sah die Einführung eines umfassenden Mehrheitsprinzips im Sinne einer Verallgemeinerung des zuvor im Rahmen der „accords dérogatoires" bereits geltenden Widerspruchsrechts vor.[455] So wurde durch das Gesetz vom 4. Mai 2004 als Grundsatz ein Widerspruchsrecht der Mehrheitsgewerkschaften eingeführt (I.). Bei erfolgreicher Ausübung des Widerspruchsrechts gilt der Tarifvertrag in der Rechtsfolge gem. Art. L. 2231–9 C. trav. als „non écrit", als

452 Ausführlich zu den Gründen der Reform vom 4. Mai 2004 *Schulze-Doll*, S. 47 ff.

453 Däubler/*Lorenz*, § 3 TVG, Rn. 1; *Löwisch/Rieble*, § 3 TVG, Rn. 1; ErfK/*Franzen*, § 1 Rn. 6 sowie § 3 TVG, Rn. 1.

454 Position commune du 16 juillet 2001 sur les voies et moyens de l'approfondissement de la négociation collective, SSL 2004, n° 1183, S. 84–87.

455 Position commune du 16 juillet 2001 sur les voies et moyens de l'approfondissement de la négociation collective, I. 2., SSL 2004, n° 1183, S. 84 (84).

„nicht geschrieben". Auf Branchenebene räumte der Gesetzgeber den Sozialpartnern allerdings einen Gestaltungsspielraum ein und schuf die Möglichkeit zur tarifvertraglichen Einführung eines positiven Mehrheitsprinzips (II.).

I. Der Grundsatz: La majorité d'opposition – Die Widerspruchsmehrheit

Das im Rahmen der Gültigkeit eines Tarifvertrages durch das Gesetz vom 4. Mai 2004 eingeführte Mehrheitsprinzip wurde grundsätzlich als Widerspruchsrecht ausgestaltet. Man kann insofern von einem negativen Mehrheitserfordernis sprechen bzw. von einer „majorité d'opposition" (Widerspruchsmehrheit). Bei fehlendem Widerspruch der Mehrheitsgewerkschaften wird von ihrer Zustimmung ausgegangen, es wird also keine ausdrückliche „positive" Zustimmung gefordert. Wann jedoch liegt ein Widerspruch der „Mehrheit" vor? Inhaltlich unterschied sich die Definition der widerspruchsberechtigten Mehrheit je nach der Geltungsebene des angestrebten Tarifvertrages.

1. Die Definition der widerspruchsberechtigten Mehrheit bei Tarifverträgen oberhalb des Unternehmensniveaus: La „majorité d'organisations"

Für branchenübergreifende Abkommen und Branchentarifverträge wurde die widerspruchberechtigte Mehrheit als „majorité d'organisations"[456] (Mehrheit der Organisationen) ausgestaltet, d. h. als Mehrheit der repräsentativen Gewerkschaftsorganisationen im Geltungsbereich des angestrebten Tarifvertrages, Art. L. 2232–2 und 2232–7 C. trav. a.F. Waren im angestrebten tariflichen Geltungsbereich also z. B. fünf Gewerkschaften repräsentativ und eine von ihnen schloss einen Tarifvertrag ab, so mussten mindestens drei der vier verbliebenen repräsentativen Gewerkschaften dem Tarifabschluss widersprechen. Die Ausübung des Widerspruchs musste schriftlich innerhalb von 15 Tagen ab Bekanntmachung des Tarifvertrages erfolgen, Art. L. 2232–2 C. trav. a.F.

Unerheblich im Rahmen der „majorité d'organisations" ist, ob die widersprechende Mehrheit der repräsentativen Gewerkschaften auch die Mehrheit der von dem Tarifvertrag erfassten Arbeitnehmer repräsentiert. Es kommt ausschließlich auf die Zahl der widersprechenden Gewerkschaftsorganisationen an.

Damit erfolgt eine Gleichstellung aller repräsentativen Gewerkschaften, unabhängig von der tatsächlichen Zustimmung in der Arbeitnehmerschaft bzw. der Mitgliederstärke.[457] Dies kann zu paradoxen Ergebnissen führen: In der Metallindustrie z. B. könnten drei Gewerkschaften, die nur ein Drittel der Arbeitnehmer

456 *Pélissier/Supiot/Jeammaud*, Rn. 1051

457 *Ray*, Dr. soc. 2004, 590 (594).

vertreten, einem Tarifabschluss widersprechen, der von zwei offiziell minoritären Gewerkschaften, die die Zustimmung der beiden anderen Drittel der Arbeitnehmer auf sich vereinigen, geschlossen wurde.[458] Ein nach der „majorité d'organisations" minoritärer Tarifabschluss wäre im Hinblick auf die dabei vertretenen Arbeitnehmer in Wahrheit majoritär und umgekehrt.

Ein als „majorité d'organisations" ausgestaltetes Widerspruchsrecht stellt damit im Ergebnis eine Widerspruchsmöglichkeit durch die Mehrheit der repräsentativen Gewerkschaften sicher, nicht jedoch, dass diese Mehrheit auch die Mehrheit der in den Anwendungsbereich des angestrebten Tarifvertrages fallenden Arbeitnehmer vertritt. Aus diesem Grund wurde das 2004 eingeführte Widerspruchsrecht in der Literatur stark kritisiert.[459]

2. Die Definition der widerspruchsberechtigten Mehrheit bei Tarifverträgen auf Unternehmensniveau: La „majorité électorale"

Anders gestaltete sich die Rechtslage nach dem Gesetz vom 4. Mai 2004 bei Firmentarifverträgen. Auf Unternehmenstarifvertragsebene hing eine erfolgreiche Ausübung des Widerspruchsrechts davon ab, ob die widersprechende(n) repräsentative(n) Gewerkschaft(en) bei den letzten Wahlen zum „comité d'entreprise", hilfsweise den Wahlen der „délégués du personnel" (Belegschaftsvertreter),[460] die Mehrheit der abgegebenen Stimmen auf sich vereinigen konnte(n), Art. L. 2232–13 C. trav. a.F. Es handelte sich im Gegensatz zur „majorité d'organisations" um eine „majorité électorale"[461], eine Wahlmehrheit. Im Rahmen der „majorité électorale" kommt es also nicht darauf an, dass die Mehrheit der repräsentativen Organisationen widerspricht, sondern darauf, dass die widersprechende(n) Organisation(en) die Mehrheit der Wählerstimmen bei den Wahlen zur Arbeitnehmervertretung auf sich vereinigt bzw. vereinigen. Im Gegensatz zur „majorité d'organisations" wird hierbei im Rahmen des Widerspruchsrechts also eine echte Verbindung zwischen dem Willen der beim Tarifabschluss vertretenen Arbeitnehmerschaft und der diese vertretenden Gewerkschaften hergestellt.

Von dem bereits im Rahmen der Gesetzesreform „Auroux" 1982 eingeführten Widerspruchsrecht[462] unterscheidet sich die „majorité éléctorale" im Sinne des Gesetzes vom 4. Mai 2004 insofern, als dass diese eine Mehrheit der *abgegebenen* Wählerstimmen verlangt, während das Widerspruchsrecht der „Auroux"

458 *Ray*, Dr. soc. 2004, 590 (594).

459 *Borenfreund*, S. 11; *Favennec-Héry*, S. 24; *Ray*, Dr. soc. 2004, 590 (593 ff.).

460 Zur Ausgestaltung der französischen Arbeitnehmervertretung siehe oben unter § 2 B. IV. 2. a) dieses Teils.

461 *Pélissier/Supiot/Jeammaud*, Rn. 1051

462 Siehe hierzu die Einleitung zu § 3 dieses Teils.

Gesetzesreform eine Mehrheit der Stimmen der *eingeschriebenen* Wähler vorschrieb. Die Möglichkeit einen widerspruchsberechtigenden Stimmenanteil zu erzielen wurde also etwas erleichtert.

Das Widerspruchsrecht musste schriftlich innerhalb einer Frist von 8 Tagen ab der Bekanntmachung des Tarifvertrages erfolgen.[463] Haben, z. B. mangels Kandidaten, keine Wahlen zur Arbeitnehmervertretung stattgefunden, so war ein von einem Gewerkschaftsdelegierten unterzeichneter Firmentarifvertrag von der Zustimmung der Arbeitnehmer auf Grundlage einer Befragung zu erreichen, Art. L. 2232–14 C. trav. a.F.

II. Gestaltungsspielraum auf Branchenebene: La „majorité d'engagement"[464]

Mit Art. L. 2232–6 und 2232–12 C. trav. a.F. hat der Gesetzgeber im Rahmen des Gesetzes vom 4. Mai 2004 die Möglichkeit eingeführt, durch einen für allgemeinverbindlich erklärten Branchentarifvertrag das soeben erläuterte Mehrheitserfordernis zu modifizieren. Die Modifikation konnte hierbei sowohl mit Wirkung für Branchentarifverträge getroffen werden, Art. L. 2232–6 C. trav. a.F., als auch mit Wirkung für Tarifverträge auf Unternehmens- bzw. Betriebsebene, Art. L. 2232–12 C. trav. a.F. Dabei musste konsequenterweise auch der modifizierende Branchentarifvertrag dem Mehrheitsprinzip in Form der für Branchentarifverträge grundsätzlich geltenden „majorité d'organisation" entsprechen, d. h. ihm durften nicht die Mehrheit der in der jeweiligen Branche repräsentativen Gewerkschaften widersprochen haben.[465] Keiner Modifikation zugänglich war ausschließlich das Mehrheitserfordernis für branchenübergreifende Tarifabkommen und das Mehrheitserfordernis für den modifizierenden Branchentarifvertrag. In diesen Fällen blieb es stets bei der „majorité d'organisations".

Inhaltlich konnten die Tarifparteien im Rahmen eines modifizierenden Branchentarifvertrages ein positives Mehrheitserfordernis in dem Sinne vereinbaren, dass der Tarifvertrag von der/den repräsentative(n) Gewerkschaft(en) geschlossen werden muss, die die Mehrheit der Arbeitnehmer der Branche repräsentieren, eine sogenannte „majorité d'engagement". Die Ermittlung dieser Mehrheit konnte entweder auf einer regelmäßigen Befragung der betroffenen Arbeitnehmer oder auf Basis der Ergebnisse der letzten Wahlen zur Arbeitnehmervertretung beruhen.[466]

---

463 Art. L. 2232–13 C. trav. a.F.

464 Ausführlich hierzu: *Schulze-Doll*, S. 57 ff.

465 *Rodière*, SSL 2004, n° 1183, S. 6 (12).

466 Art. L. 2232–12, n° 1 C. trav. a.F.

Den einzelnen Branchen wurde damit die Möglichkeit eröffnet, ihre Tarifverträge unter Berücksichtigung der „audience“ der Gewerkschaften, im Rahmen einer positiven Zustimmungsmehrheit und damit der Einführung eines Mehrheitsprinzips im eigentlichen Wortsinn, zu einer erhöhten Legitimation zu verhelfen.

In der Praxis wurde die Möglichkeit der Einführung des positiven Mehrheitsprinzips jedoch nicht genutzt.[467] Ausschließlich eine Branche, die Schlepper auf See („remorquage maritime“) mit 400 Arbeitnehmern, führte das positive Mehrheitsprinzip ein.[468] Einige Unternehmen jedoch, wie z. B. Thalès, haben sich freiwillig dazu entschieden, ausschließlich positiv mehrheitliche Tarifabkommen zu schließen.[469] Ausdrücklich ausgenommen von dieser Selbstverpflichtung waren dabei allerdings die von der jährlichen Verhandlungspflicht betroffenen Themen, sowie Betriebstarifverträge („accords d'établissement“) und damit bereits ein großer Teil von Tarifverträgen.[470] Es blieb praktisch also weit überwiegend beim Widerspruchrecht.

III. Praktische Auswirkungen des Widerspruchsrechts

Das mit dem Gesetz vom 4. Mai 2004 eingeführte Widerspruchsrecht fand allerdings vergleichsweise selten Anwendung. Unter den hunderttausenden zwischen 2004 und Mai 2008 geschlossenen Firmentarifverträgen wurde das Widerspruchsrecht nur in weniger als hundert Fällen tatsächlich ausgeübt.[471] Auf branchenübergreifender Ebene wurde das Widerspruchsrecht bis Juni 2007 bei 136 geschlossenen Tarifverträgen überhaupt nicht und auf Branchenebene bei 3200 geschlossenen Tarifverträgen nur zwanzig Mal ausgeübt.[472] Auf den ersten Blick erscheint es also, als habe das 2004 eingeführte Widerspruchsrecht kaum praktische Auswirkungen gezeigt. Dies lässt sich so jedoch nicht bestätigen.

Ausgeübt wurde das Widerspruchsrecht zwar nur selten, dafür wurde es oftmals im Vorfeld von Tarifabschlüssen von den Mehrheitsgewerkschaften als Druckmittel benutzt („Verbessert euren Tarifvertragsentwurf, sonst...“).[473] Es wurde also während der Verhandlungen eingesetzt, um den Arbeitgeber zu Zugeständnissen zu bewegen. Dieses Vorgehen blieb nicht ohne Gegenreaktion auf Arbeitgeberseite. Arbeitgeber, die bei den Verhandlungen zu Tariflohnerhöhnun-

467 *Morin*, Dr. soc. 2008, 24 (29).
468 *Combrexelle*, Dr. soc. 2008, 20 (21).
469 *Combrexelle*, Dr. soc. 2008, 20 (21).
470 *Ray*, Dr. soc. 2008, 3 (10).
471 *Ray*, Dr. soc. 2009, 887 (894).
472 *Combrexelle*, Dr. soc. 2008, 20 (21); *Ray*, Dr. soc. 2008, 3 (9).
473 *Ray*, Dr. soc. 2009, 887 (894).

gen von einem systematischen Widerspruchsrecht bedroht waren, begegneten diesem z. B. mit der Gegendrohung, dass bei einem Widerspruch die Tariferhöhung geringer ausfallen oder ganz gestrichen werde und nahmen die Tarifabschlüsse trotzdem vor.[474] Die Drohung mit einem Widerspruch war also nicht immer von Erfolg gekrönt.

Im Allgemeinen ist jedoch festzuhalten, dass das Widerspruchsrecht zu einer aktiveren Suche nach Mehrheitsabschlüssen geführt hat, um eine Ausübung des Widerspruchsrechts von vornherein zu verhindern.[475] Die maßgeblichen Auswirkungen des Widerspruchsrechts befanden sich also nicht so sehr in der Ausübung des Widerspruchsrechts, als vielmehr im Vorfeld des Tarifabschlusses, d. h. in veränderten Verhandlungsstrategien.[476] Eine Studie im Rahmen der „comissions mixtes paritaires“[477], im Verlauf derer 92 Vorsitzende von „commissions paritaires de branche“ zu den Auswirkungen des Widerspruchsrechts auf den Verhandlungsprozess befragt wurden, hat folgendes gezeigt[478]: Die Verhandlungspartner integrierten die ihnen durch das Widerspruchsrecht erwachsenden Möglichkeiten in mehr als einem Drittel der berücksichtigten Branchen in ihre Verhandlungsstrategien. In vier von zehn Fällen wurde das Widerspruchsrecht während der Verhandlungen als Druckmittel zur Einflussnahme auf den Vertragsinhalt benutzt. Zudem ist der Widerspruch insofern eine effektive Strategie geworden, als dass der Fall einer Ausübung des Widerspruchs (10 Fälle bei 69 Komissionen) quasi systematisch zur Blockade der Verhandlungen über die betroffenen Themen führte. Weiterhin zeigte sich, dass die Arbeitgebervereinigungen regelmäßig den Mehrheitsabschluss suchen, um einem Widerspruch vorzubeugen, während die Gewerkschaften ihrerseits einen Zusammenschluss der Gewerkschaftsmehrheit in der Branche suchen, um damit für den Arbeitgeber die Verhandlung mit anderen Gewerkschaften im Fall eines fehlenden Übereinkommens nutzlos zu machen.

Ein anderes Indiz für die aktivere Suche nach Mehrheitsabschlüssen bildet die seit 2004 angestiegene durchschnittliche Zahl der Gewerkschaften, die einen Tarifvertrag unterschrieben.[479] Waren dies zwischen 2000 und 2003 auf Bran-

---

474 *Ray*, Dr. soc. 2009, 887 (894).

475 *Ministère du Travail,* Bilan de la négociation collective en 2007, S. 26; Rapport de janvier 2008 du ministère du Travail (zitiert nach: *Ray*, Dr. soc. 2009, 887 (895)).

476 *Ray*, Dr. soc. 2009, 887 (894).

477 Eine „commission mixte paritaire“ kann bei Verhandlungsschwierigkeiten oder -blockaden im Rahmen von Branchentarifverträgen berufen werden, die einer Allgemeinverbindlichkeitserklärung zugängig sind. Sie besteht aus Vertretern der Berufsverbände und repräsentativen Gewerkschaften des jeweiligen Sektors und wird von einem Vertreter des Arbeitsministeriums präsidiert (*Ministère du Travail,* Bilan de la négociation collective en 2008, S. 157).

478 Zitiert nach: *Combrexelle*, Dr. soc. 2008, 20 (21); *Ray*, Dr. soc. 2008, 3 (9).

479 *Ministère du Travail,* Bilan de la négociation collective en 2007, S. 122.

chenebene durchschnittlich drei Gewerkschaften, sind es ab 2004 bereits 3,4 Gewerkschaften.[480] Bei näherem Hinsehen zeigt sich allerdings, dass die Entwicklung zu einer im Durchschnitt stetig steigenden Zahl an Gewerkschaften, die einen Branchentarifvertrag unterschreiben, bereits seit 2000 zu beobachten ist und sich daher zumindest nicht allein aus der Einführung des Widerspruchsrechts durch das Gesetz vom 4. Mai 2004 erklären lässt.[481]

Es kann also festgehalten werde, dass die Einführung des Widerspruchsrechts das kritisierte „principe de l'unicité de signature", d. h. das Recht jeder repräsentativen Gewerkschaft unabhängig von ihrem Rückhalt in der Arbeitnehmerschaft allein wirksame Tarifabschlüsse herbeizuführen, zumindest relativiert. Eine Gewerkschaft konnte im Rahmen des negativen Mehrheitserfordernisses grundsätzlich zwar noch immer allein wirksam den Abschluss eines Tarifvertrages herbeiführen, musste in diesem Fall aber damit rechnen, Opfer des Widerspruchs anderer Gewerkschaften zu werden. Dies stärkte praktisch die Suche nach Mehrheitsabschlüssen. Diese aktivere Suche nach Mehrheitsbeschlüssen kann zumindest als eine Steigerung der Legitimation der Tarifabschlüsse in der Praxis gewertet werden.

B. Die Reform des Mehrheitsprinzips durch das Gesetz vom 20. August 2008

Bereits anlässlich der Reform vom 4. Mai 2004 gab es Stimmen, die eine breite Einführung des Mehrheitsprinzips im Sinne eines positiven Zustimmungserfordernisses forderten bzw. zumindest das positive Mehrheitserfordernis im Verhältnis zum Widerspruchsrecht favorisierten.[482] Unter ihnen war z. B. auch der Generalsekretär der CFDT, der hierin ein erhöhtes Verantwortungsbewusstsein der Tarifparteien und eine Aufwertung von Tarifverhandlungen, Tarifabschlüssen und deren Resultaten sieht.[483] Kritisiert wurde zudem die Vielfältigkeit der Definition des Mehrheitsbegriffs und die dadurch fehlende Regelungsklarheit des Gesetzes vom 4. Mai 2004.[484]

---

480 *Ministère du Travail,* Bilan de la négociation collective en 2007, S. 122.

481 *Ministère du Travail,* Bilan de la négociation collective en 2007, S. 123.

482 *Bonnard-Plancke*, Dr. soc. 2005, 866 (869 ff.); *Favennec-Héry*, S. 26/28; *Grumbach/Koskas*, SSL 2004, n° 1183, S. 42 (44/45); *Langlois*, SSL 2004, n° 1152, S. 6 (7); *Schulze-Doll*, S. 58; *Supiot*, S. 67, spricht sich bereits 1994 für die breite Einführung einer auf Basis der Ergebnisse der Wahlen zum comité d'entreprise ermittelten Zustimmungsmehrheit zur Legitimierung von „erga-omnes" wirkenden Tarifverträgen aus.

483 *Chérèque*, Dr. soc. 2008, 16 (17).

484 *Borenfreund*, S. 9; *Ray*, Dr. soc. 2004, 590 (591), bezweifelt die Funktionsfähigkeit der vielfältigen und komplexen Mehrheitsregelungen für Firmentarifverträge.

Die kritischen Stimmen blieben nicht ungehört. Mit dem Gesetz über die Erneuerung der sozialen Demokratie und der Reform der Arbeitszeit vom 20. August 2008 wurde das Mehrheitsprinzip einer erneuten Reform unterzogen und insbesondere vereinfacht. Der Gesetzgeber führte eine auf allen Tarifebenen geltende doppelte Wirksamkeitsvoraussetzung für Tarifverträge ein (I.). Für den Abschluss von Berufsgruppentarifverträgen wurde dabei eine Sonderregelung eingeführt (II.). Hiervon zu unterscheiden ist die umstrittene Frage nach der Zulässigkeit der Verhandlung und des Abschlusses von allgemeinen Tarifverträgen („accords intercatégoriels") durch repräsentative Berufsgruppengewerkschaften (III.).

I. Einführung einer doppelten Wirksamkeitsvoraussetzung für Tarifabschlüsse

Das Gesetz vom 20. August 2008 führte auf allen Tarifebenen eine doppelte Wirksamkeitsvoraussetzung für Tarifabschlüsse, bestehend aus einer Kombination von Widerspruchsrecht und dem Erfordernis positiver Zustimmung, ein. Die viel kritisierte Konstruktion der „majorité d'organisations"[485] wurde komplett abgeschafft.

Folgende Voraussetzungen müssen seit dem Gesetz vom 20. August 2008 kumulativ erfüllt sein, damit ein Tarifvertrag Wirksamkeit beanspruchen kann: Der Tarifvertrag muss erstens von einer oder mehreren repräsentativen Gewerkschaften unterzeichnet werden, die mindestens 30 % der Stimmen im ersten Wahlgang bei den letzten Wahlen zum „comité d'entreprise", hilfsweise bei den Wahlen der „délégués du personnel", auf sich vereinigen konnten und es darf zweitens kein Widerspruch der repräsentativen Gewerkschaft(en) gegeben haben, die im Rahmen derselben Wahl die Mehrheit (50 %) der Stimmen der Arbeitnehmer auf sich vereinigen konnte(n).[486]

Für die Ermittlung der erforderlichen Mehrheit gelten für Tarifverträge auf Branchenebene und branchenübergreifender Ebene dieselben Übergangsfristen wie für die ebenfalls 2008 eingeführten Regelungen zur „audience" im Rahmen der Repräsentativität.[487] Auf diesen Ebenen kommt die neue doppelte Wirksamkeitsvoraussetzung also erst spätestens 2013 zum Tragen. Nach diesem Zeitpunkt müssen also alle neu geschlossenen Tarifverträge die doppelte Wirksamkeitsvoraussetzung erfüllen. Bis dahin bleibt es bei den vorstehend erläuterten, durch

485 Siehe hierzu unter A. I. 1. dieses Paragraphen.

486 Art. L. 2232–12 C. trav. (Firmentarifverträge). Die Berechnung der erreichten Wählerstimmen auf Branchenebene und branchenübergreifender Ebene erfolgt parallel zur Ermittlung der „audience" im Rahmen der Repräsentativität, Art. L. 2232–2 und 2232–6 C. trav.

487 Zu den Übergangsfristen siehe § 2 B. V. dieses Teils.

das Gesetz vom 4. Mai 2004 eingeführten Bestimmungen, im Ergebnis also weitestgehend bei der „majorité d'organisations". Die neuen Wirksamkeitsvoraussetzungen beim Abschluss von Firmentarifverträgen gelten bereits seit dem 1.1.2009 und zeigen bereits praktische Auswirkungen. Hierauf wird im Folgenden in § 4 dieses Teils genauer eingegangen.

II. Sonderregelungen für den Abschluss von Berufsgruppentarifverträgen

Besondere Regelungen gelten seit dem Gesetz vom 20. August 2008 für den gültigen Abschluss von Berufsgruppentarifverträgen, den sogenannten „accords catégoriels", die eine Berufsgruppe betreffen, die bei den Wahlen zur Arbeitnehmerinteressenvertretung[488] einem bestimmten Wahlkolleg zugeordnet werden können.

Für Berufsgruppentarifverträge, die ausschließlich eine nur einem Wahlkolleg angehörende Berufsgruppe betreffen, wird die soeben erläuterte doppelte Wirksamkeitsvoraussetzung aus Zustimmung und Widerspruch allein auf Grundlage der Ergebnisse der Gewerkschaften bei den Wahlen zum „comité d'entreprise" in diesem Wahlkolleg bestimmt.[489]

Müssen repräsentative Gewerkschaften im Rahmen der doppelten Wirksamkeitsvoraussetzung die geforderten 30 % der abgegebenen Wählerstimmen grundsätzlich in allen Wahlkollegien zusammengenommen („tous collèges confondus") erreichen[490], so gilt für „accords catégoriels" etwas anderes. Soweit ein Tarifvertrag eine Berufsgruppe betrifft, die nur einem Wahlkolleg zugeordnet ist, muss die tarifschließende, repräsentative Gewerkschaft bzw. müssen die tarifschließenden, repräsentativen Gewerkschaften mindestens 30 % der Wählerstimmen in diesem Wahlkolleg auf sich vereinigen.[491] Parallel dazu bemisst sich auch die Fünfzig-Prozent-Grenze für die Ausübung des Widerspruchsrechts ausschließlich anhand des relevanten Wahlkollegs.[492] Diese Regelung gilt unabhängig davon, ob es sich bei der tarifschließenden Gewerkschaft um eine allgemeine oder um eine Berufsgruppengewerkschaften handelt.

Das bedeutet, dass eine Gewerkschaft, die keine Berufsgruppengewerkschaft ist und in allen Wahlkollegien zusammengenommen 30 % der Wählerstimmen auf sich vereinigen konnte, in dem relevanten Wahlkolleg jedoch unterhalb der Dreißig-Prozent-Grenze geblieben ist, für diese Berufsgruppe nicht allein einen

488 Siehe hierzu unter § 2 B. IV. 2. a) aa) bbb) dieses Teils.

489 *Aerto/Béal*, RDT 2010, 556 (561); *Gauriau*, JCP S 2008, n° 1448, S. 13 (20).

490 *Radé*, Dr. soc. 2010, 821 (824).

491 Art. L. 2232–2-1, L. 2232–7, L. 2232–13 C. trav.

492 *Radé*, Dr soc. 2010, 821 (824).

gültigen Berufsgruppentarifvertrag abschließen kann.[493] Es bedürfte in einem solchen Fall also zusätzlich der Unterschrift einer oder mehrerer Gewerkschaften, um in dem entsprechenden Wahlkolleg die Dreißig-Prozent-Grenze zu erreichen. Kann eine repräsentative Gewerkschaft also allein einen berufsgruppenübergreifenden Tarifvertrag schließen, gilt dies nicht automatisch auch für einen Berufsgruppentarifvertrag.

III. Abschluss von berufsgruppenübergreifenden Tarifverträgen („accords intercatégoriels") durch Berufsgruppengewerkschaften?

An den vorstehend behandelten Fall des Abschlusses eines Berufsgruppentarifvertrages schließt sich umgekehrt die Frage an, ob und unter welchen Voraussetzungen eine repräsentative Berufsgruppengewerkschaft („syndicat catégoriel") einen berufsgruppenübergreifenden Tarifvertrag („accord intercatégoriel") abschließen kann. In der Praxis betrifft diese Frage vor allem die CGC-CFE, den bisher einzigen repräsentativen Berufsgruppengewerkschaftsdachverband, auf den die Sonderregelungen für Berufsgruppengewerkschaften zugeschnitten wurden.[494] In der Literatur wird bei der Behandlung der vorliegenden Frage so auch teilweise der Begriff des „syndicat catégoriel" mit CGC-CFE gleichgesetzt.[495]

Das Gesetz liefert keine eindeutige Antwort auf die Frage ob und unter welchen Voraussetzungen eine Berufsgruppengewerkschaft wirksam einen berufsgruppenübergreifenden Tarifvertrag abschließen kann.

In der Literatur herrscht weitgehend Einigkeit über die grundsätzlich bestehende Möglichkeit für Berufsgruppengewerkschaften, einen berufsgruppenübergreifenden Tarifvertrag zu verhandeln und abzuschließen.[496] Unter welchen Voraussetzungen die Teilnahme an solchen Verhandlungen möglich ist, wird dagegen unterschiedlich bewertet.

Teilweise wird vertreten, dass der Abschluss eines berufsgruppenübergreifenden Tarifvertragss durch eine repräsentative Berufsgruppengewerkschaft

---

493 *Cesaro*, Dr. soc. 2009, 658 (666); *Teyssié*, S. 480.

494 Siehe hierzu bereits bei der Erläuterung der Sonderregelungen für Berufsgruppengewerkschaften im Rahmen der „audience" bei § 2 B. IV. 2. c) dieses Teils.

495 *Adam*, SSL 2009, n° 1424, S. 6 ff.

496 *Adam*, SSL 2009, n° 1424, S. 6 (9); *Aerto/Béal*, RDT 2010, 556 (561); *Radé*, Dr. soc. 2010, 821 (825), der jedoch die Ansicht vertritt, dass ein „syndicat catégoriel" aufgrund seiner begrenzten satzungsmäßigen Bestimmung zur Vertretung einer bestimmten Berufsgruppe niemals allein einen „accord intercatégoriel" abschließen kann. A. A. einzig *Antonmattei*, Dr. soc. 2011, 89 (93), der jedoch trotz seiner grundsätzlichen Ablehnung der Möglichkeit zu Verhandlung und Abschluss von allgemeinen Tarifverträgen durch Berufsgruppengewerkschaften zumindest die Verhandlung von einzelnen, die vertretene Berufsgruppe spezifisch betreffenden Bestimmungen („stipulations catégorielles") zulassen will.

nur möglich ist, wenn die Berufsgruppengewerkschaft ihre Repräsentativität in allen Wahlkollegien etabliert hat, d. h. insbesondere eine „audience“ von 10 % der Wählerstimmen in allen Wahlkollegien zusammengenommen nachweisen kann.[497] In diesem Fall könne die Berufsgruppengewerkschaft auch allein berufsgruppenübergreifende Tarifverträge abschließen. Zur Begründung wird insbesondere die bisherige Rechtsprechung des Cour de cassation angeführt,[498] nach der eine repräsentative Berufsgruppengewerkschaft einzig dann zum Abschluss eines berufsgruppenübergreifenden Tarifvertrageses berechtigt war, wenn sie ihre Repräsentativität in den Wahlkollegien, in denen sie grundsätzlich nicht repräsentativ war, anhand der (alten) Repräsentativitätskriterien bewies.[499]

Andere Stimmen in der Literatur trennen die Frage der Repräsentativität wiederum von der Frage nach der Berechtigung zur Verhandlung von allgemeinen Tarifverträgen. Danach ist eine in der von ihr vertretenen Berufsgruppe repräsentative Berufsgruppengewerkschaft zur Verhandlung jedes Tarifvertrags berechtigt, der mit seinen Bestimmungen zumindest auch die vertretene Berufsgruppe betrifft, unerheblich ob dieser Tarifvertrag ein Berufsgruppentarifvertrag ist oder nicht.[500] Gestützt wird diese Ansicht auf Art. L. 2232–13 C. trav., der besagt, dass die einer dachverbandlich angeschlossenen Berufsgruppengewerkschaft zuerkannte Repräsentativität dieser das Recht verleiht, *alle Bestimmungen* zu verhandeln, die die vertretene Berufsgruppe betreffen.[501]

Einigkeit herrscht wiederum in der Frage, wie bei der Ermittlung des Anteils einer Berufsgruppengewerkschaft an den geforderten 30 % Zustimmung im Rahmen des Mehrheitsprinzips zu verfahren ist. Hier wird einhellig vertreten, dass die von einer Berufsgruppengewerkschaft in ihrem Wahlkolleg erhaltenen Wählerstimmen prozentual auf alle Wahlkollegien hochzurechnen sind.[502]

Es bleibt abzuwarten, ob der Cour de cassation den durch das Gesetz vom 20. August 2008 eingeführten Art. L. 2232–13 C. trav. zum Anlass nehmen wird, um seine bisherige Rechtsprechung zu revidieren und in Zukunft die Verhandlung von berufsgruppenübergreifenden Tarifverträgen durch ausschließlich in ihrer Berufsgruppe repräsentative Gewerkschaften zulassen wird, oder ob das Gericht seine oben beschriebene bisherige Rechtsprechung auf die neue Rechts-

---

497 *Adam*, SSL 2009, n° 1424, S. 6 (9).

498 Cass. soc. 24. 6. 1998, Bull. civ. V, n° 346; Cass. soc. 7.11.1990, Bull. civ. V, n° 525.

499 *Adam*, SSL 2009, n° 1424, S. 6 (8/9).

500 *Aerto/Béal*, RDT 2010, 556 (561).

501 „La représentativité reconnue à une organisation syndicale catégorielle affiliée à une confédération syndicale catégorielle au titre des salariés qu'elle a statutairement vocation à représenter lui confère le droit de négocier toute disposition applicable à cette catégorie de salariés.“ (Art. L. 2232–13 C. trav.).

502 *Adam*, SSL 2009, n° 1424, S. 6 (9); *Aerto/Béal*, RDT 2010, 556 (562); *Radé*, Dr. soc. 2010, 821 (825).

lage überträgt, also weiterhin eine Repräsentativität in Bezug auf alle Wahlkollegien zusammengenommen fordert.

Ein Indiz für eine Änderung der Rechtsprechung könnte dabei ein Urteil des Cour d'Appel Paris vom 14. Januar 2010 bilden.[503] Dieses Urteil erging zwar noch nach altem Recht, es bezog sich jedoch auf einen Fall, in dem ein Unternehmen durch Tarifvertrag ein Mehrheitserfordernis für den Abschluss von Tarifverträgen vorgesehen hatte. Eine Gewerkschaft rügte einen unter anderem mit der CFE-CGC abgeschlossenen Tarifvertrag als unwirksam, da das Mehrheitserfordernis nicht erfüllt sei. Die „audience" der Berufsgruppengewerkschaft dürfe zur Ermittlung der erforderlichen Mehrheit im Rahmen des tariflich vereinbarten Mehrheitserfordernisses nicht berücksichtigt werden, da diese nur eine bestimmte Berufsgruppe repräsentiere und nicht alle von dem Tarifvertrag betroffenen Arbeitnehmer. Der Cour d'Appel von Paris lehnte diese Argumentation mit der Begründung ab, dass die CFE-CGC im Wahlkolleg der „cadres" repräsentativ sei und der das Mehrheitsprinzip einführende Tarifvertrag keinerlei Unterscheidung in Bezug auf die Repräsentativität der Gewerkschaften mache, d. h. nicht zwischen allgemeinen Gewerkschaften und Berufsgruppengewerkschaften differenziere. Das Gericht sah insofern keinen Anlass die Berufsgruppengewerkschaft aus dem einzigen Grund, dass diese nicht die gesamte Arbeitnehmerschaft vertritt, von dem Abschluss eines Tarifvertrages auszuschließen, der im ganzen Unternehmen auf alle Gewerkschaften und alle Arbeitnehmer anwendbar sein soll.[504] Es stellte jedoch klar, dass das Wahlergebnis der Berufsgruppengewerkschaft „natürlich" auf die abgegebenen Stimmen in allen Wahlkollegien zusammengenommen hochgerechnet werden müsse.

Mit dieser Entscheidung in einem zwar besonders gelagerten und noch nicht nach neuem Recht entschiedenen Fall, hat das Gericht eine neue Richtung eingeschlagen, die entgegen der ständigen Rechtsprechung des Cour de cassation die Verhandlung und den Abschluss von berufsgruppenübergreifenden Tarifverträgen auch durch eine ausschließlich in „ihrem" Wahlkolleg repräsentative Berufsgruppengewerkschaft zulässt.[505] Es bleibt abzuwarten, ob der Cour de cassation dieser Linie im Rahmen des neuen Rechts folgen wird.

---

503 CA Paris 14.1.2010, JCP S 2010, n° 1152 mit Anm. Flament.

504 CA Paris 14.1.2010, JCP S 2010, n° 1152, S. 30 (31): „Considérant qu'il ne pas contestable que cette organisation était à l'époque des faits, représentative au plan national dans le collège des cadres; que l'accord du 20 février 2006 ne prévoit aucune distinction, quant à la représentativité de chaque organisation syndicale, entre les syndicats généralistes et ceux relevant d'une seule catégorie de salariés et que rien ne permet, s'agissant d'un accord destiné à s'appliquer au sein de toute l'entreprise, à l'ensemble des organisations syndicales et l'ensemble des salariés, d'exclure l'une de celle-ci au prétexte qu'elle n'a pas vocation à représenter l'ensemble du personnel:".

505 So auch *Adam*, SSL 2010, n° 1435–1436, S. 16 (17), der diese Lösung jedoch kritisiert.

IV. Abschließende Betrachtung

Mit der doppelten Gültigkeitsvoraussetzung hat der Gesetzgeber eine umfassende Einführung des positiven Mehrheitserfordernisses vorgenommen. Er ist hingegen nicht soweit gegangen, Tarifverträge der Zustimmung einer tatsächlichen Mehrheit im Sinne von 50 % zu unterwerfen. Anstatt der Bezeichnung „Mehrheitsprinzip" erscheint daher genau genommen der Begriff „Erfordernis ausreichender Zustimmung" passender. In der französischen Literatur, und aus diesem Grund parallel dazu auch im Rahmen dieser Arbeit, wird allerdings stets der Begriff „principe majoritaire" (Mehrheitsprinzip) verwand.

In der Literatur wurde die erneute Reform des Mehrheitsprinzips im Großen und Ganzen positiv aufgenommen. Souriac erwartet z. B. dass die neuen Regelungen das oftmals charakteristische Ungleichgewicht der Verhandlungen zwischen Arbeitgebern und Gewerkschaften ein wenig zu korrigieren vermag, da die Gewerkschaften oder zumindest einige unter ihnen durch den Rückhalt in der Arbeitnehmerschaft eine gestärkte Verhandlungsposition haben.[506] Im Vergleich zu der Fülle an Abhandlungen über die Reform des Rechts der Repräsentativität wird der erneuten Reform des Mehrheitserfordernisses im Rahmen des Gesetzes vom 20. August 2008 in der Literatur jedoch weit weniger Beachtung geschenkt.

Im Ergebnis ist festzuhalten, dass das viel kritisierte „principe de l'unicité de signature", welches jeder repräsentativen Gewerkschaft das Recht verlieh, allein Tarifverträge mit Wirkung für die gesamte Arbeitnehmerschaft abzuschließen, bereits durch das 2004 umfassend eingeführte Widerspruchsrecht relativiert wurde, indem es in der Praxis zu einer erhöhten Suche nach Mehrheitsabschlüssen führte.[507] Rein rechtlich gesehen bestand dagegen auch nach dem Gesetz vom 4. Mai 2004 für Minderheitsgewerkschaften die Möglichkeit allein Tarifverträge abzuschließen. Durch die erneute Reform des Mehrheitsprinzips und der allgemeinen Einführung eines positiven Zustimmungserfordernisses ist dies nun auch rechtlich nicht mehr möglich. Eine Gewerkschaft kann nach der Reform vom 20. August 2008 einen Tarifvertrag nur noch dann alleine abschließen, wenn sie eine dreißig prozentige Unterstützung in der betroffenen Arbeitnehmerschaft, gemessen anhand der Wahlen zum „comitè d'entreprise", hinter sich weiß. Die Legitimation von Tarifverträgen, die in ihrer Wirkung alle in ihren Geltungsbereich fallenden Arbeitnehmer erfassen, wurde damit gestärkt.

---

506 *Souriac*, RDT 2009, Études, 14 (21).

507 Siehe hierzu A. III. dieses Paragraphen.

§ 4. Praktische Auswirkungen der Reform des Rechts der Repräsentativität und des Mehrheitsprinzips vom 20. August 2008 auf Tarifverhandlungen und die Gewerkschaftslandschaft

Aufgrund von Übergangsfristen sind die durch das Gesetz vom 20. August 2008 eingeführten Bestimmungen bisher nur auf Unternehmensebene vollständig anwendbar.[508] Erste praktische Auswirkungen sind daher bisher auch nur hier erkennbar.

Die ersten auf Unternehmensebene erkennbaren Auswirkungen der Reform vom 20. August 2008 auf die Repräsentativität der Gewerkschaften und ihrer Fähigkeit zum Tarifabschluss sind unterdessen erheblich. Während einige, aufgrund ihrer vermuteten Repräsentativität von jeher an den Tarifverhandlungen beteiligten Gewerkschaften, ihre Rolle verlieren, gewinnen andere Gewerkschaften an Bedeutung. Folge der doppelten Wirksamkeitsvoraussetzung im Rahmen des Mehrheitsprinzips ist, dass es wie nach politischen Wahlen gilt, anhand der Ergebnisse der Wahlen zum „comité d'entreprise" auszumachen, welche „Koalitionsmöglichkeiten" sich mit dem Ziel der Erreichung der Dreißig-Prozent-Grenze ergeben oder ob eine Gewerkschaft diese Grenze allein erreicht. Während das 2004 eingeführte Widerspruchsrecht zwar praktisch die Verhandlungsstrategien beeinflusste, dies rechtlich aber nicht zwingend war, kann die „Koalitionsbildung" nach dem Gesetz vom 20. August 2008 auch rechtlich unerlässlich sein. In anderen Fällen wiederum kann einer Gewerkschaft aufgrund ihres hohen Wahlergebnisses quasi die Alleinherrschaft über den Abschluss von Firmentarifverträgen zukommen. *Ray* gibt hierzu in seinem Aufsatz aus dem September/Oktober 2009[509] die folgenden fünf praktischen Beispiele:

Im Unternehmen Eutelsat mit 730 Mitarbeitern, von denen 85 % Führungskräfte sind, ist heute nur noch eine Gewerkschaft tarifabschlussberechtigt. Die CFE-CGC, also die Berufsgruppengewerkschaft der Führungskräfte, hat bei den ersten Wahlen zum „comité d'entreprise" nach August 2008 71 % der Wählerstimmen auf sich vereinigen können. Damit ist der Arbeitgeber für alle Firmentarifverträge auf eine Einigung mit den Gewerkschaftsdelegierten der CFE-CGC angewiesen. Die CGT ist mit 10,2 % zumindest repräsentativ und damit verhandlungsberechtigt.

Nach den Wahlen zum „comité d'établissement" (Betriebsausschuss) der SNCF im März 2009 waren mehrere Gewerkschaften auf dieser Verhandlungsebene repräsentativ und damit verhandlungsberechtigt. Unter ihnen waren mit

508 Zu den genauen Übergangsfristen siehe § 2 B. V. dieses Teils.

509 *Ray*, Dr. soc. 2009, 887 (893).

der CGT und der CFDT-FGAAC[510] aber nur zwei der ehemals fünf unwiderleglich vermutet repräsentativen Gewerkschaften. Die FO, die CFTC und die CFE-CGC haben die zur Repräsentativität benötigte Zehn-Prozent-Hürde nicht erreicht und waren damit nicht verhandlungsberechtigt. Dafür konnten, außer der CGT (39 %) und der CFDT-FGAAC (11,6 %), zwei andere Gewerkschaften ihre Repräsentativität etablieren: UNSA erreichte 18 % und SUD-Rail 17 % der Wählerstimmen. Die einzige allein abschlussberechtigte Gewerkschaft bleibt jedoch die CGT mit 39 %. Theoretisch würde noch eine Verbindung aus UNSA und SUD-Rail die Dreißig-Prozent-Grenze überschreiten.

Auf lokaler Ebene können die Ergebnisse hingegen ganz anders ausfallen. So hat Paris-Nord mit 30 % für die CFDT-FGAAC gestimmt, gefolgt von der FO (24 %) und SUD-Rail (23 %).

Bei der BNP-Paribas hat sich bei den Wahlen im März 2009 die CFDT von 32 % auf 29,6 % verschlechtert und ist damit nicht in der Lage, allein gültige Tarifabschlüsse herbeizuführen. Anders sieht dies bei der SNB-CGC[511] aus. Diese konnte 30,7 % der Wählerstimmen auf sich vereinigen. Die CFTC hat die Zehn-Prozent Marke zur Repräsentativität um 57 Stimmen verfehlt und ist damit nicht verhandlungsberechtigt.

Bei Axa France verfehlen wiederum zwei der ehemals fünf repräsentativen Gewerkschaften (FO und CFTC) den Sprung über die Zehn-Prozent-Hürde der Repräsentativität. Im Übrigen erreicht die CFDT 35 % und ist damit allein abschlussberechtigt. Sie wird gefolgt von der CGT (17 %), der UDPA-UNSA (15 %) und der CFE-CGC (14 %). Ein Tarifabschluss von CFDT und UNSA ist damit nicht nur gültig, sondern auch keinem Widerspruchsrecht zugängig.

Bei den von *Ray* angeführten Beispielen wird die enorme Veränderung der gewerkschaftlichen Machtverhältnisse in den Unternehmen seit der Reform deutlich. Vor der Reform vom 20. August 2008 waren aufgrund der unwiderleglichen Vermutung der Repräsentativität mindestens fünf Gewerkschaften repräsentativ und damit tarifabschlussberechtigt. Sie hatten einzig zu befürchten, dass ihrem Tarifabschluss widersprochen würde und er keine Gültigkeit erlangt.

Wie die angeführten Beispiele zeigen, ist die Situation heute eine vollkommen andere. Die Zahl der repräsentativen, also tarifverhandlungsberechtigten Gewerkschaften in den einzelnen Unternehmen variiert erheblich. Genauso variiert die Zahl der Gewerkschaften bzw. die Zahl möglicher Koalitionen, die die Dreißig-Prozent-Grenze überschreiten und damit in der Lage sind, gültige Tarifabschlüsse herbeizuführen. Bei den angeführten Beispielen gab es sogar jeweils eine Gewerkschaft, die allein die Dreißig-Prozent-Grenze überschritten hat und

510 FGAAC steht für „Fédération Générale Autonome des Agents de Conduit“.
511 Syndicat National de la Banque et du crédit-CGC.

damit allein tarifabschlussberechtigt ist. Auch die Arbeitgeber werden sich auf diese neuen Machtverhältnisse und eine geringere Anzahl bzw. Auswahl an Verhandlungspartnern einstellen müssen.

Wie eingangs bereits erwähnt, gelten auf Branchenebene und branchenübergreifender Ebene aktuell noch die Übergangsvorschriften, so dass sich die Auswirkungen der Reform vom 20. August 2008 hier erst später manifestieren werden. Vor dem Hintergrund der bereits erkennbaren Auswirkungen auf Unternehmensebene spricht allerdings viel dafür, dass der französischen Gewerkschaftslandschaft insgesamt größere Umwälzungen bezogen auf den Stellenwert der einzelnen Gewerkschaften bevorstehen.

Teil 3: Die Tarifgeltung

Wurde ein Tarifvertrag unter Einhaltung der im vorangehenden zweiten Teil erläuterten Voraussetzungen geschlossen, ist er wirksam. Damit ist noch keine Aussage darüber getroffen, in welchen Arbeitsverhältnissen dieser wirksame Tarifvertrag normative Geltung[512] erlangt. Auch besagen die Regelungen zur Wirksamkeit von Tarifverträgen nicht was geschieht, wenn ein Tarifvertrag in einem Arbeitsverhältnis in Frankreich zwar grundsätzlich Geltung beanspruchen kann, er dabei jedoch mit anderen, ebenfalls wirksamen und in dem konkreten Arbeitsverhältnis normative Geltung entfaltenden Tarifverträgen in Konflikt gerät.

An die Feststellung der Wirksamkeit eines Tarifvertrages schließt sich also die Frage an, nach welchen Regeln sich der auf ein konkretes Arbeitsverhältnis anwendbare Tarifvertrag bestimmt (§ 1.) und wie das französische Recht mit der Kollision von Tarifverträgen umgeht (§ 2.).

§ 1. Die Bestimmung des anwendbaren Tarifvertrages im Arbeitsverhältnis

Ist ein Arbeitgeber an einen Tarifvertrag gebunden und erstreckt sich dieser mithin aufgrund der „erga-omnes" Wirkung auf alle seine Arbeitnehmer, so setzt die Geltung dieses Tarifvertrages im konkreten Arbeitsverhältnis weiterhin voraus, dass das Arbeitsverhältnis dem im Tarifvertrag festgelegten Geltungsbereich unterfällt. In diesem Punkt unterscheiden sich das französische und das deutsche Recht also nicht. Auch in Deutschland setzt die normative Geltung eines Tarifvertrages auf ein konkretes Arbeitsverhältnis neben der, wenn auch beiderseitigen, Tarifbindung voraus, dass das Arbeitsverhältnis dem Geltungsbereich des Tarifvertrages unterfällt.[513]

In Frankreich wird der tarifvertragliche Geltungsbereich in den räumlichen Geltungsbereich („champs d'application territorial") und den „professionellen"

512 *Pélissier/Supiot/Jeammaud*, Rn. 1137, 1072 und 1073.

513 *Jacobs/Krause/Oetker*, § 5, Rn. 1.

Geltungsbereich (champs d'application professionnel") unterteilt.[514] Im Folgenden wird der „professionelle" Geltungsbereich nach deutschem Vorbild begrifflich wiederum in den betrieblichen Geltungsbereich und den fachlichen Geltungsbereich unterteilt.[515] Der betriebliche Geltungsbereich bezeichnet dabei, im Einklang mit dem Industrieverbandsprinzip, eine Definition des Geltungsbereichs im Hinblick auf die Anwendung eines Tarifvertrages auf Unternehmen oder Betriebe eines Wirtschaftszweiges.[516] Der Begriff des fachlichen Geltungsbereichs bezeichnet im Folgenden dagegen die Anwendung eines Tarifvertrages auf einzelne Arbeitnehmer- oder Berufsgruppen.[517] Er korrespondiert mithin mit dem Berufsverbandsprinzip.

Grundsätzlich wird der Geltungsbereich eines Tarifvertrages in Frankreich durch die Sozialpartner für die Unternehmen eines Wirtschaftszweiges definiert. Die Geltung eines Tarifvertrages richtet sich somit nach dem betrieblichen Geltungsbereich mit dem Unternehmen oder gegebenenfalls dem Betrieb als Anknüpfungspunkt. Daraus resultiert eine unternehmens- bzw. betriebseinheitliche Tarifgeltung (A.) Etwas anderes gilt jedoch in dem Fall, dass der Tarifvertrag ausnahmsweise eine bestimmte Berufsgruppe von dem betrieblichen Anwendungsbereich des Tarifvertrages ausnimmt oder sich nur für eine bestimmte Berufsgruppe für anwendbar erklärt, seinen Geltungsbereich also fachlich definiert. In diesem Fall kommt es für die Anwendbarkeit des Tarifvertrages auf das konkrete Arbeitsverhältnis zusätzlich zur Gebundenheit des Arbeitgebers an diesen Tarifvertrag darauf an, dass die berufliche Tätigkeit des Arbeitnehmers dem fachlichen Geltungsbereich des Tarifvertrages unterfällt (B.).

Auch die räumliche Anwendbarkeit eines Tarifvertrages auf ein konkretes Arbeitsverhältnis wird in Frankreich grundsätzlich unternehmensbezogen ermittelt, nämlich nach dem Unternehmenssitz. So kann ein Arbeitgeber z. B. einen regionalen Tarifvertrag nicht auf einen Arbeitnehmer anwenden, wenn der Gesellschaftssitz der anstellenden Gesellschaft nicht in den räumlichen Geltungsbereich des regionalen Tarifvertrages fällt, auch wenn der Arbeitnehmer seine Tätigkeit in einer Einheit verrichtet, die in den räumlichen Geltungsbereich eben dieses regionalen Tarifvertrages fällt.[518] Etwas anderes gilt nur dann, wenn die Einheit ein „établissement autonome" (eigenständiger Betrieb) darstellt.[519] In

514 Art. L. 2222–1 C. trav. So auch die Aufteilung in gängigen Lehrbüchern wie *Teyssié*, S. 570 ff. oder *Pélissier/Supiot/Jeammaud*, Rn. 1091 ff.

515 So die terminologische Unterteilung bei *Jacobs/Krause/Oetker*, § 5, Rn. 15/16.

516 *Jacobs/Krause/Oetker*, § 5, Rn. 15.

517 Nach *Jacobs/Krause/Oetker*, § 5, Rn. 16.

518 Cass.soc. 15.3.2006, RJS 6/06, n° 756; Cass. soc. 25.10.1995, RJS 12/95, n° 1259.

519 Cass.soc. 15.3.2006, RJS 6/06, n° 756; Cass. soc. 25.10.1995, RJS 12/95, n° 1259.

diesem Fall bestimmt sich der räumlich anwendbare Tarifvertrag nach dem Ort des „établissement autonome“.

A. Grundsatz: Unternehmens- bzw. betriebseinheitliche Tarifgeltung in Abhängigkeit von der Unternehmenstätigkeit

Wie einleitend bereits erwähnt, wird der auf ein konkretes Arbeitsverhältnis anwendbare Tarifvertrag in Frankreich grundsätzlich anhand des betrieblichen Geltungsbereiches mit dem Unternehmen als Anknüpfungspunkt ermittelt, d. h. die Tarifparteien regeln den Geltungsbereich eines Tarifvertrages grundsätzlich für die Unternehmen eines Wirtschaftszweiges. Art. L. 2222–1 S. 2 C. trav. bestimmt insofern:

> *„Le champs d'application professionnel est défini en termes d'activité économique“.*[520]

Ausschlaggebend ist dabei die tatsächlich ausgeübte Tätigkeit im Unternehmen („activité réelle“), d. h. nicht der satzungsmäßige Unternehmensgegenstand.[521]

Die konkrete berufliche Tätigkeit des Arbeitnehmers ist für die Bestimmung des anwendbaren Tarifvertrages unerheblich.[522]

Der auf diese Art und Weise festgelegte tarifliche Geltungsbereich umfasst in der Konsequenz alle Arbeitsverhältnisse des Unternehmens, unabhängig von der konkret ausgeübten Tätigkeit.[523] Wie einleitend erläutert, setzt die Anwendbarkeit eines Tarifvertrages im konkreten Arbeitsverhältnis neben einem Unterfallen unter den tariflichen Geltungsbereich zudem die Bindung an den entsprechenden Tarifvertrag voraus. In Frankreich sind aufgrund der „erga-omnes“ Wirkung von Tarifverträgen alle Arbeitnehmer an einen Tarifvertrag gebunden, sobald der Arbeitgeber tarifgebunden ist.[524] Unterfällt ein Unternehmen dem betrieblichen Geltungsbereich eines Tarifvertrages und ist der Arbeitgeber zudem an diesen Tarifvertrag gebunden, so ist er auf alle Arbeitnehmer des Unternehmens anwendbar. In der Folge herrscht in Frankreich grundsätzlich eine unternehmenseinheitliche Tarifgeltung.

Ist das Unternehmen jedoch in unterschiedliche Betriebe („établissement distincts“) unterteilt, in denen verschiedene Tätigkeiten ausgeübt werden, bestimmt

---

520 Der „professionnelle“ Geltungsbereich über die wirtschaftliche Tätigkeit bestimmt.

521 Cass.soc. 16.11.1993, n° 90–44.807; Cass. soc. 31.5.2006, n° 05–41.128; *Krieger*, S. 161, der jedoch nicht zwischen Tarifgebundenheit und Tarifgeltung differenziert.

522 Cass. soc. 2.5.2006, JCP S 2006, n° 1546; Cass. soc. 13.11.1996, RJS 3/97, n° 311; Cass. soc. 4.11.1988, Bull. civ. V, n° 566; vgl. auch *Teyssié*, S. 572.

523 *Teyssié*, S. 572.

524 Zur „erga-omnes“ Wirkung von Tarifverträgen siehe Teil 1 § 1.

sich der auf die Arbeitnehmer der jeweiligen Betriebe anwendbare Tarifvertrag nach der Tätigkeit des Betriebes.[525] In diesem Fall gilt der Tarifvertrag also nicht unternehmens- sondern betriebseinheitlich.

Eine Ausnahme von der betriebseinheitlichen Tarifgeltung gilt nur dann, wenn eine Arbeitnehmergruppe in einem „centre d'activités autonomes" (selbständiges Tätigkeitszentrum) eine „activité nettement différenciée" (deutlich unterscheidbare Tätigkeit) ausübt.[526] In diesem Fall bestimmt sich der anwendbare Tarifvertrag nach der dort jeweils ausgeübten Tätigkeit.[527] Eine Legaldefinition des Begriffs „centre d'activité autonome" gibt es nicht. Der Cour de Cassation bejaht ein „centre d'activité autonome" für den Fall, dass dort die „activité nettement différenciée" mit eigenen Mitteln, spezifischem Personal und einer eigenen Organisation und Leitung ausgeführt wird.[528] Als „activité nettement differenciée" wird eine Tätigkeit bezeichnet, die sich deutlich von der Hauptbetriebstätigkeit unterscheidet.[529] Das bedeutet, dass die Tätigkeit weder die Voraussetzung für die Hauptbetriebstätigkeit sein, z. B. die Ausführung einer chemischen Tätigkeit für die Herstellung von Kunstfasern, noch die Verlängerung der Hauptbetriebstätigkeit bilden darf, z. B. der Vertrieb von hergestellten Produkten.[530] Vergleicht man die Begriffsdefinitionen, so lässt sich der Begriff des „centre d'activité autonome" im deutschen Recht in etwa mit dem Begriff des „selbständigen Betriebsteils" im Sinne des § 4 BetrVG vergleichen. Auch bei dem selbstständigen Betriebsteil nach deutschem Recht sind die Begriffsmerkmale eine personelle und insbesondere organisatorische Abgrenzbarkeit, eigene Mittel und die Verfolgung eines eigenen Zwecks.[531]

Im Fall von mehreren „centres d'activité autonomes" wird die Bestimmung des anwendbaren Tarifvertrags betriebsteilsbezogen durchgeführt, wobei die jeweilige Haupttätigkeit des „centre d'activité autonome" für die Bestimmung des anwendbaren Tarifvertrages ausschlaggebend ist[532].

---

525 Cass. soc. 16.3.1999, Bull. civ. V, n° 117.

526 *Teyssié*, S. 573.

527 Cass. soc. 23.4.2003, Bull. civ. V, n° 140; Cass. soc. 26.1.2000, RJS 3/00, n° 304; Cass. soc. 5.10.1999, Bull. civ. V, n° 369; Cass. soc. 21.3.1990, RJS 1990, n° 399.

528 Cass. soc. 11.6.2006, n° 05–41.031 bis 05–41.036: „[...] que constitue une activité différenciée exercée dans un centre d'activité autonome, celle qui, différente de l'activité principale, est exercée avec des moyens matériels et humains spécifiques et une organisation et une direction propres [...]."

529 Cass. soc. 11.6.2006, n° 05–41.031 bis 05–41.036: „[...] que constitue une activité différenciée [...], celle qui, différente de l'activité principale, [...]."

530 *Vachet*, Jurisclasseur, Travail Traité, fasc. 1–34, n° 41.

531 Vgl. z. B. Richardi, in: *Richardi*, § 4 BetrVG, Rn. 23 ff.

532 *Pélissier/Supiot/Jeammaud*, Rn. 1102.

Werden in einem Unternehmen oder in einem Betrieb Tätigkeiten unterschiedlicher Wirtschaftszweige ausgeübt, so bestimmt sich der auf das Unternehmen oder den Betrieb und somit alle Arbeitnehmer dieser Einheiten anwendbare Tarifvertrag gem. Art. L. 2261–2 al. 1 C. trav. nach der Haupttätigkeit („activité principale"):

„La convention applicable est celle dont relève l'activité principale de l'employeur."[533]

Diese Regelung wurde zunächst von der Rechtsprechung entwickelt[534] und vom Gesetzgeber übernommen. Der französische Gesetzgeber bekennt sich damit ausdrücklich zur einheitlichen Tarifgeltung im Unternehmen bzw. gegebenenfalls im Betrieb („principe de l'unification du statut social")[535].

Werden in einem Unternehmen mehrere Tätigkeiten ausgeübt und fällt die Haupttätigkeit in den Anwendungsbereich keines der Tarifverträge, an den der Arbeitgeber durch eigenen Abschluss oder Verbandsmitgliedschaft gebunden wäre bzw. besteht für die Haupttätigkeit kein Tarifvertrag, so besteht auch keine Geltung des für die Nebentätigkeit einschlägigen Tarifvertrages, selbst dann nicht, wenn für die Nebentätigkeit ein allgemeinverbindlicher Tarifvertrag besteht.[536]

Art. L. 2261–2 C. trav. regelt daher auch nicht etwa die Auflösung einer Kollision zweier grundsätzlich anwendbarer Tarifverträge und räumt dem Tarifvertrag der Haupttätigkeit den Vorrang ein. Vielmehr trifft Art. L. 2261–2 C. trav. eine Bestimmung darüber, welcher Tarifvertrag im Unternehmen oder Betrieb überhaupt Geltung beanspruchen kann, d. h. welchem betrieblichen Geltungsbereich ein Unternehmen bzw. ein Betrieb zuzuordnen ist. Dies ist einzig und allein der Tarifvertrag, in dessen betrieblichen Geltungsbereich die Haupttätigkeit des Unternehmens bzw. Betriebes fällt. Aus diesem Grund wird die vorstehend zitierte gesetzliche Regelung in dieser Arbeit im Rahmen der Voraussetzungen der Tarifgeltung und nicht im Bereich der Kollision von Tarifverträgen verortet, wie dies teilweise in französischen Lehrbüchern der Fall ist[537].

Ein Arbeitgeber kann also z. B. indem er ausschließlich dem Arbeitgeberverband beitritt, der Tarifverträge im Anwendungsbereich der Nebentätigkeit schließt, nicht willkürlich einem solchen Tarifvertrag in seinem Unternehmen Anwendung verschaffen. Dies gilt auch dann, wenn er an keinen, die Haupt-

533 Der anwendbare Tarifvertrag ist derjenige, in dessen Anwendungsbereich die Hauptaktivität des Arbeitgebers fällt.

534 Vgl. z. B. Cass. soc. 13. 6.1973, Bull. civ. V, n° 379.

535 Vgl. *Krieger*, S. 162.

536 *Lyon-Caen/Pélissier*, Rn. 848; Cass. soc. 6.6.1984, n° 82–40.226, Jur. soc., U.I.M.M. 1985, 169.

537 So z. B. bei *Pélissier/Supiot/Jeammaud*, Rn. 1100 ff.; wie vorliegend dagegen *Teyssié*, S. 570 ff.

tätigkeit erfassenden, Tarifvertrag gebunden ist. In diesem Fall bleibt das Unternehmen folglich tariflos, es sei denn, es wird von einem allgemeinverbindlichen Tarifvertrag der Haupttätigkeit erfasst.

Dreh- und Angelpunkt der Bestimmung des anwendbaren Tarifvertrages ist nach den vorangegangen Ausführungen also die Haupttätigkeit („activité principale"). Insofern stellt sich die Frage, wie diese bestimmt wird (I.). Zudem kann es Unternehmen oder Betriebe geben, in denen sich keine Hauptaktivität ausmachen lässt, sondern mehrere Tätigkeiten dort gleichberechtigt nebeneinander ausgeführt werden. Für diesen Fall sieht das Gesetz ein Wahlrecht des Arbeitgebers zwischen den in Frage kommenden Tarifverträgen vor (II.).

I. Die Bestimmung der Haupttätigkeit („l'activité principale")

Die Bestimmung der Haupttätigkeit eines Unternehmens oder Betriebes wird in Frankreich in der Praxis anhand des „Code APE" („Activité Principale Exercée" [ausgeübte Haupttätigkeit]) durchgeführt. Dieser wird an jedes Unternehmen und seine Betriebe vom nationalen Institut für Statistik und Wirtschaftsstudien „I.N.S.E.E." („Institut National de la Statistique et des Etudes Economiques"), einer „direction générale" (Generaldirektion) des Ministeriums für Wirtschaft, Finanzen und Industrie, vergeben. Das „I.N.S.E.E." ermittelt dabei die „activité principale exercée" anhand der nachfolgenden Kriterien[538]:

Im Rahmen von Industrie- oder Handwerksbetrieben wird die Haupttätigkeit durch die Tätigkeit bestimmt, die die überwiegende Anzahl der Arbeitnehmer beschäftigt.

In Handels- und Dienstleistungsunternehmen wiederum bestimmt sich die Haupttätigkeit anhand der Tätigkeit, die den größten Umsatz verzeichnet.

Bei Unternehmen, die sowohl eine industrielle als auch eine Handelstätigkeit ausüben, ist die Tätigkeit nach den Kriterien der INSEE dann überwiegend industriell, wenn der Umsatz der industriellen Tätigkeit mindestens 25 % des Gesamtumsatzes ausmacht.

Es gilt jedoch zu beachten, dass die von der „I.N.S.E.E." aufgestellten Kriterien nur Indizwirkung haben. Die Zuordnung eines Unternehmens zu dem betrieblichen Geltungsbereich eines Tarifvertrages kann ausschließlich die tatsächliche Unternehmenstätigkeit („activité réelle de l'entreprise") begründen.[539] Insofern ist die Rechtsprechung in der Bestimmung, welche der in einem Unternehmen oder in einem „centre d'activité autonome" ausgeübten Tätigkeiten die Haupt-

---

538 *Vachet*, Jurisclasseur, Travail Traité, fasc. 1–34, n° 39.

539 Cass.soc. 14.10.2008, n° 06–46.400, 07–42.352.

tätigkeit bildet, grundsätzlich frei.[540] Es existiert keine gesetzliche Regelung hierzu. Die Gerichte können sich sowohl an dem Umsatz als auch an der Anzahl der jeweils tätigen Arbeitnehmer orientieren.[541] Die Rechtsprechung übernimmt aber zumindest teilweise die oben aufgeführten Kriterien der Verwaltung.[542]

II. Wahlrecht des Unternehmens bei einer Tätigkeitsvielfalt, die die Anwendung des Kriteriums der Hauptaktivität unsicher macht

Für den Fall, dass ein Unternehmen oder Betrieb anhand des Kriteriums der Haupttätigkeit nicht sicher einem bestimmten betrieblichen Geltungsbereich zugeordnet werden kann, bestimmt Art. L. 2261–2 al. 2 C. trav., dass Tarifverträge durch wechselseitige und identische Bestimmungen die Bedingungen regeln können, nach denen das Unternehmen in dieser Situation die anwendbaren Tarifverträge bestimmt:

> *„En cas de pluralité d'activités rendant incertaine l'application de ce critère pour le rattachement d'une entreprise à un champ conventionnel, les conventions collectives et les accords professionnels peuvent, par des clauses réciproques et de nature identique, prévoir les conditions dans lesquelles l'entreprise détermine les conventions et accords qui lui sont applicables."*[543]

Das Gesetz bietet also die Möglichkeit zur wechselseitigen tariflichen Abgrenzung bzw. Aufteilung der betrieblichen Geltungsbereiche von Tarifverträgen, die es dem betroffenen Unternehmen unter bestimmten Bedingungen erlaubt, sich für einen Tarifvertrag zu entscheiden. Diese Klauseln werden „clauses de départage" (Entscheidungsklauseln) genannt und müssen in beiden betroffenen Tarifverträgen in identischer Form enthalten sein.

Der oben zitierte Art. L. 2261–2 al. 2 C. trav. wurde erst durch das Gesetz vom 4. Mai 2004 in das Gesetz aufgenommen. Er stellt eine bewusste Entscheidung gegen die vorherige Rechtsprechung des Cour de cassation dar.[544] Der Cour de cassation hatte im Jahr 2002 eine Klausel in einem Branchentarifvertrag für unwirksam erklärt, die von dem Prinzip der Haupttätigkeit des Unternehmens als

540 *Pélissier/Supiot/Jeammaud*, Rn. 1101.

541 *Pélissier/Supiot/Jeammaud*, Rn. 1101.

542 *Vachet*, Jurisclasseur, Travail Traité, fasc. 1–34, n° 39 mit konkreten Beispielen.

543 Im Fall einer Tätigkeitsvielfalt, die die Anwendung des Kriteriums der Hauptaktivität für die tarifliche Zuordnung eines Unternehmens unsicher macht, können Tarifverträge durch wechselseitige und identische Klauseln die Voraussetzungen vorsehen, nach denen sich die im Unternehmen anwendbaren Tarifverträge bestimmen.

544 *Ministère du Travail,* Circulaire ministérielle DRT n° 09 du 22.9.2004 relative au titre II de la loi 2004–391 du 4.5.2004, fiche n° 10.

entscheidendem Kriterium abwich und bestimmten Unternehmen die Möglichkeit der Wahl zwischen zwei Tarifverträgen gab.[545]

Die Intention des Gesetzgebers bei der Einführung der Möglichkeit zu solchen „clauses de départage“ war es, den Unternehmen der gleichen Branche oder des gleichen Tätigkeitssektors unter bestimmten Bedingungen zu erlauben, zwischen zwei Tarifverträgen zu wählen.[546] Im Rahmen der „clauses de départage“ gibt es zwei unterschiedliche Klauseltypen, die in zwei unterschiedlichen Situationen greifen. Zum einen gibt es „clauses de statu quo“ (Status quo – Klauseln) und zum anderen „clauses d'option“ (Wahlklauseln).

Die „clause de statu quo“ ist auf Fälle ausgerichtet, in denen ein Tätigkeitssektor bereits von einem Tarifvertrag erfasst ist, während ein konkurrierender Tarifvertrag in Kraft tritt. In solchen Situationen besteht für Unternehmen, die in den Anwendungbereich einer „clause du statu quo“ fallen, die Möglichkeit, die bisher geltende tarifliche Regelung weiterhin anzuwenden und damit die Anwendbarkeit der neuen tariflichen Regelung auszusetzen.

Als Beispiel für eine solche Klausel nennt das ministerielle Rundschreiben n° 9 vom 22. September 2004 die Baubranche. Unternehmen, die sowohl in den betrieblichen Geltungsbereich des nationalen Branchentarifvertrages Bau („ouvriers du bâtiment“) und des Tarifvertrages Tiefbau („ouvriers des traveaux publics“) fallen und eine, der in den Tarifverträgen aufgeführten Tätigkeiten ausüben, wird durch die wechselseitigen „clauses du statu quo“ ein Wahlrecht eröffnet. Dieses Wahlrecht erlaubt es den betroffenen Unternehmen, im Fall der Allgemeinverbindlichkeitserklärung eines der Tarifverträge, den zuvor im Unternehmen bereits angewandten anderen Tarifvertrag beibehalten zu können. Demnach kann also z. B. ein aufgrund Mitgliedschaft des Arbeitgebers im Arbeitgeberverband an den Branchentarifvertrag Bau gebundenes Unternehmen, das in den Anwendungsbereich der „clause de statu quo“ fällt, im Fall einer späteren Allgemeinverbindlichkeitserklärung des Tarifvertrags Tiefbau weiterhin den Tarifvertrag Bau anwenden.

Die „clause d'option“ dagegen erlaubt es Unternehmen, die sich im Grenzbereich zwischen zwei Tarifverträgen befinden, sich nach hierfür in den Tarifverträgen aufgestellten Kriterien für einen der beiden Tarifverträge zu entscheiden. Eine solche Klausel besteht z. B. wiederum mit Wirkung für Unternehmen, die bestimmte, in den nationalen Branchentarifverträgen zum Bau („ouvriers du bâtiment“) und zum Tiefbau („ouvriers des traveaux publics“) aufgeführte Tätigkeiten durchführen. So ist z. B. eine Wahl des anwendbaren Tarifvertrages nach

545 Cass. soc. 26.11.2002, Bull. civ.V, n° 359.

546 Die folgenden Ausführung zu den „clauses de départage“ beruhen, soweit durch Fußnoten nicht anders gekennzeichnet, auf dem *Ministère du Travail*, Circulare ministérielle DRT n° 09 du 22.9.2004 relative au titre II de la loi 2004–391 du 4.5.2004, fiche n° 10.

Zustimmung durch die Belegschaftsvertreter („représentants du personnel“) in Unternehmen möglich, die sowohl Hoch- als auch Tiefbauarbeiten durchführen, wenn die Anzahl der Arbeitnehmer, die entweder Tätigkeiten des Hochbaus oder Tätigkeiten des Tiefbaus durchführen, zwischen 40 % und 60 % liegen.

Wie aus der oben zitierten gesetzlichen Bestimmung erkennbar wird, muss sich die jeweilige Klausel in identischer Form in beiden von dem Wahlrecht betroffenen Tarifverträgen befinden (*„[...] clauses reciproques et de natur identique [...]“*).

Außer im Hoch- und Tiefbau finden sich solche Klauseln z. B. auch in Tarifverträgen der Metallindustrie, der Bekleidungsindustrie, der Warenhäuser und im Sport und haben damit, im Fall solcher bereits vor 2004 bestehenden Klauseln, soweit sie die gesetzlichen Bedingungen erfüllen, eine gesetzliche Grundlage erhalten.[547]

B. Ausnahme: Einschränkung der unternehmens- oder betriebseinheitlichen Tarifgeltung über die Definition eines fachlichen Geltungsbereiches

Wie soeben erläutert, ist die konkrete berufliche Tätigkeit des Arbeitnehmers bei der Frage der Tarifgeltung grundsätzlich unerheblich. Der auf ein Arbeitsverhältnis anwendbare Tarifvertrag wird durch die Haupttätigkeit im Unternehmen oder Betrieb und nicht durch die konkrete Beschäftigung des Arbeitnehmers bestimmt.[548] Grundsätzlich kann ein Arbeitnehmer also nicht die Anwendung eines seiner beruflichen Qualifikation entsprechenden Tarifvertrages verlangen.

Etwas anderes gilt hingegen im Rahmen eines Berufsgruppentarifvertrages. Besteht für eine bestimmte Berufsgruppe ein branchenübergreifender Berufsgruppentarifvertrag, wie z. B. bei den V.R.P.[549] und fällt das Unternehmen in den Anwendungsbereich dieses Tarifvertrages, so bildet dieser Vertrag den für die betroffene Arbeitnehmergruppe anwendbaren Tarifvertrag.[550]

Ein im Gegensatz zum Berufsgruppentarifvertrag allgemeiner Tarifvertrag kann zudem ausdrücklich vorsehen, dass auf eine bestimmte Arbeitnehmergruppe, z. B. Journalisten oder V.R.P., ein anderer Tarifvertrag Anwendung

547 *Vachet*, Jurisclasseur, Travail Traité, fasc. 1–34, n° 45.

548 Cass. soc. 13.11.1996, RJS 3/97, n° 311; Cass. soc. 6.12.1995, RJS 1/96, n° 48; Cass. soc. 4.11.1988, Bull. civ. V, n° 566; *Pélissier/Supiot/Jeammaud*, Rn. 1099

549 „Voyageurs, représentants, placiers“ (arbeitnehmerähnliche Handelsvertreter).

550 Cass. soc. 19.11.1996, n° 93–44.683; *Vachet*, Jurisclasseur, Travail Traité, fasc. 1–34, n° 66.

findet[551] oder bestimmte Arbeitnehmergruppen von dem betrieblichen Anwendungsbereich eines Tarifvertrages ausdrücklich ausschließen[552] bzw. die Anwendbarkeit des Tarifvertrages oder bestimmter Tarifklauseln auf einzelne Arbeitnehmergruppen, der von dem betrieblichen Geltungsbereich erfassten Unternehmen, beschränken[553]. So gibt es in vielen Branchen, wie z. B. der Metallindustrie, Tarifverträge für „cadres" (Führungskräfte) und für „non-cadres" (Nicht-Führungskräfte). In diesem Fall beschränkt sich die Anwendbarkeit des Tarifvertrages der „cadres" in seinem Geltungsbereich also auf die Arbeitnehmergruppe der Führungskräfte im Unternehmen, während die Arbeitnehmergruppe der „non-cadres" in den Anwendungsbereich des entsprechenden Tarifvertrages fallen.

In diesen Fällen ist die unternehmens- bzw. betriebseinheitliche Tarifgeltung mithin durch die Festlegung eines fachlichen Geltungsbereiches eingeschränkt und es können mehrere Tarifverträge im Unternehmen bzw. Betrieb Geltung beanspruchen.

§ 2. Die Auflösung von Tarifkollisionen

Innerhalb ihrer Tarifzuständigkeit können die Tarifparteien den Geltungsbereich von Tarifverträgen frei festlegen.[554] Aus diesem Grund kann eine Situation der Überlappung unterschiedlicher Tarifverträge entstehen und damit eine Kollisionslage.

In einem von Gewerkschaftspluralismus geprägten Tarifsystem wie in Frankreich, wo konkurrierende Richtungsgewerkschaften sich in ihrer Tarifzuständigkeit überschneiden, ist das Entstehen von Kollisionen zwischen unterschiedlichen Tarifverträgen ein geradezu vorgezeichnetes Problem. Der Gesetzgeber hat das Verhältnis der unterschiedlichen Tarifverträge zueinander daher konsequenterweise weitestgehend einer gesetzlichen Regelung unterzogen.

In Deutschland werden unter dem Oberbegriff Tarifvertragskollision im Allgemeinen zwei unterschiedliche Sachverhalte behandelt: Tarifkonkurrenz und Tarifpluralität. An diesem Aufbau orientiert sich auch diese Arbeit. Im Folgenden soll deshalb zunächst untersucht werden, wie das französische Recht Fälle von Tarifkonkurrenz im Arbeitverhältnis löst (A.). Im Anschluss daran stellt sich die Frage, ob es in Frankreich Tarifpluralität gibt und wenn ja, wie das französische Tarifvertragsrecht mit diesem Sachverhalt umgeht (B.).

---

551 Ch. Réunies 27.4.1961, Dr. soc. 1961, 479, obs. Savatier; Cass. Soc. 10.3.2004, RJS 5/04, n° 620.

552 Cass. soc. 12.3.1987, Bull. civ. V, n° 154.

553 Cass. soc. 24.11.1983, Bull civ. n° 577; *Vachet*, Jurisclasseur, Travail Traité, fasc. 1–34, n° 67.

554 Art. L. 2231–1 i. V. m. Art. L. 2222–1 C. trav.

A. Tarifkonkurrenz

Der Begriff Tarifkonkurrenz bezeichnet im deutschen Recht den Fall, dass verschiedene Tarifverträge mit sich überschneidenden Geltungsbereichen für ein und dasselbe Arbeitsverhältnis normative Geltung beanspruchen, ohne dass sich die Tarifverträge ergänzen.[555] In diesem Sinn soll der Begriff auch hier verstanden und dabei ermittelt werden, wie das Auftreten einer solchen Situation im französischen Recht gehandhabt wird.

In Frankreich entsteht Tarifkonkurrenz regelmäßig durch die gleichzeitige Anwendbarkeit von Tarifverträgen mit identischen oder sich überschneidenden betrieblichen, jedoch unterschiedlichen räumlichen Geltungsbereichen. In Anbetracht der „erga-omnes" Wirkung von Tarifverträgen und der vorstehend in § 1 erläuterten unternehmens- oder betriebsbezogenen Bestimmung des anwendbaren Traifvertrages im konkreten Arbeitsverhältnis, entsteht grundsätzlich unternehmens- bzw. betriebsweite Tarifkonkurrenz, sobald der Arbeitgeber an zwei unterschiedliche, sich räumlich überschneidende Tarifverträge gebunden ist.

Dies ist z. B. bei gleichzeitiger Bindung des Arbeitgebers an einen nationalen und einen regionalen Branchentarifvertrag oder einen Branchentarifvertrag und einen Firmentarifvertrag der Fall. Sobald der Arbeitgeber doppelt tarifgebunden ist, gilt dies aufgrund der „erga-omnes" Wirkung von Tarifverträgen grundsätzlich für alle seine Arbeitnehmer und damit für jedes Arbeitsverhältnis. Die Konsequenz einer doppelten Tarifgebundenheit des Arbeitgebers in Verbindung mit der Bestimmung des anwendbaren Tarifvertrages anhand des betrieblichen Geltungsbereichs ist somit eine unternehmens- bzw. betriebsweite Konkurrenz im Arbeitsverhältnis. In der Praxis kommt dies am häufigsten zwischen Branchen- und Firmentarifverträgen vor.

Bei einer Kollision zweier Tarifnormen in einem Arbeitsverhältnis kann aber bereits denklogisch nur eine der konkurrierenden Regelungen Anwendung finden. Die Situation einer Tarifkonkurrenz bedarf also in Frankreich, ebenso wie in Deutschland, einer Auflösung.

In Deutschland wird diese Normenkollision – in diesem Fall unumstritten – im Sinne des Grundsatzes der Tarifeinheit im Arbeitsverhältnis nach dem Spezialitätsprinzip aufgelöst. Spezieller ist danach der Tarifvertrag, der dem Betrieb räumlich, betrieblich, fachlich und persönlich am nächsten steht.[556] Es findet also

555 BAG 6.8.2003, 4 AZR 441/02, BAGE 107, 140 (143 ff.); BAG 22.9.1993, 10 AZR 207/92, NZA 1994, 667 (668); BAG 14.6.1989, 4 AZR 200/89, AP TVG § 4 Tarifkonkurrenz Nr. 16; Däubler/*Zwanziger*, § 4 TVG, Rn. 923; ErfK/*Franzen*, § 4 TVG, Rn. 65; *Jacobs/Krause/Oetker*, § 7, Rn. 202; Wiedemann/*Wank*, § 4 TVG, Rn. 268.

556 BAG in st. Rechtsprechung, z. B. BAG 23.3.2005, 4 AZR 203/04, NZA 2005, 1003 (1004); BAG 14.6.1989, 4 AZR 200/89, AP TVG § 4 Tarifkonkurrenz Nr. 16.

eine betriebsbezogene Ermittlung des spezielleren Tarifvertrages statt. Danach ist z. B. ein Firmentarifvertrag spezieller als ein Verbands- oder Flächentarifvertrag[557] und ein räumlich engerer Tarifvertrag spezieller als ein Tarifvertrag mit räumlich weiterem Geltungsbereich.[558] Der deutsche Grundsatz der Tarifeinheit im Arbeitsverhältnis besagt dabei, dass auf ein Arbeitsverhältnis nur ein einheitlicher Tarifvertrag anzuwenden ist.[559] Begründet wird dies mit dem ausgleichenden Kompromisscharakter eines Tarifvertrages und dem Regelungswillen der Tarifparteien, der auf die vollständige Geltung eines in sich geschlossenen Tarifwerkes abzielt und damit die „Zerstückelung" desselben durch die Kombination von Regelungen unterschiedlicher Tarifverträge ausschließt.[560]

Einen Grundsatz der Tarifeinheit im Arbeitsverhältnis in der Form, dass auf ein Arbeitsverhältnis nur ein einheitlicher Tarifvertrag Anwendung finden kann, kennt das französische Recht nicht. Traditionell gilt in Frankreich zur Auflösung von Tarifkonkurrenzen das Günstigkeitsprinzip. Dies kann, wie im Folgenden festzustellen sein wird, zu einer kombinierten Anwendung unterschiedlicher, sich nicht ergänzender Tarifverträge im Arbeitsverhältnis führen. Die in der deutschen Literatur gegen ein solches Vorgehen vorgetragenen Argumente finden sich in der französischen Literatur nicht. Die Eignung des Günstigkeitsprinzips zur Lösung von Konflikten zwischen Tarifverträgen wird in Frankreich nicht in Zweifel gezogen.

Bis zur Reform Fillon vom 4. Mai 2004 galt zur Auflösung von Tarifkonkurrenzen ausschließlich das Günstigkeitsprinzip (I.). Dieses wurde im Zuge der vorgenannten Reform vom Grundsatz zur Ausnahme gemacht und – zumindest gesetzlich – durch das Prinzip der Spezialität ersetzt (II.). In der Praxis ist die Bedeutung des Günstigkeitsprinzips trotz der Reform fast unangetastet geblieben. Die Auflösung von Tarifkonkurrenzen zwischen allgemeinen Tarifverträgen und Berufsgruppentarifverträgen bildet hingegen einen Sonderfall, dessen Lösung an die spezielle Situation angepasst wird (III.).

I. Das Günstigkeitsprinzip

Bis zur Gesetzesreform vom 4. Mai 2004 herrschte im Verhältnis der Tarifverträge der unterschiedlichen Tarifebenen zueinander das Günstigkeitsprinzip.[561]

---

557 BAG 24.1.2001, 4 AZR 655/99, NZA 2001, 788 (790).

558 *Jacobs/Krause/Oetker*, § 7, Rn. 213; *Wendeling-Schröder*, in: Kempen/Zachert, § 4 TVG, Rn. 177; Eine ausführliche Analyse des Spezialitätsbegriffs bei *Greiner*, S. 293 ff.

559 *Jacobs/Krause/Oetker*, § 7, Rn. 210 m. w. N.

560 *Greiner*, S. 268; Wiedemann/*Wank*, § 4 TVG, Rn. 291.

561 Cass. soc. 23.2.2005, n° 02–17.433; Cass. soc. 7.10.1997, RJS 11/97, n° 1266; Cass. soc. 17.3.1982, n° 80–40.306 – 313; ausführlich zum Günstigkeitsprinzip als Konfliktlösungsregel

Im Allgemeinen ist das Günstigkeitsprinzip ein gefestigtes Prinzip zur Lösung von Normenkonflikten im französischen Arbeitsrecht.[562] So gilt es z. B. überwiegend im Verhältnis von gesetzlichen zu tariflichen Regelungen (sogenannte „ordre public social" oder „ordre public relatif")[563], sowie, wie auch in Deutschland, im Verhältnis von tariflichen Regelungen zum Arbeitsvertrag[564]. Weiterhin wird das Günstigkeitsprinzip durch den Cour de cassation regelmäßig in den Fällen herangezogen, in denen der Code du travail keine ausdrückliche Regelung zur Konfliktlösung getroffen hat.[565]

Im Hinblick auf die Herleitung des Günstigkeitsprinzips zur Auflösung von Tarifkonkurrenzen wurde bis 2004 zwischen einer Konkurrenz von Tarifverträgen oberhalb der Unternehmensebene, z. B. zwischen nationalen und regionalen Branchentarifverträgen, und einer Konkurrenz von Tarifverträgen oberhalb der Unternehmensebene zu Firmentarifverträgen unterschieden.

1. Grundlage des Günstigkeitsprinzips bei Konkurrenzen von Tarifverträgen oberhalb der Unternehmensebene

Im Fall der Konkurrenz von Tarifverträgen oberhalb der Unternehmensebene folgte das Günstigkeitsprinzip eindeutig aus dem Gesetz. So bestimmte Art. L. 132–13 C. trav. a.F., dass ein Branchen- oder branchenübergreifender Tarifvertrag keine für den Arbeitnehmer ungünstigeren Bestimmungen enthalten darf, als ein Tarifvertrag mit einem weiteren räumlichen oder betrieblichen Anwendungsbereich. Weiterhin sah diese Vorschrift eine Anpassungspflicht von ungünstigeren Bestimmungen des Tarifvertrages mit engerem Anwendungsbereich für den Fall vor, dass ein günstigerer Tarifvertrag mit weiterem Anwendungsbereich nachträglich abgeschlossen wurde.

Primär war diese Regelung also eine Regelung zur Konfliktvermeidung, nicht zur Konfliktlösung. Gleichzeitig wird aus der Vorschrift jedoch deutlich, dass für den Arbeitnehmer in jedem Fall die günstigere Regelung Anwendung finden soll. Zur Auflösung einer Tarifkonkurrenz fand also das Günstigkeitsprinzip Anwendung.[566]

---

zwischen Tarifverträgen, sowie zum Streit in der Literatur über die Existenz einer Hierarchiestruktur siehe *Pahl*, S. 80 ff.

562 Cass. soc. 23.2.2005, n° 02–17.433: „Vu le principe fondamental, en droit du travail, selon lequel en cas de conflit de normes, c'est la plus favorable aux salariés qui doit recevoir application."

563 Art. L. 2251–1 C. trav.; ausführlich zur „ordre public social" z. B. *Fourcade*, S. 56 ff. oder in deutscher Sprache *Krieger*, S. 264 ff.

564 Art. L. 2254–1 C. trav.

565 *Laulom/Merley*, RDT 2009, Études, 219 (223) m. w. N.

566 *Pahl*, S. 85, für weitere Ausführungen zu Inhalt und Bedeutung von Art. L. 132–13 a. F. siehe S. 81 ff.; *Pélissier/Supiot/Jeammaud*, Rn. 1103.

2. *Grundlage des Günstigkeitsprinzips bei Konkurrenzen von Tarifverträgen oberhalb der Unternehmensebene zu Firmentarifverträgen*

Die gesetzliche Bestimmung zum Verhältnis von Tarifverträgen oberhalb der Unternehmensebene – zur Vereinfachung wird im Folgenden nur von Branchentarifverträgen gesprochen – zu Firmentarifverträgen war nicht ganz so eindeutig wie der Art. L. 132–13 a. F. Sie sah für den Firmentarifvertrag, neben der Möglichkeit eine günstigere Regelung für die Arbeitnehmer zu treffen oder Inhalte zu verhandeln, die nicht bereits geregelt waren, noch eine dritte Variante vor: Firmentarifverträge konnten den Tarifvertrag mit räumlich weiterem Anwendungsbereich an die spezifischen Bedürfnisse des Unternehmens anpassen („adapter").[567] Aus der Wortwahl „können anpassen" („peuvent adapter"), insbesondere im Vergleich zur Variante „Möglichkeit einer günstigeren Regelung", wurde geschlossen, dass Firmentarifverträge grundsätzlich alle Themen frei regeln können.[568] Das bedeutete aber nicht, dass eine solche, grundsätzlich anwendbare, anpassende Firmentarifvertragsregelung auch tatsächlich zur Anwendung kam. Konsequenz der Anwendbarkeit einer solchen anpassenden Firmentarifvertragsregelung ist nämlich das Auftreten einer Konkurrenz mit der ebenfalls anwendbaren angepassten Branchentarifvertragsregelung. Zur Auflösung dieser Konkurrenz wurde wiederum das Günstigkeitsprinzip herangezogen.[569]

Es kann also festgehalten werden, dass vor der Gesetzesreform vom 4. Mai 2004 die Konfliktlösungsregel im Falle einer Tarifkonkurrenz auf allen Tarifebenen im Ergebnis das Günstigkeitsprinzip war.

Im Falle einer Konkurrenz zwischen einem Firmentarifvertrag und einem Branchentarifvertrag, bei der keine Günstigkeit einer der beiden betroffenen Regelungen im Verhältnis zu dem jeweils anderen Tarifvertrag festgestellt werden konnte, räumte die Rechtsprechung regelmäßig dem Branchentarifvertrag den Geltungsvorrang ein.[570]

567 Art. L. 132–23 C. trav., wobei die Anpassung im Fall eines nachträglichen Branchentarifvertrages nach dieser Vorschrift nicht optional, sondern verpflichtend war.

568 *Pahl*, S. 91; *Schulze-Doll*, S. 92; a. A. *Langlois*, S. 28/29, der das Hierarchieprinzip vertritt; zum Streitstand über die Existenz einer Hierarchiestruktur unter Tarifverträgen siehe *Pahl*, S. 87 ff.

569 Cass. soc. 7.10.1997, RJS 11/97, n° 1266; Cass. soc. 17.3.1982, n° 80–40.306 – 313; *Pahl*, S. 93–95; *Schulze-Doll*, S. 93 m. w. N.; *Souriac*, Dr soc. 2004, 579 (580).

570 *Schulze-Doll*, S. 95.

3. *Rechtsfolge des Günstigkeitsprinzips*

Rechtsfolge des Günstigkeitsprinzips ist der Anwendungsvorrang der für den Arbeitnehmer günstigeren Regelung, nicht des günstigeren Tarifvertrages im Ganzen. In der Folge kann sich eine kombinierte Anwendung der anwendbaren Tarifverträge auf die Arbeitsverhältnisse eines Unternehmens bzw. Betriebes in Bezug auf verschiedene Sachgruppen ergeben.[571]

Die Ermittlung der günstigeren Regelung erfolgt dabei nicht im Hinblick auf das konkrete Arbeitsverhältnis ermittelt, sondern „Vorteil für Vorteil" („avantage par avantage") global im Hinblick auf das gesamte Personal.[572] Zudem kommt es bei der Frage nach der günstigeren Regelung nicht nur auf die konkrete Regelung an, vielmehr wird ein Vergleich zwischen den betroffenen Regelungskomplexen durchgeführt. Dabei findet grundsätzlich ein Vergleich der Gesamtheit aller Vorteile mit gleichem Regelungsgegenstand („même objet") bzw. gleichem Regelungsanlass („même cause") statt, begleitet von dem Grundsatz des Verbots der Vorteilshäufung („non-cumul des avantages") in Bezug auf den gleichen Regelungsgegenstand bzw. -anlass.[573]

Anders geht der Cour de cassation im Rahmen von Tarifverträgen vor, die eine Klausel zum Arbeitsplatzerhalt vorsehen. In einem Urteil aus dem Jahr 1997 ging der Cour davon aus, dass die Bestimmung der günstigsten Regelung aus einer Abwägung hervorgehen muss, die die Interessen der Gesamtheit der Arbeitnehmer und nicht nur von einigen unter ihnen berücksichtigt.[574] Das Gericht bezog in der Folge den Erhalt von Arbeitsplätzen mit in die Abwägung ein und befand eine Regelung für günstiger, die die Halbierung einer Prämie normierte, im Gegenzug jedoch eine Regelung zum Erhalt von Arbeitsplätzen vorsah.

Damit nimmt der Cour de cassation in der Frage der Rolle von Arbeitsplatzsicherung als Gegenleistung für finanzielle Einbußen der Arbeitnehmer im Günstigkeitsvergleich eine entgegengesetzte Position zum BAG ein.[575]

---

571 Cass. soc. 17.3.1982, n° 80–40.306 – 313; *Rebhahn*, EuZA 2008, S. 39 (57); *Zirpel*, S. 177, Rn. 344

572 Cass. soc. 23.2.2005, n° 02–17.433; *Pélissier/Supiot/Jeammaud*, Rn. 1103.

573 Ausführlich zur Art und Weise der Ermittlung der Günstigkeit: *Fourcade*, S. 67 ff.; *Jeansen*, S. 131 ff.

574 Cass. soc. 19.2.1997, SSL 1997 Nr. 831, S. 9.

575 BAG 20.4.1999, 1 ABR 72/98, NZA 1999, 887 ff.; rechtsvergleichend hierzu: *Le Friant*, NZA 2000, 81 ff., sowie *Körner*, RdA 2000, 140 ff.

II. Einführung des Spezialitätsprinzips durch das Gesetz „Fillon" vom 4. Mai 2004

Mit dem Ziel einer Stärkung der Autonomie der unterschiedlichen Verhandlungsniveaus zueinander, insbesondere der Firmentarifverhandlungen im Verhältnis zur Branchenebene, wurde durch das Gesetz „Fillon" vom 4. Mai 2004 das Günstigkeitsprinzip erheblich eingeschränkt und vom Grundsatz zur Ausnahme gemacht.[576] Abgelöst wurde das Günstigkeitsprinzip dabei vom Grundsatz der Spezialität.[577] In Bezug auf die Rechtsgrundlage des Spezialitätsprinzips wird, wie bereits im Rahmen des bis 2004 geltenden Günstigkeitsprinzips, zwischen dem Verhältnis von Tarifverträgen oberhalb der Unternehmensebene (1.) und zwischen dem Verhältnis von Branchentarifverträgen zu Firmentarifverträgen (2.) unterschieden. In der Praxis hingegen zeigt das Gesetz vom 4. Mai 2004 so gut wie keine Auswirkungen (3.).

1. Lösung von Tarifkonkurrenz von Tarifverträgen oberhalb der Unternehmensebene

Eine nahezu umfassende Einführung des Spezialitätsprinzips durch das Gesetz vom 4. Mai 2004 fand im Verhältnis von Tarifverträgen oberhalb der Unternehmensebene statt. So bestimmt Art. L. 2252–1 al. 1 C. trav. nunmehr Folgendes:

> *„Une convention de branche ou un accord professionnel ou interprofessionnel peut comporter des stipulations moins favorables aux salariés que celles qui leurs sont applicables en vertu d'une convention ou d' un accord couvrant un champs territorial ou professionnel plus large, sauf si cette convention ou cet accord stipule expressément qu'on ne peut y déroger en tout ou partie."*[578]

Während zuvor eine für die Arbeitnehmer ungünstigere Regelung in einem Tarifvertrag mit engerem Geltungsbereich ausdrücklich ausgeschlossen war[579], ist dies nun grundsätzlich erlaubt. Das Spezialitätsprinzip löst damit im Grundsatz das Günstigkeitsprinzip ab.[580] Die Parteien des Tarifvertrages mit dem weiteren Geltungsbereich können das Günstigkeitsprinzip jedoch durch eine entsprechende

576 *Ministère du Travail*, Circulaire ministérielle DRT n° 09 du 22.9.2004 relative au titre II de la loi 2004–391 du 4.5.2004, fiche 1.1./1.2.

577 *Rodière*, SSL 2004, n° 1183, S. 6 (9); *Souriac*, Dr. soc. 2004, 579 (583).

578 Ein Branchen- oder branchenübergreifender Tarifvertrag kann für die Arbeitnehmer ungünstigere Bestimmungen enthalten als ein auf sie anwendbarer Tarifvertrag mit einem weiteren räumlichen oder betrieblichen Geltungsbereich, es sei denn, dieser Tarifvertrag bestimmt ausdrücklich, dass von ihm ganz oder teilweise nicht abgewichen werden darf.

579 Art. L. 132–13 C.trav. a.F.; zum Günstigkeitsprinzip siehe A. I. dieses Paragraphen.

580 *Pélissier/Supiot/Jeammaud*, Rn. 1103.

Tarifbestimmung ganz oder teilweise wieder einführen. Selbiges gilt konsequenterweise auch für die Pflicht zur Anpassung der ungünstigeren Bestimmungen eines vorhergehenden Tarifvertrages mit engerem Geltungsbereich. Diese Anpassungspflicht wurde durch das Gesetz vom 4. Mai 2004 grundsätzlich aufgehoben und besteht nur noch dann, wenn der Tarifvertrag „höheren Niveaus" dies ausdrücklich vorsieht.[581]

2. Lösung von Tarifkonkurrenz zwischen Tarifverträgen oberhalb der Unternehmensebene und Firmentarifverträgen

Die gesetzliche Bestimmung zum Verhältnis von Branchentarifverträgen zu Firmentarifverträgen, Art. L. 2253–1 C. trav., dagegen entspricht zunächst dem zuvor geltenden Art. L. 132–23 C. trav. a.F. und erlaubt einem Firmentarifvertrag die Bestimmung von neuen, günstigeren und an die Bedürfnisse des Unternehmens angepassten Regelungen. Während im Falle der Konkurrenz einer solchen „anpassenden" Regelung zu einer ebenfalls anwendbaren, aber günstigeren Branchentarifvertragsregelung zuvor das Günstigkeitsprinzip herangezogen wurde[582], gilt dies heute nur noch ausnahmsweise. Seit dem Gesetz vom 4. Mai 2004 gilt auch hier grundsätzlich das Spezialitätsprinzip.

So hat der Gesetzgeber im Rahmen des Gesetzes vom 4. Mai 2004 eine den Art. L. 2253–1 C. trav. ergänzende Regelung erlassen. Gem. Art. L. 2253–3 C. trav. darf ein Firmentarifvertrag nunmehr grundsätzlich auch Regelungen treffen, die von einem anwendbaren Branchentarifvertrag abweichen („déroger").

Wie der Begriff der „dérogation" (Abweichung) in diesem Sinne genau zu verstehen ist, wird in der Literatur viel diskutiert. Eine Legaldefinition gibt es nicht. Einigkeit besteht jedoch insofern, als dass eine günstigere Regelung keine „dérogation" darstellt[583] und dass eine Abweichung zu Ungunsten der Arbeitnehmer stets eine „dérogation" ist.[584] Überdies wird teilweise vertreten, dass eine „dérogation" nicht immer ungünstiger sein muss, sondern auch dann vorliegt, wenn schlicht andere Regelungen im Verhältnis zu einer bereits bestehenden Regelung getroffen werden.[585]

---

581 Art. L. 2252–1 al. 2 C. trav.

582 Siehe hierzu A. I. 2. dieses Paragraphen.

583 *Ministère du Travail, Mériaux/Kerbourc'h/Seiler*, Bilan de la négociation collective en 2007, Dossier n° 2, S. 384; *Morvan*, S. 40; *Rodière*, SSL 2004, n° 1183, S. 6 (9); *Souriac*, Dr. soc. 2004, 579 (583).

584 *Morvan*, S. 40; *Tissandier*, SSL 2004, n° 1183, S. 57 (57).

585 *Bélier*, SSL 2004, n° 1183, S. 53 (55); *Morvan*, Dr. soc. 2009, 679 (680); *Souriac*, Dr. soc. 2004, 579 (589).

Fest steht also, dass eine für die Arbeitnehmer ungünstigere Bestimmung in jedem Fall eine „dérogation“ im Sinne des Art. L. 2253–3 C. trav. darstellt. Da der Gesetzgeber die „dérogation“ eines Firmentarifvertrages vom Branchentarifvertrag in Art. L. 2253–3 C. trav. nunmehr ausdrücklich erlaubt, kann festgehalten werden, dass das Gesetz die Abweichung eines Firmentarifvertrages von einem Branchentarifvertrag zu Ungunsten der Arbeitnehmer seit dem Gesetz vom 4. Mai 2004 grundsätzlich zulässt.

Die Anwendung des Günstigkeitsprinzips im Falle einer Tarifkonkurrenz von Branchen- und Firmentarifverträgen lässt sich vor diesem Hintergrund nicht mehr vertreten.

Gleichzeitig formuliert das Gesetz explizit zwei Ausnahmen zu dem vorgenannten Grundsatz. Zum einen gilt das Spezialitätsprinzip nicht, wenn der entsprechende Branchentarifvertrag etwas anderes bestimmt, zum anderen benennt das Gesetz vier Themenbereiche, in denen ein Firmentarifvertrag von einem ebenfalls anwendbaren Branchentarifvertrag nur zugunsten der Arbeitnehmer abweichen darf.[586] Diese vier Themenbereiche betreffen namentlich den (branchentariflichen) Mindestlohn, die berufliche Eingruppierung („classification“), kollektive Garantien in Bezug auf die soziale Sicherheit („protection sociale complémentaire“) und die auf Gegenseitigkeit beruhenden Berufsbildungsfonds („mutualisation des fonds déstinés à la formation professionnelle“), Art. L. 2253–3 al. 1 C. trav. Zudem kann einer weiteren Vorschrift eine dritte Ausnahme von der grundsätzlich zulässigen „dérogation“ von einem Branchentarifvertrag durch einen Firmentarifvertrag entnommen werden. So bestimmt Art. L. 2253–2 C. trav., dass im Falle eines im Verhältnis zum Firmentarifvertrag zeitlich später anwendbaren Branchentarifvertrages, die Regelungen des Firmentarifvertrages angepasst werden müssen.

Im Gegensatz zur Gesetzeslage im Rahmen des Verhältnisses von Tarifverträgen oberhalb der Unternehmensebene zueinander, bleibt die Anpassungspflicht im Verhältnis von Firmen- zu Branchentarifverträgen mithin bestehen. Es scheint also, dass in diesem Fall der Firmentarifvertrag nicht zu Ungunsten vom Branchentarifvertrag abweichen darf.[587] Berücksichtigt man jedoch die Tatsache, dass die Anpassungpflicht eine konsequente Begleiterscheinung des Verbots zur „dérogation“ ist[588], macht diese Vorschrift nur in dem Fall Sinn, in dem der nachträglich geschlossene Branchentarifvertrag Regelungen enthält, die eine „dérogation“ ausschließen. Die gesetzliche Regelung muss insoweit m. E. teleologisch

586 *Ministère du Travail*, Circulaire ministérielle DRT n° 09 du 22.9.2004 relative au titre II de la loi 2004–391 du 4.5.2004, fiche n° 2.

587 *Vachet*, Jurisclasseur, Travail Traité, fasc. 1–34, n° 118.

588 *Morvan*, Dr. soc. 2009, 679 (686).

reduziert werden. Es bleibt abzuwarten, wie die französische Rechtsprechung den Art. L. 2253–2 C. trav. auslegen wird.

Im Ergebnis kann festgestellt werden, dass im Fall einer Konkurrenz von Branchentarifverträgen zu Firmentarifverträgen, das Spezialitätsprinzip im Grundsatz das Günstigkeitsprinzip abgelöst hat.[589] Dies gilt in Anbetracht der vier hiervon ausgenommenen Themenbereiche hingegen nicht so umfassend wie im Verhältnis von Tarifverträgen oberhalb der Unternehmensebene zueinander.

3. Praktische Auswirkungen des Gesetzes vom 4. Mai 2004

Ziel der gesetzlichen Neuregelung des Verhältnisses der unterschiedlichen Tarifebenen zueinander war eine erhöhte Autonomie der unterschiedlichen Verhandlungsniveaus und insbesondere eine Stärkung der Rolle des Firmentarifvertrages.[590] In der Praxis zeigt das Gesetz jedoch kaum Auswirkungen.

Bis Ende 2007 konnte kein Firmentarifvertrag ausgemacht werden, der die neue gesetzliche Bestimmung des Art. L. 2253–3, al. 2 C. trav. nutzt und eine „dérogation" im Verhältnis zum Branchentarifvertrag enthält.[591] Hierfür wurden unterschiedliche Gründe ausgemacht:

Zunächst kann festgehalten werden, dass bis 2007 im Durchschnitt 66 % der seit 2004 geschlossenen Branchentarifverträge eines der vier Themengebiete betrafen, bei denen eine „dérogation" durch Firmentarifverträge gesetzlich ausgeschlossen ist.[592]

Weiterhin hat eine Vielzahl von Branchentarifverträgen von der gesetzlichen Möglichkeit Gebrauch gemacht und enthält Klauseln, die eine „dérogation" durch Tarifverträge „niedrigeren Niveaus" ausschließen.[593]

Aus dem „bilan provisiore de 2007" des Arbeitsministeriums geht hervor, dass bis 2007 im Durchschnitt 15 % der Branchentarifverträge, die nicht bereits einem gesetzlichen Verbot der „dérogation" aufgrund des behandelten Themas unterliegen, eine „dérogation" ausschließen.[594] Addiert man den prozentualen Anteil der bis 2007 nach neuem Recht geschlossenen Tarifverträge, die bereits gesetzlich einer „dérogation" unzugänglich sind, zu dem prozentualen Anteil der Tarifverträge, die aufgrund tarifvertraglicher Bestimmung eine „dérogation" nicht erlau-

589 So auch: *Schulze-Doll*, S. 122.

590 *Ministère du Travail*, Circulaire ministérielle DRT n° 09 du 22.9.2004 relative au titre II de la loi 2004–391 du 4.5.2004, fiche 1.1./1.2.

591 *Ministère du Travail, Bélier*, Bilan de la négociation collective en 2007, Dossier n° 1, S. 384.

592 Bilan provisoire 2007 du ministère du Travail, des Relations sociales et de la solidarité, zitiert nach: *Ray*, Dr. soc. 2008, 3 (7).

593 *Ministère du Travail, Bélier*, Bilan de la négociation collective en 2007, Dossier n° 1, S. 374.

594 Zitiert nach: *Ray*, Dr. soc. 2008, 3 (7).

ben, so sind im Durchschnitt seit 2004 bei bereits ca. 80 % der Firmentarifverträge „dérogations“ ausgeschlossen. Abweichende Zahlen finden sich in dem am 17. Januar 2008 vom Arbeitsministerium vorgestellte „Bilan de quatres années d'application de la loi du 4 mai 2004“, der angibt, dass bereits 80 % der Branchentarifverträge eine Klausel zum Verbot einer „dérogation“ enthalten.[595] Mit Hilfe einer bewussten Klauselgestaltung in Branchentarifverträgen über das Verbot oder die Art und Weise der Zulässigkeit einer „dérogation“ durch Firmentarifverträge nehmen die Tarifparteien auf Branchenebene entscheidenden Einfluss auf den Verhandlungsrahmen der Sozialpartner auf Unternehmensebene. Die den Tarifparteien auf Branchenebene durch den Gesetzgeber eröffnete Möglichkeit zur Vereinbarung von „Derogationsverbotsklauseln“ erreicht damit entgegen des ursprünglichen Zieles des Gesetzes vom 4. Mai 2004 keine Stärkung, sondern vielmehr eine Schwächung der Autonomie von Firmentarifverhandlungen.[596]

Eine im Rahmen des „Bilan de la négociation collective en 2007“ veröffentlichte Untersuchung von sechs Branchen, in denen seit in Kraft treten des Gesetzes 2004 eine erhebliche Zahl an Tarifverträgen geschlossen wurde, konnte hierbei unterschiedliche Arten von Klauseln feststellen, die einen „dérogations“-Ausschluss enthielten. Entweder enthielten die betroffenen Tarifverträge eine Klausel, die eine „dérogation“ generell ausschließt („clause d'interdiction générale de déroger“) oder Klauseln, die eine „dérogation“ nur für bestimmte Themen ausschließen bzw. die Art und Weise einer zulässigen „dérogation“ begrenzen („clause d'interdiction spéciale de déroger“).[597] Als Beispiel für „clauses d'interdiction spéciale de déroger“ werden u. a. Klauseln genannt, die ein bestimmtes Kontingent bzw. eine bestimmte maximale Anzahl, i. d. R. von Tagen oder Stunden, vorsehen, innerhalb derer eine „dérogation“ durch einen Firmentarifvertrag zulässig ist („clauses de contingentement“), so etwa im Bereich der Dauer und Verteilung der Arbeitszeit.

Im Fall einer „clause d'interdiction générale de déroger“, also eines allgemeinen „Derogationsverbotes“, enthalten diese Tarifverträge im Anschluss oftmals zusätzlich Klauseln, die für bestimmte Einzelfälle dennoch eine „dérogation“ zulassen, also Ausnahmen von der das generelle Verbot bestimmenden Klausel („clauses autorisant une dérogation encadrée“).[598] Indem die Branchentarifver-

595 Zitiert nach: *Morvan*, Dr. soc. 2009, 679 (682).

596 *Ministère du Travail, Mériaux/Kerbourc'h/Seiler*, Bilan de la négociation collective en 2007, Dossier n° 2, S. 387.

597 *Ministère du Travail, Mériaux/Kerbourc'h/Seiler*, Bilan de la négociation collective en 2007, Dossier n° 2, S. 394 ff. mit einem ausführlichen Überblick über die Klauselgestaltung; in Aufsatzform zudem bei *Kerbourc'h*, Dr. soc. 2008, 834 (836 ff.).

598 *Ministère du Travail, Mériaux/Kerbourc'h/Seiler*, Bilan de la négociation collective en 2007, Dossier n° 2, S. 397.

träge das Günstigkeitsprinzip auf diese Weise wieder zum Grundsatz machen und das Spezialitätsprinzip zur Ausnahme, verkehren sie die gesetzliche Neuregelung praktisch ins Gegenteil.

Eine weitere Begründungen, warum bis Ende 2007 kein „accord dérogatoire" auf Unternehmensebene im Verhältnis zur Branchenebene ausgemacht werden konnte, ist die Tatsache, dass den Unternehmen, insbesondere auch kleinen und mittleren Unternehmen, häufig die nötige juristische Kenntnis der ihnen gesetzlich eröffneten Gestaltungsmöglichkeiten fehlt.[599] Weiterhin fehlt ihnen oftmals auch die Kenntnis derjenigen Gestaltungsmöglichkeiten, die nach der oft komplexen Klauselgestaltung von Prinzip und Ausnahmen in den Branchentarifverträgen bestehen bleibt.[600] Die Verhandlungspartner auf Unternehmensebene haben regelmäßig keine so detaillierte Kenntnis der Inhalte der anwendbaren Branchentarifverträge und kennen in der Folge die genauen Ausmaße ihres Verhandlungsrahmens nicht, weshalb sie diesen auch nicht ausschöpfen können.[601]

Zudem fehlt in vielen Unternehmen die Kompetenz, einschätzen zu können, ob eine abweichende Regelung vorteil- oder nachteilhaft ist, insbesondere wenn diese kein subjektives sondern ein prozessuales Recht behandelt, wie z.B. die Mandatsdauer der „représentants syndicaux".[602] Für juristische Unsicherheit in den Unternehmen über ihren Verhandlungsspielraum sorgt zusätzlich das vom Gesetz verwendete Wort „déroger".[603] Wie eingangs bereits erwähnt, ist die konkrete Reichweite des Begriffs der „dérogation" selbst in der rechtswissenschaftlichen Literatur umstritten.[604]

Überdies wird zur Begründung fehlender „dérogations" angeführt, dass die von den Branchentarifverträgen gesetzten Standards bereits das Resultat eines Minimalkompromisses seien und wenig Platz für ungünstigere Regelungen bliebe.[605]

Im Verhältnis von branchenübergreifenden Tarifverträgen zu solchen auf Branchenebene ist ein praktischer Gebrauch der Möglichkeit zur „dérogation" durch die Branchentarifverträge ebenfalls nicht festzustellen. Auch wenn bis

---

599 Bilan provisoire 2007 du ministère du Travail, des Relations sociales et de la Solidarité, zitiert nach: *Ray*, Dr. soc. 2008, 3 (8); *Combrexelle*, Dr. soc. 2008, 20 (21).

600 *Ministère du Travail, Mériaux/Kerbourc'h/Seiler*, Bilan de la négociation collective en 2007, Dossier n° 2, S. 387 – 390.

601 *Ray*, Dr. soc. 2008, 3 (8).

602 *Ministère du Travail, Mériaux/Kerbourc'h/Seiler*, Bilan de la négociation collective en 2007, Dossier n° 2, S. 390.

603 *Ministère du Travail, Mériaux/Kerbourc'h/Seiler*, Bilan de la négociation collective en 2007, Dossier n° 2, S. 384/385.

604 Siehe vorangehend unter A. II. 2 dieses Paragraphen.

605 Bilan provisoire 2007 du ministère du Travail, des Relations sociales et de la Solidarité (zitiert nach: *Ray*, Dr. soc. 2008, 3 (8)).

2007 nur fünf der 136 seit 2004 geschlossenen branchenübergreifenden Tarifabkommen eine „dérogation“ komplett oder teilweise verboten, wurde laut des Arbeitsministeriums in keinem Fall auf Branchenebene von dieser neuen Freiheit Gebrauch gemacht.[606]

Die Abkehr vom Günstigkeitsprinzip war also gesetzlich eine kleine Revolution, in der Praxis blieb diese bisher indes ohne merkliche Auswirkungen oder, wie *Morvan* treffend formuliert[607]: *„En résumé, rien n'a changé à aucun niveau et la faculté de déroger demeure quasiment lettre morte.“*[608] In dem Fall gleichzeitiger Anwendbarkeit zweier oder mehrerer Tarifverträge unterschiedlicher Tarifebenen ist das Günstigkeitsprinzip in der Praxis also nach wie vor die Regel, nicht die Ausnahme.

III. Sonderfall der Konkurrenz von Berufsgruppentarifverträgen zu berufsgruppenübergreifenden Tarifverträgen

Gesetzlich gibt es keinen Hinweis auf eine besondere Regelung von Konkurrenzen zwischen Berufsgruppentarifverträgen, den sogenannten „accords catégoriels“, und berufsgruppenübergreifenden Tarifverträgen. In der Literatur werden Berufsgruppentarifverträge in diesem Zusammenhang nahezu nicht erwähnt. Die französische Literatur sieht hierin augenscheinlich kein Problem. Das mag daran liegen, dass praktische Konflikte in diesem Bereich in Frankreich einen Ausnahmefall darstellen.[609] Laut *Langlois* liegt der Grund hierfür jedoch nicht in einer Ignoranz der Berufsgruppentarifverträge durch die Praxis, sondern daran, dass potentielle Konflikte von den Tarifparteien einerseits bereits im Vorfeld tariflich geregelt würden und die Berufsgruppentarifverträge andererseits in den meisten Fällen für den Arbeitnehmer günstigere Regelungen vorsehen, letztere die Anwendung des berufsgruppenübergreifenden Tarifvertrages also gar nicht erst forderten.[610]

Aus dieser Aussage folgt im Umkehrschluss die Erkenntnis, dass die Arbeitgeber im Fall des Bestehens eines Berufsgruppentarifvertrages diesen regelmäßig auf die betroffene Berufsgruppe anwenden.

Zudem gilt es in diesem Zusammenhang zu bedenken, dass nach dem bis August 2008 geltenden Recht in Gestalt der CFE-CGC nur eine Berufsgruppengewerkschaft („syndicat catégoriel“) in den Vorteil der unwiderlegbaren Vermutung der Repräsentativität kam und damit anerkannt tariffähig war. Diese Tat-

---

606 Zitiert nach: *Ray*, Dr. soc. 2008, 3 (7).

607 *Morvan*, Dr. soc. 2009, 679 (682).

608 Im Ergebnis hat sich nichts geändert, auf keiner Ebene und die Möglichkeit zur „dérogation“ bleibt quasi unbeachtet.

609 So *Langlois*, S. 32.

610 *Langlois*, S. 32.

sache dürfte das Konfliktpotenzial zusätzlich deutlich gemindert haben. Soweit ersichtlich spielen den autonomen deutschen Spartengewerkschaften vergleichbare Berufsgruppengewerkschaften, die eine nur kleine, aber durch ihre Schlüsselposition mächtige Arbeitnehmergruppe vertreten, in Frankreich keine Rolle. Insbesondere nach der Reform der Repräsentativität 2008 und der damit einhergehenden, auf den Wahlergebnissen zur Arbeitnehmervertretung basierenden Tariffähigkeit, ist die Erlangung der Fähigkeit zum Tarifabschluss durch autonome Berufsgruppengewerkschaften stark erschwert.[611]

Aber nicht nur in der rechtswissenschaftlichen Literatur ist das Thema der Auflösung von Konkurrenzen zwischen allgemeinen und Berufsgruppentarifverträgen nahezu nicht existent. Eine breite Rechtsprechung hierzu besteht ebenfalls nicht. Einzig zu dem Einzelfall des Verhältnisses des nationalen branchenübergreifenden Tarifvertrages der VRP[612] zu dem jeweils allgemeinen, im Unternehmen anwendbaren (Branchen-)Tarifvertrag, besteht eine gefestigte Rechtsprechung des Cour de cassation. Danach findet der nationale branchenübergreifende Tarifvertrag der VRP auf alle Arbeitsverträge und daraus resultierenden Beziehungen zwischen dem Arbeitgeber und bei ihm beschäftigten VRP Anwendung, es sei denn, der im Unternehmen anwendbare allgemeine Tarifvertrag enthält günstigere Bedingungen, die ausdrücklich auch auf VRP Anwendung finden.[613]

Der Berufsgruppentarifvertrag findet hierbei auf Arbeitnehmer der betroffenen Berufsgruppe also vorrangig Anwendung, während ein ebenfalls anwendbarer berufsgruppenübergreifender Tarifvertrag nur unter zwei Bedingungen Anwendung findet: Zum einen ausschließlich dann, wenn er für den Arbeitnehmer, der von dem Berufsgruppentarifvertrag betroffen ist, günstigere Regelungen enthält und diese zum anderen ausdrücklich auch auf diese Berufsgruppe anwendbar sind. Diese Rechtsprechung lässt darauf schließen, dass die Lösung einer auftretenden Tarifkonkurrenz im Arbeitsverhältnis zwischen einem berufsgruppenübergreifenden und einem Berufsgruppentarifvertrag einen Sonderfall darstellt, der nach einem Spezialitätsprinzip gelöst wird. Der speziellere Tarifvertrag wird dabei jedoch nicht betriebs- oder unternehmensbezogen bestimmt, sondern in Abhängigkeit von der Tätigkeit des Arbeitnehmers, also arbeitnehmerbezogen.

Der speziellere Tarifvertrag ist im Hinblick auf die Tätigkeit des Arbeitnehmers dabei grundsätzlich der Berufsgruppentarifvertrag. Der berufsgruppen-

---

611 Siehe hierzu ausführlich unter Teil 2 § 2 B. IV. 2. c).

612 VRP steht für „voyageurs, représentants et placiers", arbeitnehmerähnliche Handelsvertreter mit besonderem Status im französischen Arbeitsrecht.

613 Cass. soc. 19.11.1996, RJS 12/96, n° 1338; Cass. soc. 27.11.1985, n° 82–42.082: „[...] s'applique(ent) aux contrats de travail conclus entre les employeurs et les représentants de commerce et s'imposent aux rapports nées de ces contrats, sauf dispositions conventionnelles plus favorables expréssement applicables aux représentants de commerce.".

übergreifende Tarifvertrag kann ausschließlich im Fall von günstigeren Regelungen zur Anwendung kommen.

Da das in Bezug auf die VRP angewandte Prinzip von dem nationalen branchenübergreifenden Tarifvertrag der VRP ausdrücklich so formuliert wurde und zu anderen Berufsgruppentarifverträgen keine Rechtsprechung besteht, ist jedoch fraglich, ob die soeben erläuterte Rechtsprechung verallgemeinert werden kann. Die wenigen in der rechtswissenschaftlichen Literatur getroffenen Aussagen hierzu, sprechen sich für eine Verallgemeinerung aus.[614] So z. B. *Langlois* im Hinblick auf die Rechtsprechung des Cour de cassation zu den VRP[615]: *„[...] elle peut parfaitement s'expliquer par le caractère spéciale de l'accord interprofesionnel* (des VRP) *qui, par sa nature, s'impose aux conventions générales qui doivent s'effacer devant lui.“*[616]

Langlois spricht dem national branchenübergreifenden Berufsgruppentarifvertrag also ausdrücklich einen Spezialcharakter zu, der seiner Natur entsprechend den berufsgruppenübergreifenden Tarifverträgen vorgeht. Indem er den Vorrang des national branchenübergreifenden Berufsgruppentarifvertrages vor dem berufsgruppenübergreifenden Tarifvertrag mit der besonderen Natur des Berufsgruppentarifvertrages begründet, macht *Langlois* die Rechtsprechung des Cour de cassation zu den VRP auf das Verhältnis von Berufsgruppentarifverträgen zu berufsgruppenübergreifenden Tarifverträgen insgesamt übertragbar. Der Berufsgruppentarifvertrag geht dabei als der für den Arbeitnehmer der entsprechenden Berufsgruppe speziellere Tarifvertrag grundsätzlich dem berufsgruppenübergreifenden Tarifvertrag vor.

Auf diese Weise äußerte sich in einem persönlichen Gespräch mit der Autorin auch Prof. *Teyssié* auf die Frage nach der Konsequenz des Zusammentreffens von einem Berufsgruppentarifvertrag mit einem berufsgruppenübergreifenden Tarifvertrag: Der Berufsgruppentarifvertrag verdränge in diesem Fall grundsätzlich als der speziellere Tarifvertrag den berufsgruppenübergreifenden Tarifvertrag.

Während in Deutschland im Rahmen einer Tarifkonkurrenz im Arbeitsverhältnis stets eine Auflösung nach dem betriebsbezogenen Spezialitätsprinzip stattfindet,[617] wird in Frankreich dagegen also im Rahmen von Konkurrenzen zwischen berufsgruppenübergreifenden Tarifverträgen und Berufsgruppen-

614 *Langlois*, S. 31; *Vachet*, Jurisclasseur, Travail Traité, fasc. 1–34, n° 66.

615 *Langlois*, S. 31.

616 [...] sie kann ohne weiteres mit dem Spezialcharakter des branchenübergreifenden Tarifabkommens (der VRP) erklärt werden, das sich aufgrund seiner Natur den allgemeinen Tarifverträgen aufzwingt, die vor ihm zurücktreten müssen.

617 BAG in st. Rechtsprechung, z. B. BAG 23.3.2005, 4 AZR 203/04, NZA 2005, 1003 (1004); BAG 14.6.1989, 4 AZR 200/89, AP TVG § 4 Tarifkonkurrenz Nr. 16; a. A. *Jacobs/Krause/Oetker*, § 7, Rn. 214.

tarifverträgen die Besonderheit der Situation berücksichtigt und das Spezialitätsprinzip dahingehend angepasst, dass die konkrete berufliche Tätigkeit des Arbeitnehmers maßgebend für die Beurteilung der Frage nach dem spezielleren Tarifvertrag ist.

In Frankreich ist diese Lösung in der Praxis insofern unproblematisch, als dass in dem Moment, in dem der Arbeitgeber an einen Berufsgruppentarifvertrag gebunden ist, dieser aufgrund der allein arbeitgeberabhängigen Tarifbindung automatisch auf alle Arbeitnehmer der entsprechenden Berufsgruppe Anwendung findet. Der Arbeitgeber hat also keine Schwierigkeiten bei der Ermittlung des auf den einzelnen Arbeitnehmer anwendbaren Tarifvertrages innerhalb einer Berufsgruppe.

Ist der Arbeitgeber folglich an einen Berufsgruppentarifvertrag gebunden, so findet dieser nach den voranstehend erläuterten Grundsätzen auf alle der Berufsgruppe angehörenden Arbeitnehmer vorrangig Anwendung, während der berufsgruppenübergreifende Tarifvertrag nur im Falle einer günstigeren, auch auf die betroffene Berufsgruppe anwendbaren Regelung Geltung beanspruchen kann.

Es ist nicht erkennbar, dass die jüngsten Gesetzesreformen aus dem Jahr 2004 und 2008 diese Lösung beeinflussen.

B. Tarifpluralität

Wie eingangs bereits erwähnt, wird in Deutschland unter den Oberbegriff der Kollision von Tarifverträgen neben der soeben behandelten Tarifkonkurrenz zudem die Tarifpluralität gefasst.

Tarifpluralität liegt nach deutschem Rechtsverständnis vor, wenn der Betrieb des Arbeitgebers vom Geltungsbereich zweier Tarifverträge erfasst wird, an die der Arbeitgeber gebunden ist, während für die Arbeitnehmer je nach Tarifgebundenheit nur einer der beiden Tarifverträge Anwendung findet.[618] Es entsteht also die Situation, dass auf zwei unterschiedliche Arbeitverhältnisse in einem Betrieb grundsätzlich zwei unterschiedliche Tarifverträge Anwendung finden, da z. B. Arbeitnehmer A an Tarifvertrag A, Arbeitnehmer B an Tarifvertrag B und der Arbeitgeber an beide Tarifverträge gebunden ist.

Folglich entsteht im Fall von Tarifpluralität keine Kollision von Tarifnormen in ein und demselben Arbeitsverhältnis. Vielmehr beanspruchen zwei unter-

---

618 BAG in st. Rechtsprechung, z. B. BAG 27.1.2010, 4 AZR 549/08 (A), NZA 2010, 645 (649); BAG 5.9.1990, 4 AZR 59/90, NZA 1991, 202 (203); BAG 14.6.1989, 4 AZR 200/89, AP TVG § 4 Tarifkonkurrenz Nr. 16; Däubler/*Zwanziger*, § 4 TVG, Rn. 940; *Wendeling-Schröder*, in: Kempen/Zachert, § 4 TVG, Rn. 151; Wiedemann/*Wank*, § 4 TVG, Rn. 280.

schiedliche Tarifverträge in einem Betrieb gleichzeitig Geltung, es entsteht also eine „Kollision" von Tarifverträgen im Betrieb.

Diese Situation war nach der Rechtsprechung des BAG bis zum Jahr 2010 im Sinne des Grundsatzes der Tarifeinheit im Betrieb nach dem Spezialitätsprinzip dahingehend aufzulösen, dass *„der dem Betrieb räumlich, betrieblich, fachlich und persönlich am nächsten stehende und deshalb den Eigenarten und Erfordernissen des Betriebs und der darin tätigen Arbeitnehmer am besten Rechnung tragende Tarifvertrag den anderen Tarifvertrag verdrängt."*[619] Fälle von Tarifpluralität wurden also nach dem gleichen Prinzip aufgelöst wie Tarifkonkurrenzen.[620] Der Unterschied zwischen Tarifkonkurrenz und Tarifpluralität besteht jedoch darin, dass im Falle einer Tarifkonkurrenz eine echte Normenkollision im Arbeitverhältnis stattfindet, die zwangsläufig aufzulösen ist. Bei Tarifpluralität im Betrieb dagegen ist dies nicht der Fall, da im einzelnen Arbeitsverhältnis immer nur eine Regelung Geltung beansprucht. Zu einer „Kollision" von Tarifverträgen kommt es in Fällen von Tarifpluralität erst durch den Grundsatz der Tarifeinheit im Betrieb, der besagt, dass in einem Betrieb nur ein Tarifvertrag Anwendung finden soll. Die Tatsache, dass Situationen von Tarifpluralität einer Auflösung bedürfen, begründete das BAG maßgeblich mit den praktischen Schwierigkeiten einer Tarifpluralität. Der Grundsatz der Tarifeinheit folge aus den *„übergeordneten Prinzipien der Rechtssicherheit und Rechtsklarheit"*.[621] Eine überwiegende Mehrheit der Autoren der rechtswissenschaftlichen Literatur sahen im Grundsatz der Tarifeinheit dagegen einen Verstoß gegen Art. 9 Abs. 3 GG.

Gerügt wurde unter anderem, dass der Grundsatz der Tarifeinheit im Betrieb Sparten- und Spezialistengewerkschaften die Ausübung ihrer kollektiven Koalitionsfreiheit massiv erschwert, da die von diesen Gewerkschaften abgeschlossenen Tarifverträge nach dem Grundsatz der Tarifeinheit im Betrieb regelmäßig zurücktreten.[622] In diesem Zusammenhang in den Fokus der arbeitsrechtlichen Diskussion gerückt ist insbesondere die Frage der Auswirkung des Grundsatzes der Tarifeinheit auf das Streikrecht dieser Gewerkschaften, genauer gesagt: Ist es verhältnismäßig und daher zulässig für einen Tarifvertrag zu streiken, der im Anschluss im Wege der Tarifeinheit im Betrieb zurücktreten muss?[623]

---

619 BAG 27.1.2010, 4 AZR 549/08 (A), NZA 2010, 645 (649).

620 Siehe Einleitung zu A. dieses Paragraphen.

621 BAG 5.9.1990, 4 AZR 59/90, NZA 1991, 202 (203); ausführlich zur Begründung des Grundsatzes der Tarifeinheit *Greiner*, S. 271 ff.; *Band*, S. 76 ff. oder *Jacobs*, S. 351 ff.

622 *Bayreuther*, BB 2005, 2633 (2640); ERfK/*Franzen*, § 4 TVG, Rn. 71/72; *Greiner*, NZA 2007, 1023 (1025/1026); *Jacobs*, NZA 2008, 325 (327 ff.); *Löwisch/Rieble*, § 4 TVG, Rn. 132 ff.; *Reichold*, RdA 2007, 321 ff.; Wiedemann/*Wank*, § 4 TVG, Rn. 287.

623 Hierzu in der Literatur z.B. *Glanz*, NJW-spezial 2007, 578 ff.; *Bayreuther*, NZA 2006, 642 (646); *Greiner*, NZA 2007, 1023 ff.; *Franzen*, RdA 2008, 193 (200 ff.); *Buchner*, BB 2003, 2121 ff.; in der Instanzenrechtsprechung zuletzt dem Grundsatz der Tarifeinheit Auswirkun-

Diese Frage gewann in den letzten Jahren angesichts vermehrter Arbeitskämpfe von Sparten- und Spezialistengewerkschaften für eigene Tarifverträge an praktischer Relevanz, wie z.B. 2007 der flächendeckende und öffentlichkeitswirksame Streik der GDL für einen eigenen Spartentarifvertrag der Lokführer. In der Instanzrechtsprechung konnte im Zuge dessen eine Distanzierung vom Grundsatz der Tarifeinheit beobachtet werden.[624] Eine umfassende Darstellung der Rechtsprechung zum Grundsatz der Tarifeinheit im Betrieb und eine verfassungsrechtliche Kritik derselben ist in der deutschen Literatur bereits ausführlich vorgenommen worden und soll hier deshalb nicht wiederholt werden.[625]

In einem aufsehenerregenden Urteil hat der 4. Senat des BAG, dessen Rechtsauffassung sich der 10. Senat[626] nach einem Anfragebeschluss[627] anschloss, im Jahr 2010 den Grundsatz der Tarifeinheit im Betrieb aufgegeben.[628] Damit findet schließlich die jahrelange Kritik des Schrifttums in der Rechtsprechung Gehör. Eine Antwort auf die aus einer Tarifpluralität erwachsenden praktischen Probleme, insbesondere auch im Arbeitskampfrecht, ist damit nicht gegeben.

Insofern gibt es bereits Forderungen des BDA und des DGB nach einer gesetzlichen Regelung der Tarifeinheit im Betrieb.[629] Diese Forderung erfährt aber, wie bereits die Rechtsprechung zuvor, verfassungsrechtliche Kritik.[630] Mit der Forderung nach einer gesetzlichen Regelung von Tarifpluralität stehen die beiden Verbände allerdings nicht alleine. So sieht die Monopolkommission, ein unabhängiges Beratungsgremium der Bundesregierung zu Fragen der Wettbewerbspolitik und Regulierung[631], in ihrem Hauptgutachten 2008/2009 *„die dringliche Aufgabe des Gesetzgebers und der Arbeitsgerichtsbarkeit in der Entwicklung von Instrumenten zur Einhegung der faktisch bereits wirksamen Tarifpluralität.“*[632].

---

gen auf das Streikrecht von Sparten- und Spezialistengewerkschaften absprechend LAG Sachsen 2.11.2007, 7 SaGa 19/07, NZA 2008, 59 ff.; LAG Rheinland-Pfalz 14.6.2007, 11 Sa 208/07, LAGE Art. 9 GG Arbeitskampf Nr. 78; LAG Hessen 22.7.2004, 9 SaGa 593/04, NZA-RR 2005, 262 ff.; LAG Hessen 2.5.2003, 9 SaGa 636/03, NZA 2003, 679 ff.; A. a. noch LAG Rheinland-Pfalz 22.6.2004, 11 Sa 2096/03, AP Art. 9 GG Arbeitskampf Nr. 169.

624 LAG Sachsen 2.11.2007, 7 SaGa 19/07, NZA 2008, 59 ff.; LAG Rheinland-Pfalz 14.6.2007, 11 Sa 208/07, LAGE Art. 9 GG Arbeitskampf Nr. 78; LAG Hessen 22.7.2004, 9 SaGa 593/04, NZA-RR 2005, 262 ff.; LAG Hessen 2.5.2003, 9 SaGa 636/03, NZA 2003, 679 ff.

625 Eine ausführliche Auseinandersetzung mit dem Grundsatz der Tarifeinheit im Betrieb z.B. bei *Greiner*, S. 257 ff.; *Band*, S. 75 ff. oder *Jacobs*, S. 334 ff.

626 BAG 23.6.2010, 10 AS 2/10, NZA 2010, 778.

627 BAG 27.1.2010, 4 AZR 549/08 (A), NZA 2010, 645 ff.

628 BAG 7.7.2010, 4 AZR 549/08, NZA 2010, 1068.

629 Gemeinsames Eckpunktepapier von BDA und DGB v. 4.6.2010, RdA 2010, 315.

630 Vgl. z.B. *Greiner*, NZA 2010, 743 ff.; *Schliemann*, NZA Editorial, Heft 16/2010.

631 *Monopolkomission*, Aufgaben.

632 Achtezehntes Hauptgutachten der Monopolkommission 2008/2009, BT-Drucks. 17/2600 vom 22.7.2010, S. 351/352, Rn. 1005.

Im Anschluss werden fünf Lösungsmöglichkeiten erörtert: eine zeitliche Synchronisierung der Tarifverhandlungen, eine Kooperationspflicht der Gewerkschaften im Vorfeld von Tarifverhandlungen, ein umfassendes Aussperrungsrecht des Arbeitgebers und ein zwingendes Schlichtungsverfahren vor Streiks oder eine Missbrauchsaufsicht.[633] Auch eine Gruppe von Professoren, namentlich Prof. Dr. Frank *Bayreuther*, Prof. Dr. Martin *Franzen*, PD Dr. Stefan *Greiner*, Prof. Dr. Rüdiger *Krause*, Prof. Dr. Hartmut *Oetker*, Prof. Dr. Ulrich *Preis*, Prof. Dr. Robert *Rebhahn*, Prof. Dr. Georg *Thüsing* LL.M sowie Prof. Dr. Raimund *Waltermann*, fordert ein Tätigwerden des Gesetzgebers und hat mit Unterstützung der Carl-Friedrich von Weizsäcker-Stiftung in einer „Initiative Tarifpluralität" einen Gesetzentwurf für eine mögliche gesetzliche Regelung von Fällen der Tarifpluralität vorgelegt.[634] Im Gegensatz zum Regelungsvorschlag von BDA und DGB favorisiert diese Gruppe dabei im Ergebnis einen ausgleichenden Mittelweg in Form einer anhand eines Mehrheitsprinzips ermittelten Tarifeinheit in der Sparte, nicht im Betrieb.

Ein Ende hat die Diskussion um das Problem der Tarifpluralität durch das Urteil des BAG vom 7.7.2010[635] also nicht erfahren. Vielmehr dreht sich die Debatte nun um mögliche alternative Lösungsmöglichkeiten, die mit Art. 9 Abs. 3 GG vereinbar sind und dennoch die praktischen Probleme einer Tarifpluralität eindämmen.

Vor diesem Hintergrund stellt sich die Frage, ob und inwieweit in Frankreich Tarifpluralität entstehen kann und welche Lösung eine solche Situation gegebenenfalls erfährt.

In Frankreich kann die Situation, dass in einem Betrieb auf zwei Arbeitnehmer unterschiedliche Tarifverträge Anwendung finden, ohne dass dabei gleichzeitig eine Tarifkonkurrenz im Arbeitsverhältnis besteht, d. h. Fälle von Tarifpluralität, durchaus entstehen. So gibt es, wie oben bereits dargestellt[636], in den unterschiedlichen Branchen z. B. oftmals Branchentarifverträge für die Berufsgruppe der „cadres" (Führungskräfte) und zudem einen Tarifvertrag der „non-cadres" (Nicht-Führungskräfte). Auf die „cadres" ist in diesem Fall also der Berufsgruppentarifvertrag „cadres" anwendbar und auf die anderen Arbeitnehmer der berufsgruppenübergreifenden Branchentarifvertrag des Unternehmens bzw. Betriebes, ohne dass diese sich in ihrem Geltungsbereich und damit in einem Arbeitsverhältnis überschneiden. Die Entstehung einer Tarifkonkurrenz wurde also von den Tarifparteien durch eine entsprechende Gestaltung des Geltungs-

633 Achtezehntes Hauptgutachten der Monopolkommission 2008/2009, BT-Drucks. 17/2600 vom 22.7.2010, S. 352 – 357.

634 *Bayreuther/Franzen/Greiner/Krause/Oetker/Preis/Rebhahn/Thüsing/Waltermann*, Initiative Tarifpluralität.

635 BAG 7.7.2010, 4 AZR 549/08, NZA 2010, 1068 ff.

636 Siehe § 1 B. dieses Teils.

bereiches der jeweiligen Tarifwerke ausgeschlossen. Konsequenz ist eine Tarifpluralität im Unternehmen bzw. Betrieb. Eine Auflösung erfährt diese Situation in Frankreich nicht.

Doch auch das BAG schränkte den Grundsatz der Tarifeinheit bereits vor seiner Rechtsprechungsänderung 2010 dahingehend ein, dass eine betriebsbezogene Tarifpluralität keiner Auflösung bedarf, wenn aufgrund klar abgrenzbarer Arbeitnehmergruppen der für die jeweilige Gruppe geltende Tarifvertrag unschwer feststellbar ist und innerhalb dieser abgrenzbaren Gruppe nur ein Tarifvertrag Geltung beansprucht.[637] In dem Fall, dass eine der Gruppen von mehreren Tarifverträgen erfasst ist, sei diese Tarifpluralität innerhalb der Gruppe wiederum nach dem Grundsatz der Tarifeinheit aufzulösen.

Wurde ein Betrieb also von zwei Tarifverträgen erfasst, die sich jedoch in ihrem Geltungsbereich nicht überschnitten, bedurfte diese Situation auch in Deutschland unter der Rechtsprechung zum Grundsatz der Tarifeinheit im Betrieb keiner Auflösung. So wurde diese Form der Tarifpluralität z. B. in der Luftfahrtbranche, wo es verschiedene Tarifverträge für das Cockpit- und das Kabinenpersonal gibt, akzeptiert.[638]

Im französischen Recht bildet diese Situation die einzig denkbare Konstellation von Tarifpluralität. Eine nach alter Rechtsprechung des BAG zur Tarifpluralität auflösungsbedürftige und unter dem Stichwort „Tarifpluralität" in der Regel problematisierte Situation, bei der Tarifverträge mit sich überschneidenden Geltungsbereichen eine Tarifpluralität innerhalb einer Berufsgruppe auslösen, gibt es in Frankreich bereits systembedingt nicht. Sie ist aufgrund der allein arbeitgeberabhängigen Tarifbindung mit „erga-omnes" wirkenden Tarifverträgen denklogisch nicht möglich. Ist ein Arbeitgeber an einen Tarifvertrag für z. B. die „cadres" oder/und die „VRP" gebunden, gilt dieser für alle Arbeitnehmer dieser Berufsgruppen. Eine Tarifpluralität innerhalb einer solchen abgrenzbaren Gruppe ist also ausgeschlossen. Gilt daneben in einem Unternehmen beispielsweise auch ein berufsgruppenübergreifender Tarifvertrag für die „non-cadres", der zusätzlich die „VRP" aus seinem Geltungsbereich ausschließt, so können in einem Unternehmen gleichzeitig drei unterschiedliche, sich in ihrem Geltungsbereich und damit im Arbeitsverhältnis nicht überschneidende Tarifverträge Anwendung finden: der Tarifvertrag „cadres", derjenige für die „VRP" und

---

637 BAG 26.1.1994, 10 AZR 611/92, NZA 1994, 1038 (1041/1042); in der Literatur hierzu: *Greiner*, S. 290.

638 In BAG 11.2.2004, 4 AZR 94/03, BeckRS 2004, Nr. 40978 zieht das BAG die Zulässigkeit der parallelen Geltung der beiden unterschiedlichen Tarifverträge für Cockpit und Kabine nicht in Zweifel. Vielmehr begnügt sich das Gericht ohne nähere Erläuterung mit der Aussage: „Ein vom MTV Kabine abweichendes Ergebnis muss aus dem Gesichtspunkt der gewillkürten Tarifpluralität hingenommen werden."; weitere Beispiele bei *Franzen*, RdA 2008, 193 (195).

der Tarifvertag. Gleichzeitig herrscht aufgrund der allein abeitgeberabhängigen Tarifbindung innerhalb der unterschiedlichen tariflichen Geltungsbereiche automatisch Tarifeinheit, also eine Tarifeinheit in der Berufsgruppe.

Die in Deutschland aufgrund der für die Anwendbarkeit eines Tarifvertrages geltenden Voraussetzung einer doppelten Tarifbindung mögliche Situation, dass z. B. ein der GDL angehörender Lokführer an den Tarifvertrag der GDL und ein den Gewerkschaften Transnet/GDBA angehörender Lokführer an den Transnet/GDBA Tarifvertrag gebunden ist, kann es in Frankreich dagegen nicht geben.

Wären die Lokführer zugleich von dem Geltungsbereich des berufsgruppenübergreifenden Transnet/GDBA Tarifvertrages und des Berufsgruppentarifvertrages der Lokführer erfasst, so bestünde aufgrund der allein arbeitgeberabhängigen Tarifbindung automatisch für alle Lokführer eine unumstritten auflösungsbedürftige Tarifkonkurrenz im Arbeitsverhältnis. In Anbetracht der besonderen Situation einer Konkurrenz von berufsgruppenübergreifenden Tarifverträgen zu Berufsgruppentarifverträgen, wäre nach dem arbeitnehmerbezogenen Spezialitätsprinzip vorrangig der Tarifvertrag der GDL, als für die Berufsgruppe der Lokführer speziellerer Tarifvertrag, auf alle Lokführer anwendbar.[639] Eine Anwendbarkeit des Transnet/GDBA Tarifvertrages auf die Lokführer käme ausschließlich für den Fall von hierin enthaltenen günstigeren Regelungen in Betracht.

§ 3 Abschließende Betrachtung

Das französische Tarifsystem basiert im Grundsatz auf der Idee einer unternehmenseinheitlichen Tarifgeltung nach dem Industrieverbandsprinzip. Dies wird zum einen in der Art und Weise deutlich nach der sich in Frankreich die Tarifbindung vollzieht, nämlich ausschließlich arbeitgeberabhängig. Zum anderen zeigt sich dies in dem gesetzlich normierten Grundsatz der Bestimmung des im Unternehmen bzw. im Betrieb einheitlich auf alle Arbeitsverhältnisse anwendbaren Tarifvertrags in Abhängigkeit von der (Haupt-)Tätigkeit des Unternehmen bzw. des Betriebes.[640]

Die Idee einer tariflichen Einheit im Unternehmen ist jedoch kein Dogma in dem Sinne, dass die Geltung einer Mehrzahl von Tarifverträgen im Unternehmen oder Betrieb nicht hinnehmbar wäre. Vielmehr wird der praktischen Existenz von Tarifverträgen unterschiedlicher Natur – allgemeinen, nach dem Industrie-

639 Zur Auflösung einer Tarifkonkurrenz zwischen allgemeinen Tarifverträgen und Berufsgruppentarifverträgen siehe voranstehend unter A. III dieses Paragraphen.

640 Siehe hierzu unter § 1 A. dieses Teils.

verbandsprinzip geschlossenen Tarifverträgen und Berufsgruppentarifverträgen – Rechnung getragen und diese nebeneinander zugelassen.

Diese Anerkennung des Berufsverbandsprinzips neben dem dominierenden Industrieverbandsprinzip äußert sich insbesondere in der Sonderbehandlung von Tarifkonkurrenzen zwischen berufsgruppenübergreifenden Tarifverträgen und Berufsgruppentarifverträgen.

Grundsätzlich werden Tarifkonkurrenzen seit dem Gesetz vom 4. Mai 2004 nach dem unternehmens- bzw. betriebsbezogenen Spezialitätsprinzip aufgelöst, wenngleich in der Praxis weiterhin das zuvor geltende Günstigkeitsprinzip herrscht.

Tarifpluralität kann in Frankreich bereits aufgrund der „erga-omnes" Wirkung von Tarifverträgen nicht entstehen.

Durch die ausnahmsweise Anwendung eines arbeitnehmerbezogenen Spezialitätsprinzips in Fällen der Konkurrenz von berufsgruppenübergreifenden Tarifverträgen und Berufsgruppentarifverträgen und der daraus resultierenden vorrangigen Anwendbarkeit von Berufsgruppentarifverträgen für Arbeitnehmer der entsprechenden Berufsgruppe, erkennt das französische Tarifvertragssystem die praktische Existenz von Berufsgruppentarifverträgen an. Es wird ein Nebeneinander von Industrieverbandsprinzip und Berufsverbandsprinzip ermöglicht und beide Prinzipien miteinander in Einklang gebracht. Das Ergebnis ist eine einheitliche Tarifgeltung in der Berufsgruppe im französischen Tarifvertragssystems.

In Deutschland wurde das Prinzip einer „Tarifeinheit in der Sparte" bereits vor der Rechtsprechungsänderung des BAG vom 7.7.2010[641] von einem Teil der Kritiker des Grundsatzes der Tarifeinheit im Betrieb als Lösung des Problems der Tarifpluralität diskutiert.[642] Wie vorangehend dargestellt[643], läuft auch der von der „Initiative Tarifpluralität" in ihrem Eckpunktepapier gemachte Vorschlag für eine gesetzliche Regelung im Ergebnis auf eine solche Lösung hinaus.[644] Mit einer solchen Lösung würde weiterhin der Ordnungsfunktion einer einheitlichen Tarifgeltung Rechnung getragen und den Spartengewerkschaften zugleich ein realer Entfaltungsraum eröffnet.

Zu beachten ist allerdings, dass in Frankreich die Möglichkeit zum Abschluss von Berufsgruppentarifverträgen, abgesehen von den durch die CFE-CGC

641 NZA 2010, 1068.

642 LAG Sachsen 2.11.2007, 7 SaGa 19/07, NZA 2008, 59 (66); *Bayreuther*, NZA 2008, 12 (13); *Hanau*, RdA 2008, 98 (103) favorisiert zunächst eine gewillkürte Tarifeinheit in der Sparte, hält jedoch bei fehlender Praktikabilität und Funktionswidrigkeit von Tarifpluralität eine obligatorische Tarifeinheit für ernsthaft erwägenswert; *Thüsing*, NZA-Beil. Heft 3/2010, 104 (107).

643 Siehe § 2 B. dieses Teils.

644 Zustimmend *Steinau-Steinrück*, NZA Editorial, Heft 19/2010.

abgeschlossenen Tarifverträgen zugunsten der „cadres“, aufgrund der erheblich erschwert zu erlangenden Tariffähigkeit autonomer Berufsgruppengewerkschaften sowohl unter dem alten als auch dem neuen Recht der Repräsentativität[645] und dem beim Tarifabschluss geltenden Mehrheitsprinzips[646], stark eingeschränkt ist. Konkurrenzen zwischen Berufsgruppentarifverträgen und berufsgruppenübergreifenden Tarifverträgen stellen daher in der Praxis in Frankreich kein entscheidendes Problem dar.

Nichtsdestotrotz ist festzuhalten, dass Berufsgruppentarifverträge im französischen Tarifvertragssystem, obgleich auf der Idee unternehmenseinheitlicher Tarifgeltung basierend, Berücksichtigung finden.

645 Ausführlich zum Recht der Repräsentativität siehe Teil 2 § 2 B. Zu den Sonderregelungen für die Repräsentativität von Berufsgruppengewerkschaften nach dem Gesetz vom 20. August 2008, siehe Teil 2 § 2 B. IV. 2. c).

646 Umfassend zum Mehrheitsprinzip siehe Teil 2 § 3.

Teil 4: Das Verhältnis von Tarifvertragsrecht und Streikrecht

In Deutschland ist das Streikrecht untrennbar mit dem Tarifvertragsrecht verbunden, ist doch das einzig zulässige Streikziel der Abschluss eines Tarifvertrages.

In Frankreich ist die Verbindung vom Tarifvertragsrecht zum Streikrecht mitnichten so selbstverständlich wie in Deutschland. Würde diese Untersuchung ausschließlich aus dem Blickwinkel des französischen Rechts vorgenommen, so wäre der vorliegende vierte Teil zum Streikrecht nicht notwendigerweise Bestandteil dieser Arbeit.

Während das das Recht zum Arbeitskampf in Deutschland Teil der kollektiven Koalitionsfreiheit der Gewerkschaften ist, gibt es in Frankreich ein von der Koalitionsfreiheit und dem Recht auf Kollektivverhandlungen unabhängiges Streikrecht[647] (§ 1.). Das Streikrecht und das Tarifvertragsrecht bestehen vielmehr nebeneinander, als dass sie verbunden sind.[648] Es stellt sich jedoch die Frage, ob und inwiefern dennoch eine praktische Verbindung zwischen Streik und Tarifvertrag besteht (§ 2.).

§ 1. Das Streikrecht – ein von der Koalitionsfreiheit und dem Recht auf Kollektivverhandlungen unabhängiges, verfassungsrechtlich garantiertes Grundrecht

Das Recht zum Streik wird in Frankreich von Abs. 7 Präambel der Verfassung von 1946 garantiert. Dort heißt es:

> *„Le droit de grève s'excerce dans le cadre des lois qui le réglementent."*[649]

Mit dieser Bestimmung wurde das Streikrecht in Frankreich 1946 zum ersten Mal nach einer langen Phase des Verbots und der Kriminalisierung von Streiks ausdrücklich anerkannt.[650] Auch wenn der Verfassungsrang einiger, in der Präambel von 1946 enthaltener Grundrechte, bis vor nicht allzu langer Zeit noch

---

647 *Morin*, S. 78.

648 *Souriac*, Dr. soc. 2001, 705 (705).

649 Das Streikrecht wird im Rahmen der es regulierenden Gesetze ausgeübt.

650 Zur Entwicklung bis zur Anerkennung des Streikrechts siehe z. B. *Terneyre*, in: *Conac/Prétot/Teboul*, Alinéa 7, S. 170–172.

umstritten war, haben die unterschiedlichen Gerichtsbarkeiten bereits seit Beginn der fünften französischen Republik das Streikrecht als ein Recht von Verfassungsrang anerkannt.[651] Das Streikrecht wird also nicht als Teil der kollektiven Koalitionsfreiheit oder des Rechts auf Kollektivverhandlungen, sondern vollkommen unabhängig davon garantiert und als subjektives Recht wahrgenommen.

Eine Legaldefinition des Begriffs Streik bzw. wann ein rechtmäßiger Streik vorliegt, gibt es nicht. Auch erfolgt im französischen Schrifttum und insbesondere in der Rechtsprechung im Gegensatz zu Deutschland regelmäßig keine klare Abgrenzung zwischen der Frage der Qualifikation einer Bewegung als Streik und der Frage der Rechtmäßigkeit eines Streiks. Es erscheint häufig fast willkürlich, wann der Begriff „grève licite“ (rechtmäßiger Streik) bzw. „grève illicite“ (unrechtmäßiger Streik) verwandt wird und wann vom Fehlen eines Streiks als solchem gesprochen wird.[652] Die Verwendung der Begrifflichkeiten kann nicht ohne weiteres verallgemeinert werden. Am gängigsten in Literatur und Rechtsprechung und am besten greifbar ist die Unterscheidung zwischen „exercice normal du droit de grève“ (B.) und „exercice anormal du droit de grève“ bzw. „abus du droit de grève“ (C.), also zwischen normalem (zulässigen) und anormalem bzw. rechtsmissbräuchlichem Gebrauch des Streikrechts. Aus diesem Grund wird diese Unterscheidung vorliegend für den Aufbau verwandt. Hierbei werden unter „exercice normal du droit de grève“ zusammenfassend solche Bewegungen erfasst, die den Streikbegriff erfüllen und rechtmäßig sind, während unter den „exercice anormal de grève“ grundsätzlich solche Streiks fallen, die zwar Streiks sind, die Grenzen des Streikrechts jedoch überschreiten. Schließlich ist noch auf die Verfahren zur Beendigung von Arbeitskämpfen einzugehen (D.).

Bevor im Folgenden nähere Ausführungen zu Inhalt und Umfang des Streikrechts und der Beendigung von Arbeitskämpfen erfolgen, gilt es zunächst, einige Worte über den Träger des Streikrechts zu verlieren (A.).

---

651 Cass. soc. 28.6.1951, Pélissier/Lyon-Caen/Jeammaud/Dockès, Nr. 182; C.C. 25.7.1979, déc. n° 79–105 DC, Pélissier/Lyon-Caen/Jeammaud/Dockès, Nr. 183; *Terneyre*, in: *Conac/Prétot/Teboul*, Alinéa 7, S. 172.

652 So auch *Pélissier/Lyon-Caen/Jeammaud/Dockès*, Nr. 182–198, obs. S. 862 unter konkreter Nennung zweier Beispiele: In der Entscheidung Nr. 191 hat der Cour de cassation die Entscheidung der Instanzgerichte gebilligt, nach der die Arbeitsniederlegung aufgrund des Fehlens einer beruflichen Forderung „nicht den Charakter eines rechtmäßigen Streikes“ hatte, während das Gericht in einem späteren Urteil in einem vergleichbaren Fall eine Aussage über die Qualifikation der Aktion trifft und urteilt, „die Arbeitsniederlegung stellt keine Ausübung des Streikrechts dar“.

A. Träger des Streikrechts

Im Gegensatz zu der Rechtslage in Deutschland steht das Streikrecht in Frankreich nicht den Gewerkschaften zu, sondern es ist ein kollektiv auszuübendes, individuelles Recht jedes einzelnen Arbeitnehmers.[653] Es steht dabei grundsätzlich auch Beamten zu.[654] Gesetzlich ausgenommen sind hiervon lediglich die republikanische Sicherheitsgarde (Gesetze vom 23.12.1947 und 28.9.1948), die Polizei (Gesetz vom 28.9.1948), das Personal des externen Dienstes der Strafvollzugsverwaltung (Rechtsverordnung vom 6.8.1958), Soldaten (Gesetz vom 13.7.1972), Richter (Art. 10 der Rechtsverordnung vom 22.12.1958), das Personal des Nachrichtendienstes des Innenministeriums (Art. 14 des Gesetzes vom 31.7.1968) und „Ingenieure der zivilen Luftfahrt" („ingénieurs des études et de l'exploitation de l'aviation civile") (Gesetz vom 17.6.1971).[655]

Rechtsträger des Streikrechts ist also der Arbeitnehmer und nicht die Gewerkschaft. Wie im folgenden zu sehen sein wird, beeinflusst diese Konzeption des Streikrechts maßgeblich dessen Ausgestaltung und bildet das Fundament eines, im Verhältnis zum deutschen Recht, grundlegend anderen Verständnisses des Streikrechts.

I. Grundsätzliche Zulässigkeit „wilder" Streiks

Eine Konsequenz aus der Trägerschaft des Streikrechts durch den einzelnen Arbeitnehmer ist die grundsätzliche Zulässigkeit „wilder" Streiks in Frankreich, d. h. nach deutschem Verständnis Arbeitskämpfe, die nicht von einer Gewerkschaft geführt werden. Zwar wird in der französischen Literatur teilweise bei nichtgewerkschaftlich organisierten Streiks auch von „wilden Streiks" gespro-

653 Chopin, S. 15; *Le Friant*, NZA-Beil. Heft 2/2006, 75 (76); *Jeammaud/Le Friant*, ArbuR 1994, 85 (86); *Lyon-Caen*, S. 338; *Morin*, S. 78; *Pélissier/Lyon-Caen/Jeammaud/Dockès*, Nr. 182–198, obs. S. 842/843; *Pélissier/Supiot/Jeammaud*, Rn. 1154.

654 *Pélissier/Supiot/Jeammaud*, Rn. 1160. Nach den Entscheidungen des EGMR vom 12.11.2008, 34503/97 (Demir u. Baykara/Türkei), NZA 2010, 1425 ff. sowie vom 21.4.2009, 68959/01 (Enerji Yapi-Yol Sen/Türkei), NZA 2010. 1423 ff. ist auch in Deutschland das Streikverbot für Beamte, zumindest soweit diese nicht im Kernbereich staatlicher Eingriffsverwaltung tätig sind, zum Gegenstand einer Diskussion in der Rechtsprechung und Literatur geworden. Siehe hierzu z. B. OVG Lüneburg 12.6.2012, 20 BD 7/11, BeckRS 2012, 51816; OVG Münster 7.3.2012, 3d A 317/11.O, BeckRS 2012, 48074; VG Osnabrück 19.8.2011, 9 A 1/11, BeckRS 2011, 53771; VG Kassel 27.7.2011, 28 K 1208/10.KS.D., BeckRS 2011, 53791; VG Düsseldorf 15.12.2010, 31 K 3904/10.O, 31 K 3904/10, BeckRS 2010, 56864; Polakiewicz/Kessler, NVwZ 2012, 841 ff. oder Schlachter, RdA 2011, 341 ff.

655 Vgl. *Le Friant*, NZA-Beil. Heft 2/2006, 75 (76), sowie *Pélissier/Supiot/Jeammaud*, Rn. 1160.

chen[656], damit wird jedoch keine Aussage über Zulässigkeit oder Unzulässigkeit solcher Streiks getroffen. Der Begriff des „wilden" Streiks ist hier also eigentlich verfehlt,[657] soll im Folgenden jedoch trotzdem im vorstehend erläuterten deutschen Wortsinn gebraucht werden. Weiterhin erfordert die Ausübung des Streikrechts konsequenterweise keinen Streikaufruf durch eine Gewerkschaft.[658]

Etwas anderes gilt lediglich im öffentlichen Dienst. Hier hat der Gesetzgeber den repräsentativen Gewerkschaften das Monopol zur Auslösung eines Streiks zugesprochen.[659] „Wilde" Streiks sind hier also ausnahmsweise unzulässig. Das ändert aber nichts an der Rechtsträgerschaft des Streikrechts. Diese verbleibt beim Arbeitnehmer.

Auch wenn in der jüngeren Vergangenheit in der Privatwirtschaft nicht gewerkschaftlich organisierte Streiks zugenommen haben[660], so erfolgt in der Praxis der Aufruf zum Streik, die Organisation, die Formulierung der Forderungen und auch die Beendigungserklärung oftmals durch Gewerkschaften.[661]

II. Keine Friedenspflicht

Das Bestehen einer absoluten Friedenspflicht, d. h. eines absoluten Streikverbots der Tarifparteien während der Laufzeit eines Tarifvertrages unabhängig davon, ob es sich bei den Streikforderungen um bereits tariflich geregelte Gegenstände handelt oder nicht, wird in Frankreich wie in Deutschland[662] allgemein abgelehnt.[663]

Seit langem ist in der rechtswissenschaftlichen Literatur in Frankreich dagegen die Frage umstritten, ob der Tarifabschluss für die Tarifparteien eine

656 Z. B.: *Pélissier/Lyon-Caen/Jeammaud/Dockès*, Nr. 182–198, obs. S. 867.

657 So z. B. auch *Lyon-Caen*, S. 337 (338), der sagt, dass die Tatsache, dass das Streikrecht ein individuelles Recht der Arbeitnehner darstellt das juristische Grundkonzept des „wilden Streiks" ausschließt.

658 Cass. soc. 19.2.1981, n° 79–41.281: „ […] un arrêt de travail ne perd pas le caractère de grève licite du fait qu'il n'a pas été déclenché à l'appel d'un sydicat […]."; *Le Friant*, NZA-Beil. Heft 2/2006, 75 (76).

659 Art. L. 2512–2 C. trav.; siehe hierzu auch im Anschluss unter B. I. 1. dieses Paragraphen.

660 *Waquet*, RJS 3/95, 139 (141).

661 *Favennec-Héry/Verkindt*, S. 83; *Pélissier/Supiot/Jeammaud*, Rn. 843.

662 Stellvertretend für viele z. B. Wiedemann/*Thüsing*, § 1 TVG, Rn. 884; *Löwisch/Rieble*, § 1 TVG, Rn. 376 ff.; Däubler/*Reim*, § 1 TVG, Rn. 1004. Die Möglichkeit der Vereinbarung einer absoluten Friedenspflicht durch die Tarifparteien bleibt davon unberührt.

663 *Krieger*, S. 172 m. w. N.; *Morin*, S. 492/493; *Pélissier/Lyon-Caen/Jeammaud/Dockès*, Nr. 182–198, obs. S. 870.

relative Friedenspflicht nach sich zieht.[664] Der Begriff „Friedenspflicht" meint im Folgenden also stets die relative Friedenspflicht.

Grundlage dieser Diskussion ist insbesondere Art. L. 2262–4 C. trav. (Art. L-135–3 C. trav. a.F.):

> *„Les organisations de salariés et les organisations ou groupements d'employeurs, ou les employeurs pris individuellement, liés par une convention ou un accord, sont tenus de ne rien faire qui soit de nature à en compromettre l'exécution loyale. Ils ne sont garant de cette exécution que dans la mesure déterminée par la convention ou l'accord."*[665]

In erster Linie enthält diese Bestimmung eine Durchführungspflicht für die Tarifparteien, also die Pflicht, ihren im Tarifvertrag vereinbarten gegenseitigen Pflichten nachzukommen.[666] Zudem lässt der Wortlaut der Vorschrift die Ableitung einer Friedenspflicht grundsätzlich zu. Jedoch enthält der soeben zitierte Art. L. 2262–4 C. trav. eine entscheidene Einschränkung.

Würde Art. L. 2262–4 C. trav. eine Friedenspflicht normieren, würde diese ausschließlich für die unterzeichnenden Gewerkschaften gelten, jedoch grundsätzlich nicht für ihre Mitglieder.[667] Die tarifvertragliche Einführung einer Garantenstellung nach Satz 2 der Norm wird als eine Behinderung des Streikrechts abgelehnt[668] und ist in der Praxis nicht existent[669]. Insofern unterscheiden sich die französische und die deutsche Rechtslage nicht. Auch in Deutschland wird eine Bindung der Arbeitnehmer an die relative Friedenspflicht – wäre sie doch nichts als ein unzulässiger Vertrag zu Lasten Dritter – abgelehnt.

Wieso bedeutet die fehlende Ausdehnung einer potentiellen Friedenspflicht auf die Arbeitnehmer in Frankreich jedoch eine entscheidende Einschränkung derselben? Wie soeben gesehen, sind „wilde" Streiks in Frankreich grundsätzlich zulässig. Ungeachtet einer potentiellen Friedenspflicht für die tarifschließenden Gewerkschaften, können die Arbeitnehmer daher zulässigerweise jederzeit streiken. Die Tatsache, dass auch eine potentiell bestehende Friedenspflicht „wilde" Streiks nicht verbieten kann, trägt also bereits zu einem großen Teil dazu bei,

---

664 Siehe für eine ausführliche Darstellung des Meinungsstandes: *Krieger*, S. 174 ff; zudem aktueller, die Abwesenheit einer Friedenspflicht zumeist ohne Diskussion feststellend: *Jeammaud/Le Friant*, ArbuR 1994, 85 (86); *Morin*, S. 493; *Pélissier/Lyon-Caen/Jeammaud/Dockès*, Nr. 182–198, obs. S. 870; *Zumfelde/Hunout/Kißler/Steinmeyer*, ZIAS 1995, 1 (7).

665 Die durch einen Tarifvertrag gebundenen Gewerkschaften sowie die Arbeitgeberverbände oder die einzelnen Arbeitgeber sind gehalten alles zu unterlassen, dass seinem Wesen nach dazu geeignet ist, die redliche Vertragsdurchführung zu behindern. Sie sind nur insoweit Garant für diese Ausführung, wie es der Tarifvertrag bestimmt.

666 *Pélissier/Supiot/Jeammaud*, Rn. 1075.

667 *Morin*, S. 492/493.

668 *Sinay/Javillier*, S. 250.

669 *Chauchard*, Rn. 128; *Sinay/Javillier*, S. 250.

dass in Frankreich, ungeachtet aller rechtstheoretischen Diskussionen zumindest faktisch eine Friedenspflicht nicht besteht.

Überdies wird selbst von den Befürwortern einer Friedenspflicht in der rechtswissenschaftlichen Literatur, die Möglichkeit „wilder" Streiks nicht in Frage gestellt. Die Debatte beschäftigt sich ausschließlich mit der Frage, ob ein *gewerkschaftlicher* Arbeitskampf gegen einen noch laufenden befristeten oder unbefristeten Tarifvertrag zulässig ist oder ob eine Friedenspflicht dem entgegensteht.[670]

Der grundsätzliche Ausschluss einer Auswirkung, der in Art. L. 2262–4 C. trav. normierten Verpflichtung der Tarifparteien ist dabei im Hinblick auf das französische Konzept des Streikrechts als individuelles, von der Koalitionsfreiheit und dem Recht auf Kollektivverhandlungen unabhängiges, Recht der Arbeitnehmer, nur konsequent. Während das Recht zur kollektiven Bestimmung der Arbeitsbedingungen mittels Tarifverträgen durch die Gewerkschaften als Vertreter der Arbeitnehmerschaft wahrgenommen wird und diese somit Regelungen mit Wirkung für die vertretenen Arbeitnehmer schließen dürfen[671], besteht eine solche Vertretung im Hinblick auf das Streikrecht nicht.

Die Stimmen aus dem Schrifttum, die das Bestehen einer Friedenspflicht ablehnen, sehen in der Unabhängigkeit des Streikrechts vom Tarifvertragsrecht einen fundamentalen Grund für das Nichtbestehen einer solchen Pflicht.[672]

Dafür, dass in Frankreich keine Friedenspflicht besteht, spricht, neben der in jedem Fall unumstrittenen Zulässigkeit „wilder" Streiks, zusätzlich ein praktisches Argument.

Selbst im Fall des Bestehens einer Friedenspflicht der Gewerkschaften würde eine solche Friedenspflicht nur Wirkung für die unterzeichnende Gewerkschaft entfalten, nicht aber für andere Gewerkschaften. Dies ist auch in Deutschland nicht anders.[673] In Anbetracht des in Frankreich bestehenden Gewerkschaftspluralismus, würde das Bestehen einer Friedenspflicht jedoch mitnichten einen effektiven sozialen Frieden im Geltungsbereich des betroffenen Tarifvertrages nach sich ziehen.[674] In Deutschland bestand dieses Problem angesichts einer Monopolstellung der DGB-Gewerkschaften und der Geltung des Grundsatzes der Tarifeinheit im Betrieb[675] lange Zeit nicht. Auch heute besteht in Deutsch-

670 *Krieger*, S. 173 ff.

671 Siehe hierzu oben in der Einleitung zu Teil 2 § 2 B. Zum verfassungsrechtlichen Hintergrund siehe Teil 1 § 2 B. II.

672 *Morin*, S. 493: „L'absence de clause de paix inhérante à la convention collective est, en réalité, la conséquence nécessaire de l'indépendance du droit de grève et du droit à la négociation."; *Pélissier/Lyon-Caen/Jeammaud/Dockès*, Nr. 182–198, obs. S. 870.

673 Siehe z. B. Wiedemann/*Thüsing*, § 1 TVG, Rn. 875 oder *Löwisch/Rieble*, § 1 TVG, Rn. 377.

674 So auch: *Chauchard*, Rn. 128.

675 Zum Grundsatz der Tarifeinheit im Betrieb siehe Teil 3 § 2. B.

land noch kein dem französischen vergleichbarer Gewerkschaftspluralismus. Allerdings hat sich ein zunehmender Wettbewerb zwischen den DGB-Gewerkschaften und insbesondere „schlagkräftigen" autonomen Spezialisten- und Spartengewerkschaften wie dem Marburger Bund, der Pilotengewerkschaft VC, der Flugbegleitergewerkschaft UFO oder der Lokführergewerkschaft GDL etabliert. In Zusammenhang mit der Aufgabe des Grundsatzes der Tarifeinheit im Betrieb[676] besteht nun auch in Deutschland die Befürchtung vermehrter Arbeitskämpfe und einer damit schwindenden Effektivität der Friedenspflicht.[677]

Schließlich ignorieren die Gerichte in Frankreich den Art. L. 2262–4 C. trav. im Zusammenhang mit dem Bestehen einer potentiellen Friedenspflicht vollkommen. Es gibt soweit ersichtlich, seit seiner Einführung im Jahre 1919, kein Urteil das sich mit der Bedeutung des Art. L. 2262–4 C. trav. im Hinblick auf eine Friedenspflicht der Tarifparteien beschäftigt.

Die Auseinandersetzungen in der Literatur über die Frage des Bestehens einer Friedenspflicht während der Laufzeit eines Tarifvertrages für gewerkschaftlich geführte Streiks über tariflich bereits geregelte Gegenstände, bleibt also eine bloße Auseinandersetzung im Schrifttum. Auswirkungen auf die Praxis sind nicht erkennbar. Im Ergebnis besteht in Frankreich daher keine Friedenspflicht.

III. Kein Prinzip der Arbeitskampfparität

Eine weitere Konsequenz der Konzeption des französischen Streikrechts, als ein von der Koalitionsfreiheit unabhängiges Recht der Arbeitnehmer, ist das Fehlen des Prinzips der Arbeitskampfparität. Das Streikrecht des Abs. 7 Präambel der Verfassung von 1946 beinhaltet allein das Recht zum Streik der Arbeitnehmer, nicht jedoch ein allgemeines Recht zum Arbeitskampf. Das Streikrecht kennt in Abs. 7 Präambel der Verfassung von 1946 und auch an anderer Stelle kein paralleles Recht der Arbeitgeber. Es ist ein einseitiges und insbesondere unabhängiges Recht der Arbeitnehmer, kein Teil der im Rahmen der kollektiven Koalitionsfreiheit gewährten Betätigungsgarantie. Die Aussperrung, im französischen nach dem englischen Begriff „lock-out" genannt, als Gegenstück zum Streik, ist in Frankreich zwar bekannt, entbehrt jedoch einer rechtlichen Grundlage[678]. Es ist also kein zum Streikrecht der Arbeitnehmer gleichberechtigtes Recht der Arbeit-

676 Siehe hierzu Teil 3 § 2. B.

677 *Willemsen/Mehrens*, NZA 2010, 1313 (1319/1320); *Steinau-Steinrück/Brugger*, NZA-Beil. Heft 3/2010, 127 (131 ff.); *Meik*, NZA-Beil. Heft 3/2010, 116 ff.; *Fritz/Meyer*, NZA-Beil. Heft 3/2010, 111 (113 ff.); *Franzen*, RdA 2008, 193 (200/201).

678 *Teyssié*, S. 703.

geber und seine Zulässigkeit ist umstritten.[679] Dem französischen Recht ist die Idee des deutschen Prinzips der Arbeitskampfparität unbekannt.[680]

B. Exercice normal du droit de grève – normaler Gebrauch des Streikrechts

Nachdem nun geklärt ist, wer in Frankreich Träger des Streikrechts ist, gilt es im Folgenden näher auf den Inhalt des französischen Streikrechts einzugehen.

Im Allgemeinen gibt es im Bereich des Streikrechts – sehr untypisch für das französische Arbeitsrecht – sehr wenig gesetzliche Regelungen. Hinsichtlich des Streikrechts im privaten, im Gegensatz zum öffentlichen Sektor, gibt es sogar so gut wie keine gesetzlichen Regelungen. Das Streikrecht ist also wie in Deutschland weitestgehend Richterrecht und wird vom Cour de cassation regelmäßig direkt aus Art. 7 Präambel der Verfassung von 1946 abgeleitet.

Nach allgemeiner Ansicht in Rechtsprechung und Schrifttum, wird der Streik als konzertierte und kollektive Arbeitsniederlegung (I.) zur Unterstützung beruflicher Forderungen (II.) definiert.[681]

I. Eine konzertierte und kollektive Arbeitsniederlegung

Erste Voraussetzung des Streikbegriffs ist das Vorliegen einer Arbeitsniederlegung. Ein verfassungsrechtlich geschützter Streik liegt danach nur dann vor, wenn die Arbeit komplett niedergelegt wird. Eine Erfüllung des Streikbegriffs lehnt der Cour de cassation in dem Fall ab, dass die Arbeit verlangsamt oder unter willentlich fehlerhaften Bedingungen ausgeführt wird.[682] Damit fallen auch in Frankreich weder der Dienst nach Vorschrift („grève du zèle") noch der Bummelstreik („grève perlée") unter den Streikbegriff.[683]

Zudem muss die Arbeitsniederlegung kollektiv sein, d. h. eine Arbeitsniederlegung durch nur einen Arbeitnehmer ist grundsätzlich nicht als Streik zu qualifizieren. Derjenige, der sich alleine entscheidet seine Arbeit niederzulegen,

---

679 Ausführlich zum „lock-out" z. B. *Teyssié*, S. 701 ff.

680 *Jeammaud/Le Friant*, ArbuR 1994, 85 (86); *Krieger*, S. 41; *Lyon-Caen*, S. 339; *Morin*, S. 79; *Souriac*, Dr. soc. 2001, 705 (706).

681 Cass. soc. 23.10.2007, n° 06–17.802; Cass. soc. 18.1.1995, Dr. soc. 1995, 186; *Le Friant*, NZA-Beil. Heft 2/2006, 75 (75); *Sinay*, S. 133; *Terneyre*, in: *Conac/Prétot/Teboul*, Alinéa 7, S. 169; *Teyssié*, S. 620.

682 Cass. soc. 5.3.1953, Pélissier/Lyon-Caen/Jeammaud/Dockès, Nr. 185, Dr. soc. 1953, 226.

683 *Teyssié*, S. 621; *Waquet*, RJS 3/95, 139 (140).

wird nicht durch das Streikrecht geschützt.[684] Ein einzelner Arbeitnehmer kann sich allerdings einem nationalen Streikaufruf anschließen und sich dabei auf das Streikrecht berufen.[685] Ein Mehrheitserfordernis besteht im Hinblick auf die an einem Streik beteiligten Arbeitnehmer nicht. Nach der Rechtsprechung des Cour de cassation verliert eine Arbeitsniederlegung ihren Streikcharakter nicht einzig aufgrund der Tatsache, dass er nicht von der Mehrheit der Beschäftigten durchgeführt wird.[686] Es genügt, dass mehrere Beschäftigte zur selben Zeit die Arbeit niederlegen.[687] Das subjektive Merkmal der konzertierten Arbeitsniederlegung, d. h. die gemeinsame Streikwilligkeit der Arbeitnehmer, manifestiert sich regelmäßig bereits in der Arbeitsniederlegung und ist deshalb in aller Regel unproblematisch.[688] Aus diesem Grund soll hierauf nicht näher eingegangen werden.

1. Voraussetzungen für den Streikbeginn

Der Zeitpunkt des Streikbeginns ist grundsätzlich unerheblich. Er kann vollkommen unerwartet sein[689], sogenannter „grève surprise".[690] So setzt die Ausübung des Streikrechts weder das Abwarten eines Schlichtungsverfahrens noch einer Urabstimmung voraus und grundsätzlich auch keine Streikankündigung.[691] Das Fehlen einer Urabstimmung als Voraussetzung für einen Streikbeginn ist vor dem Hintergrund, dass nicht die Gewerkschaften, sondern die Arbeitnehmer Träger des Streikrechts sind, konsequent.

Weiterhin müssen die Streikenden nicht die Ablehnung der Forderungen durch den Arbeitgeber abwarten.[692] Die Rechtsprechung verlangt heute ausschließlich, dass die Forderung dem Arbeitgeber vor der Arbeitsniederlegung zugetragen

---

684 Cass. soc. 29.3.1995, RJS 5/95, n° 553; CA Nancy 13.5. 2003, RJS 12/03 n° 1429; vgl. Pélissier/Supiot/Jeammaud, Rn. 1167 .

685 Cass. soc. 29.3.1995, RJS 5/95, n° 553; Cass. soc. 29.5.1979, Pélissier/Lyon-Caen/Jeammaud/Dockès, Nr. 190; *Le Friant*, NZA-Beil. Heft 2/2006, 75 (76).

686 Cass.soc. 3.10.1963, Pélissier/Lyon-Caen/Jeammaud/Dockès, Nr. 188; Cass. soc. 21.6.1967, D. 1967, 753.

687 Cass. soc. 21.6.1967, D. 1967, 753; CA Nancy 13.5.2003, RJS 12/03 n° 1429; vgl. *Pélissier/Supiot/Jeammaud*, Rn. 1167.

688 *Sinay/Javillier*, S. 165.

689 Cass. soc. 13.11.1980, Bull. civ. V, n° 251; Cass. soc. 20.1.1956, Bull. civ. IV, n° 71.

690 Vgl. *Pélissier/Lyon-Caen/Jeammaud/Dockès*, Nr. 182–198, obs. S. 863.

691 Cass. soc. 13.11.1980, Bull. civ. V, n° 251; Cass. soc. 29.5.1979, Pélissier/Lyon-Caen/Jeammaud/Dockès, Nr. 190; Cass. soc. 5.10. 1960, Bull. civ. IV, n° 819; vgl. *Pélissier/Lyon-Caen/Jeammaud/Dockès*, Nr. 182–198, obs. S. 863; *Le Friant*, NZA-Beil. Heft 2/2006, 75 (76); *Pélissier/Supiot/Jeammaud*, Rn. 1164.

692 Cass. soc. 20.5.1992, Pélissier/Lyon-Caen/Jeammaud/Dockès, Nr. 184: „[...] que le rejet préalable des revendications des salariés n'est pas une condition d'exercice du droit de grève [...]"; Ebenso bereits Cass. soc. 11.7.1989, Dr. soc. 1989, 718.

wurde.[693] Das Ultima-Ratio-Prinzip ist dem französischen Recht unbekannt.[694] Auf welchem Wege der Arbeitgeber von den Forderungen in Kenntnis gesetzt wird ist grundsätzlich unerheblich. Es ist ausreichend, dass er informiert wurde, unabhängig von den genauen Modalitäten dieser Information.[695]

Besondere Bestimmungen gelten hingegen für den Streik im öffentlichen Dienst. So verlangt Art. L. 2512–2 C. trav. vor Streikbeginn eine Streikankündigung und verbietet damit den „grève surprise". Die gesetzliche Ankündigungsfrist durch eine auf nationaler Ebene repräsentative Gewerkschaft beträgt dabei fünf Tage und muss das Motiv, den Ort, die beginnende Uhrzeit[696] und die Dauer, d. h. befristet oder unbefristet, des anvisierten Streiks enthalten. Während der Ankündigungsfrist sind die betroffenen Parteien „gehalten zu verhandeln" („tenues de négocier"). Die gesetzliche Verpflichtung zur Streikankündigung durch eine Gewerkschaft führt jedoch nicht zu einer Verpflichtung der Arbeitnehmer, dem Arbeitgeber ihre Streikwilligkeit vor dem Ausbruch des Streiks anzuzeigen.[697] Ebenso betont die Rechtsprechung, dass das Streikrecht auch im Fall einer gesetzlichen Verpflichtung zur Streikankündigung durch eine Gewerkschaft, das alleinige Recht der einzelnen Arbeitnehmer bleibt und diese die Arbeit nicht während der gesamten Zeit, für die der Streik angekündigt wurde, niederlegen müssen.[698] Trotz Verpflichtung der Gewerkschaften zur Ankündigung der genauen Modalitäten eines Streiks durch Angabe des Anfangs- und Endzeitpunkts, verbleibt den Arbeitnehmern innerhalb dessen also eine gewisse Autonomie ihres Handelns. Von Seiten der Arbeitgeber wird diese Rechtsprechung stark kritisiert.[699]

2. *Voraussetzungen für die Dauer und das Ausmaß des Streiks*

Wie auch in Deutschland muss der Streik nicht alle Betriebe, alle Abteilungen oder alle Berufsgruppen eines Unternehmens erfassen, sondern kann auf eine dieser Gruppen beschränkt sein.[700] An der Rechtmäßigkeit solcher Streiks ändert auch die Tatsache nichts, dass hierdurch andere Betriebe oder Abteilungen in ihrer Tätigkeit gestört werden können, sogenannter Schwerpunktstreik („grève bouchon").[701]

---

693 Cass. soc. 28.2.2007, n° 06–40.944; Cass. soc. 20.5.1992, Dr. soc. 1992, 717, Pélissier/Lyon-Caen/Jeammaud/Dockès, Nr. 184; Cass. soc. 11.7.1989, Dr. soc. 1989, 718.

694 *Jeammaud/Le Friant*, ArbuR 1994, 85 (90); *Pélissier/Supiot/Jeammaud*, Rn. 1164.

695 Cass. soc. 28.2.2007, JCP S 2007, n° 1425.

696 Cass. soc. 12.1.1999, Bull. civ. V, n° 6; CA Paris 13.9.2000, RJS 1/01, n° 152.

697 Ass. plén. 23.6.2006, JCP S 2006, n° 1843.

698 Cass. soc. 12.1.1999, Bull. civ. V, n° 6.

699 *Chopin*, S. 17.

700 *Lyon-Caen*, S. 337 (340); *Pélissier/Supiot/Jeammaud*, Rn. 1167.

701 *Pélissier/Lyon-Caen/Jeammaud/Dockès*, Nr. 182–198, obs. S. 868; *Lyon-Caen*, S. 337 (340); *Pélissier/Supiot/Jeammaud*, Rn. 1167.

Zudem muss ein Streik nicht alle Arbeitnehmer im Unternehmen gleichzeitig erfassen, sondern kann zulässigerweise aufeinanderfolgend eine Arbeitnehmergruppe, dann eine andere oder einzelne Abteilungen nacheinander erfassen, sogenannter „grève tournante", in Deutschland wohl als „Wellenstreik" zu bezeichnen[702].[703]

Etwas anderes gilt wiederum im öffentlichen Dienst. Hier verbietet Art. L. 2512–3 C. trav. eine zeitlich abweichende Arbeitsniederlegung und -wiederaufnahme der Beschäftigten innerhalb eines Betriebes oder einer Dienststelle, sowie innerhalb eines Unternehmens oder einer Verwaltungsstelle. Ein Wellenstreik im öffentlichen Dienst ist also verboten.

Weiterhin spielt die Dauer der Arbeitsniederlegung keine Rolle.[704] Die Arbeit kann sowohl unbefristet bis zur Erfüllung der Forderungen nieder gelegt werden, als auch befristet. Dabei können die Arbeitsniederlegungen auch jeweils nur sehr kurz sein und wiederholt ausgeführt werden, soweit jede der Arbeitsniederlegungen einen rechtmäßigen Streik darstellt.[705] Die Grenze zur Qualifikation durch die Rechtsprechung als Bummelstreik bzw. Dienst nach Vorschrift, welche nicht den Streikbegriff erfüllen, kann bei dieser Art des Streiks jedoch fließend sein.[706]

II. Zulässiges Streikziel: Die Unterstützung einer beruflichen Forderung

Zulässiges Streikziel ist jede berufliche Forderung.[707] Ein Streik muss also nicht auf den Abschluss eines Tarifvertrages abzielen.

Der Begriff der beruflichen Forderung („revendication professionnelle") wird dabei weit ausgelegt.[708] Es kann sich dabei z.B. sowohl um die Forderung nach Lohnerhöhung, einer Reduzierung der Arbeitszeit oder um die Verhinderung von Massenentlassungen handeln[709], als auch um die Einforderung der Einhaltung der

702 *Preis*, S. 308.

703 Cass. soc. 22.1.1981, n° 79–16.977; Cass. soc. 14.1.1960, Dr. soc. 1960, 491; *Lyon-Caen*, S. 337 (341).

704 Cass.soc. 6.11.1958, Dr. soc. 1959, 291; Cass. soc. 13.6.1957, D. 1957, 578; *Sinay/Javillier*, S. 159.

705 Cass. soc. 7.4.1993, Dr. soc. 1993, 607; Cass. soc. 10.7.1991, Dr. soc. 1991, 743; Cass. soc. 18.4.1963, Pélissier/Lyon-Caen/Jeammaud/Dockès, Nr. 187: „Attendu qu'en absence de tout texte légale ou réglementaire précisant les formes que doivent revêtir les arrêts de travail pour constituer la grève, la répétition d'interruption de travail ayant chacun le charactère d'une grève licite ne peut être considéré, en principe, comme un abus du droit de grève;".

706 Näher hierzu: *Pélissier/Lyon-Caen/Jeammaud/Dockès*, Nr. 182–198, obs. S. 865/866.

707 Cass. soc. 18.6.1996, Pélissier/Lyon-Caen/Jeammaud/Dockès, Nr. 195; *Pélissier/Supiot/Jeammaud*, Rn. 1170.

708 So auch: *Waquet*, RJS 3/95, 139 (141).

709 Cass. soc. 24.2.1974, Bull. civ. V, n° 140; Cass. soc. 22.11.1995, Bull. civ. V, n° 307.

Verpflichtung zur regelmäßigen Lohnzahlung durch den Arbeitgeber[710], die Aufgabe eines Plans zur Umstrukturierung des Unternehmens[711], die Aufforderung zur Erläuterung der neuen Geschäftspolitik[712] oder um den Widerstand gegen die Entlassung eines Personalvertreters[713].[714]

Eine feststehende Definition des Begriffs der „beruflichen Forderung" gibt es nicht. Der Cour de cassation hat z. B. in einem Urteil, in dem ein Arbeitnehmer an einem nationalen Streik gegen einen Wirtschafts- und Sozialplan der Regierung zur Stabilisierung der Währung („Plan Barre") teilgenommen hatte, aus dem Grund das Vorliegen einer beruflichen Forderung bejaht, dass diese *„die Ablehnung einer Blockade der Löhne, die Verteidigung des Arbeitsplatzes und die Verringerung der Arbeitszeit beinhalte"* und damit *„direkt mit der täglichen Beschäftigung der Arbeitnehmer in ihrem Unternehmen zusammenhängende Forderungen"*.[715] Man könnte also den Begriff der beruflichen Forderung als „direkt mit der täglichen Beschäftigung der Arbeitnehmer in ihrem Unternehmen zusammenhängenden Forderungen" definieren. Wie an dem vorangehenden Beispiel zu erkennen ist, erleichtert diese Definition aufgrund der sehr weiten Auslegung jedoch nicht die positive Bestimmbarkeit zulässiger Streikziele.

Weit ausgelegt wird auch der Forderungsbegriff als solcher. So wird auch bei einem Proteststreik das Vorliegen einer Forderung bejaht.[716]

Weitere Voraussetzungen an die Forderung, außer dass es sich um eine berufliche Forderung handeln muss, bestehen nicht.

Wie voranstehend bereits erläutert, existiert in Frankreich keine Friedenspflicht.[717] So können die Forderungen bereits Gegenstand einer tariflichen Regelung sein, wie z. B. eine Forderung nach Lohnerhöhungen während der laufenden Geltung eines Lohntarifvertrages.[718] Ein Streik kann zudem vollkommen losgelöst von der Erneuerung eines Tarifvertrages auftreten.[719] Überdies ist es nicht notwendig, dass der Streik nicht auf rechtlichem Wege geklärt werden kann.[720]

---

710 Cass. soc. 14.3.1979, n° 76–41.143.

711 Cass. soc. 20.5.1992, Pélissier/Lyon-Caen/Jeammaud/Dockès, Nr. 184.

712 Cass. soc. 2.6.1992, Bull. civ. V, n° 355.

713 Cass. soc. 13.11. 1954, Dr. soc. 1955, 163.

714 Vgl. *Pélissier/Lyon-Caen/Jeammaud/Dockès*, Nr. 182–198, obs. S. 870; *Pélissier/Supiot/Jeammaud*, Rn. 1170.

715 Cass. soc. 29.5.1979, Pélissier/Lyon-Caen/Jeammaud/Dockès, Nr. 190.

716 *Teyssié*, S. 626.

717 Siehe hierzu A. II dieses Paragraphen.

718 Cass. soc. 21.5.1959, Dr. soc. 1959, 485; *Jeammaud/Le Friant*, ArbuR 1994, 85 (86); *Pélissier/Lyon-Caen/Jeammaud/Dockès*, Nr. 182–198, obs. S. 870.

719 Cass. soc. 21.5.1959, Dr. soc. 1959, 485; *Pélissier/Supiot/Jeammaud*, Rn. 1172.

720 *Pélissier/Supiot/Jeammaud*, Rn. 1172.

Im Hinblick auf den Forderungsinhalt sind die Gerichte nicht befugt die Zweckmäßigkeit oder Vernünftigkeit derselben zu überprüfen, solange es sich um nur eine berufliche Forderung handelt.[721]

1. Forderungsgegner

Seit den 1970er Jahren ist es zudem nicht mehr erforderlich, dass sich die Forderung gegen den Arbeitgeber richtet, sondern sie kann sich auch gegen die Arbeitgeber einer ganzen Branche, die Gesamtheit der Arbeitgeber oder die öffentliche Hand richten.[722] Entscheidend ist seitdem einzig, dass es sich um eine berufliche Forderung handelt. Die Erfüllbarkeit durch den Arbeitgeber spielt dabei keine Rolle mehr.[723] So ist auch der Generalstreik erlaubt.[724] Der Cour de cassation hat z. B. die Teilnahme an einem nationalen Protest für die Löhne und Renten oder gegen einen Wirtschafts- und Sozialplan der Regierung zur Stabilisierung der Währung („Plan Barre") als eine Form der Ausübung des Streikrechts anerkannt.[725] Die Forderung muss also nicht zwangsläufig das Unternehmen betreffen.

2. Forderungsgläubiger: Zulässigkeit von Solidaritäts- bzw. Sympathiestreiks?

Es stellt sich weiterhin die Frage, ob die berufliche Forderung eigene Ziele der streikenden Arbeitnehmer beinhalten muss oder ob hierdurch auch die Interessen anderer Arbeitnehmer verteidigt werden dürfen, sogenannte Solidaritäts- bzw. Sympathiestreiks („grève de solidarité").

---

721 Cass. soc. 19.10.1994, Bull. civ. V, n° 281; Cass. soc. 2.6.1992, Pélissier/Lyon-Caen/Jeammaud/Dockès, Nr. 193: „Attendu que si la grève suppose l'existence de revendications de nature professionnelle, le juge ne peut, sans porter atteinte au libre exercice d'un droit constitutionnellement reconnu, substituer son appréciation à celle des grévistes sur la légitimité ou le bien-fondé de ces revendications;".

722 Cass. soc. 23.10.2007, n° 06–17.802; Cass.soc. 15.2.2006, JCP S 2006, n° 1364 , note Raymonde Vatinet; Cass. soc. 29.5.1979, Bull. civ. V, n° 464, Pélissier/Lyon-Caen/Jeammaud/Dockès, Nr. 190; Cass. soc. 30.3.1971, Bull. civ. V, n° 265; *Pélissier/Lyon-Caen/Jeammaud/Dockès*, Nr. 182–198, obs. S. 872; zuvor definierte der Cour de cassation den Streik dagegen als konzertierte Arbeitsniederlegung mit dem Ziel der Unterstützung beruflicher Forderungen, deren Erfüllung der Arbeitgeber verweigert hat, Cass. soc. 23.1.1969, Bull. civ. IV, n° 50.

723 Cass. soc. 23.10.2007, n° 06–17.802; Cass. soc. 15.2.2006, JCP S, n° 1364, note Raymonde Vatinet; Cass. soc. 29.5.1979, Pélissier/Lyon-Caen/Jeammaud/Dockès, Nr. 190.

724 Cass. soc. 30.3.1971, Bull. civ. V, n° 265; Cass. crim. 12.1.1971, D. 1971, 129; *Pélissier/Supiot/Jeammaud,* Rn. 1170.

725 Cass.soc. 15.2.2006, JCP S 2006, n° 1364 (Unterstützung eines nationalen Protests gegen ein Rentenreformprojekt der Regierung); Cass. soc. 29.5.1979, Pélissier/Lyon-Caen/Jeammaud/Dockès, Nr. 190 (nationaler Protesttag gegen den „Plan Barre").

Der reine Solidaritätsstreik, d. h. der Fall, dass das Streikziel einzig und ausschließlich die Verteidigung der Interessen eines oder mehrerer anderer Arbeitnehmer betrifft, ist in Frankreich nicht vom Streikrecht gedeckt.[726] Dies ist insofern konsequent, als dass das Streikrecht ein Recht jedes einzelnen Arbeitnehmers ist, der mit seiner Arbeitsniederlegung folglich den Streikbegriff erfüllen muss. Bei einem reinen Solidaritäts- bzw. Sympathiestreik liegt bei den betroffenen Arbeitnehmern individuell betrachtet jedoch keine beruflichen Forderung vor. Die französische Rechtsprechung ist in dieser Frage also ausnahmsweise einmal restriktiver als die deutsche, änderte letztere doch 2007 ihre Rechtsprechung zum Unterstützungskampf und erachtet diesen nun grundsätzlich für zulässig[727].

In Frankreich wird regelmäßig zwischen internen Sympathiestreiks, d. h. innerhalb eines Unternehmens und externen Sympathiestreiks, d. h. mit Arbeitnehmern anderer Unternehmen, unterschieden.[728] Die Unzulässigkeit von reinen Solidaritäts- bzw. Sympathiestreiks gilt sowohl für externe[729] als auch für interne Solidaritätsstreiks. Bei internen Solidaritätsstreiks gilt dies insbesondere für den Fall, dass ein Streik sich einzig und allein gegen die Entlassung eines Arbeitnehmers richtet.[730]

Vertritt ein Arbeitnehmer im Rahmen eines Streiks neben den Interessen eines anderen Arbeitnehmers dagegen im weitesten Sinne zumindest auch eigene bzw. gemeinsame Interessen, ist der Streik zulässig.[731] So hat der Cour de cassation z. B. den Streik gegen die Entlassung einer Arbeiterin, die sich geweigert hatte ein Produktionsheft zu führen, aus dem Grund für zulässig erachtet, dass die Streikenden damit gegen die Maßnahme des Arbeitgebers in Form der Verpflichtung zur Führung eines Produktionsheftes protestieren wollten.[732] Ebenso verhielt es sich bei einem Streik aus Protest gegen die Kündigung eines Arbeitnehmers, der sich jedoch gleichzeitig auch gegen eine Modifizierung der Arbeitszeiten richtete.[733] Ein externer Sympathiestreik wurde z. B. für zulässig erachtet, da die unterstützten Forderungen von allgemeinem Interesse für die gesamte

726 *Pélissier/Supiot/Jeammaud*, Rn. 1171.

727 BAG 19.6.2007, 1 AZR 396/06, NZA 2007, 1055; zur vorherigen Rechtsprechung siehe z. B. BAG 12.1.1988, 1 AZR 219/86, NZA 1988, 474.

728 *Chopin*, S. 20; *Jeschke*, S. 112; *Pélissier/Supiot/Jeammaud*, Rn.1171.

729 Cass. soc. 4.5.1966, Bull. civ. IV, n° 411; vgl. auch *Pélissier/Lyon-Caen/Jeammaud/Dockès*, Nr. 182–198, obs. S. 874; *Teyssié*, S. 633.

730 Cass. soc. 16.11.1993, Dr. soc. 1994, 38; Cass. soc. 30.5.1989, Bull. civ. V, n° 405; Cass. soc. 18.3.1982, Pélissier/Lyon-Caen/Jeammaud/Dockès, Nr. 191.

731 *Sinay/Javillier*, S. 167; *Déprez*, Dr. soc. 1988, 143 ff.

732 Cass. soc. 30.11.1977, Bull. civ. V, n° 655.

733 Cass. crim 22.10.1986, Dr. soc. 1988, 150 mit Anm. Déprez 143 ff.; in dieser Richtung auch Cass. soc. 15.1.2003, n° 00–44.693.

Arbeitnehmerschaft waren.[734] Es handelte sich um eine Art nationaler Demonstration der beruflichen Solidarität. Ein zulässiger Sympathiearbeitskampf setzt also immer ein zumindest irgendwie erkennbares Eigeninteresse des streikenden Arbeitnehmers voraus.

C. Die Grenze des Streikrechts – „l'abus du droit de grève“ oder der Rechtsmissbrauch

Auch wenn das Streikrecht in Frankreich sehr weit ausgelegt wird, so wird es doch nicht schrankenlos gewährt. Die Formulierung des Abs. 7 Präambel der Verfassung von 1946, die besagt, dass das Streikrecht im Rahmen der Gesetze ausgeübt wird, die es regulieren, betrachtet der Conseil constitutionnel als Einladung an den Gesetzgeber, den notwendigen Ausgleich zwischen der Verteidigung der beruflichen Interessen mittels Streik und dem hierdurch potentiell gefährdeten Schutz des Gemeininteresses zu schaffen.[735] Das Nichtbestehen gesetzlicher Regelungen führe jedoch nicht zum Ausschluss der dem Streikrecht, wie auch jedem anderen Recht, beizubringenden Grenzen zur Vermeidung einer rechtsmissbräuchlichen oder gegen die Gemeinwohlbedürfnisse verstoßende Nutzung. Auch wenn der Gesetzgeber der Einladung der Verfassung zur Begrenzung des Streikrechts also nicht nachgekommen ist, bilden die Rechtsmissbräuchlichkeit bzw. der Schutz der Gemeinwohlbedürfnisse, wie bei jedem anderen Recht, ihre natürlichen Grenzen.

Das französische Recht kennt zwar keine Verhältnismäßigkeitsprüfung des Streikrechts im weiteren Sinne, insbesondere keine Prüfung der Erforderlichkeit und des hieraus im deutschen Recht erwachsenden Ultima-Ratio-Grundsatzes, jedoch kann man die französische Rechtsmissbräuchlichkeitsprüfung der Funktion der deutschen Verhältnismäßigkeitsprüfung im engeren Sinne, d. h. der Angemessenheitsprüfung, gleichsetzen. Auch die Angemessenheitsprüfung beinhaltet eine Rechtsmissbrauchskontrolle und einen Ausgleich zwischen dem

734 Cass. crim. 12.1. 1971, Dr. soc. 1971, 547.

735 CE, 8.3.2006, JCP S 2006, n° 1316: „Considerant qu'en indiquant, dans le préambule de la Constitution du 27 octobre 1946 auquel se refère le préambule de la Constitution du 4 octobre 1958, que le droit de grève s'excerce dans le cadre des lois qui le réglementent, l'assemblée constituante a entendu inviter le législateur à opérer la conciliation nécessaire entre la défense des intérêts professionnels dont la grève constitue l'une des modalités et la sauvegarde de l'intérêt général, auquel elle peut être de nature d'apporter atteinte; que'en l'absence de la réglementation ainsi annoncée par la Constitution, la reconnaissance du droit de grève ne saurait avoir pour consequence d'exclure les limitations qui doivent être apportées à ce droit, comme à tout autre, en vue d'en eviter un usage abusif ou contraire aux nécessités de l'ordre public;“; ebenso bereits CE 7.7.1950, D. 1950, 538, Dr. soc. 1950, 317.

Streikrecht und verfassungsrechtlich geschützten Rechtspositionen Dritter.[736] Selbst wenn die französischen Gerichte dies nie so klar formulieren, gründet ihre Rechtsprechung zur Rechtsmissbräuchlichkeit im Ergebnis doch auf dem Gedanken der Proportionalität.[737]

Anhand der Rechtsprechung können mehrere Gruppen gebildet werden, bei denen in Frankreich regelmäßig eine Rechtsmissbräuchlichkeit angenommen wird: Die „désorganisation" des Unternehmens (I.), die Lähmung des öffentlichen Dienstes bzw. öffentlicher Versorgungseinrichtungen („services publics") (II.), die Besetzung bzw. Blockade der Arbeitsstätte (III.) und der politische Streik (IV.).

I. Die „désorganisation" des Unternehmens

Zunächst ist ein Streik immer dann als rechtsmissbräuchlich zu bewerten, wenn er eine „désorganisation" des Unternehmens nach sich zieht.[738] Übersetzen lässt sich dies mit Desorganisation, Auflösung, Zerrüttung bzw. Unordnung[739] des Unternehmens. In einer Entscheidung aus dem Jahr 1995 erweitert der Cour de cassation seine Rechtsprechung und ließ bereits das Risiko einer „désorganisation" des Unternehmens als Voraussetzung für die Qualifizierung eines Streiks als rechtsmissbräuchlich gelten. [740] Diese wurde im konkreten Fall jedoch verneint.

Von der die Grenzen des Streikrechts überschreitenden „désorganisation" des Unternehmens ist die dem Streikrecht innewohnende „désorganisation" der Produktion zu unterscheiden.[741] Das Streikrecht ist seiner Natur nach darauf angelegt einen gewissen wirtschaftlichen Schaden anzurichten und muss dies, will der Streik Erfolg haben, auch sein. Zur Qualifikation eines Streikes als einer „désorganisation" des Unternehmens als solchem und damit zur Qualifikation als rechtsmissbräuchlich, muss der dem Unternehmen beigebrachte Schaden also

736 *Preis*, S. 353.

737 *Pélissier/Supiot/Jeammaud*, Rn. 1186/1187; ausführlicher hierzu: *Waquet*, RJS 3/95, 139 (143/144).

738 Cass. soc. 4.11.1992, Pélissier/Lyon-Caen/Jeammaud/Dockès, Nr. 194; Cass. soc. 16.2.1989, Bull. civ. V, n° 133.

739 *Doucet/Fleck*, S. 252.

740 Cass. soc. 18.1.1995, Pélissier/Lyon-Caen/Jeammaud/Dockès, Nr. 196.

741 Cass. soc. 18.1.1995, Pélissier/Lyon-Caen/Jeammaud/Dockès, Nr. 196: „[...], en se bornant à relever une désorganisation de la production, sans préciser si, et à quel moment, ces actes illicites avaient révélé un risque de désorganisation de l'entreprise elle-même; que, dès lors, elle n'a pas caractérisé un abus du droit de grève;"; *Pélissier/Lyon-Caen/Jeammaud/Dockès*, Nr. 182–198, obs. S. 883.

außergewöhnlich groß sein und anormal im Hinblick auf das Streikziel.[742] Wann diese Grenze genau überschritten wird, kann nicht pauschal beantwortet werden. In der Rechtsprechung des Cour de cassation findet sich keine Definition des Begriffs der „désorganisation“ und es gibt auch keine Liste mit Tatbeständen, in denen eine „désorganisation“ vorliegt. Damit erhält sich die Rechtsprechung eine große Freiheit in der Bewertung der konkreten Situation. Nicht ausreichend für eine „désorganisation“ des Unternehmens ist jedenfalls allein die Begehung rechtswidriger Handlungen durch einige streikende Arbeitnehmer.[743]

II. Lähmung des „service public“

Ein Streik darf den öffentlichen Dienst nicht komplett lähmen. Der Conseil constitutionnel hat der Kontinuität des öffentlichen Dienstes Verfassungsrang zuerkannt.[744] Das Streikrecht und die Funktionsfähigkeit des öffentlichen Dienstes müssen mithin miteinander in Ausgleich gebracht werden.[745] Hieraus folgt die Verpflichtung zur Aufrechterhaltung eines Mindestbetriebes.[746]

III. Besetzung bzw. Blockade der Arbeitsstätte

Eine weitere Fallgruppe, bei der ein Rechtsmissbrauch des Streikrechts vorliegen kann, bildet die Besetzung der Arbeitsstätte. Dies gilt insbesondere, wenn die Besetzung über die normale Arbeitszeit hinausgeht und nicht streikende Arbeitnehmer an ihrer Arbeit hindert. Hierbei tritt das Streikrecht potentiell in Konflikt mit dem Eigentumsrecht, der Gewerbefreiheit („liberté de commerce et de l’industrie“) und insbesondere mit dem Recht auf Freiheit der Berufsausübung der nicht streikenden Arbeitnehmer.[747] So hat der Cour de cassation z. B. in einer Blockade des Zutritts zum Unternehmen bzw. mehrerer Baustellen des Unternehmens durch die streikenden Arbeitnehmer ein Hindernis des Rechts auf Freiheit der Berufsausübung gesehen, welches eine rechtsmissbräuchliche Ausübung des Streikrechts begründet.[748]

---

742 *Sinay/Javillier*, S. 185.

743 Cass. soc. 4.11.1992, Pélissier/Lyon-Caen/Jeammaud/Dockès, Nr. 194; Cass. soc. 18.1.1995, Pélissier/Lyon-Caen/Jeammaud/Dockès, Nr. 196.

744 C.C. 28.7.1987, déc. n° 87–230 DC; C.C. 25.7.1979, déc. n° 79–105 DC.

745 C.C. 28.7.1987, déc. n° 87–230 DC; *Teyssié*, S. 693/694; *Pélissier/Supiot/Jeammaud*, Rn. 1189.

746 Hierzu ausführlich m. w. N. bei: *Teyssié*, S. 693 ff. oder etwas kürzer bei *Pélissier/Supiot/Jeammaud*, Rn. 1189.

747 *Pélissier/Supiot/Jeammaud*, Rn. 1191.

748 Cass. soc. 13.5.2009, n° 08–41.337 bis n° 08–41.347.

IV. Politische Streiks

Die letzte an dieser Stelle zu erwähnende Gruppe von rechtsmissbräuchlichen Streiks fällt im Vergleich zu den anderen Fallgruppen aus dem Rahmen und betrifft den politischen Streik. Während alle anderen Fallgruppen der Rechtsmissbräuchlichkeit eine Abwägung zwischen dem Streikrecht und anderen Rechtsgütern von Verfassungsrang beinhalten, ist dies bei der Fallgruppe der politischen Streiks nicht der Fall. Bei dogmatisch korrekter Betrachtung liegt im Fall von politischen Streiks keine berufliche Forderung vor, so dass eigentlich bereits eine Qualifikation der Bewegung als Streik ausscheiden müsste.[749]

Von der Rechtsprechung wird jedoch ohne weitere Erläuterung eine andere Bewertung vorgenommen. Rein oder in der Hauptsache politische Streiks sind nach der Rechtsprechung des Cour de cassation rechtsmissbräuchlich.[750] Als Beispiele können eine einstündige Arbeitsniederlegung aus Protest gegen den Algerienkrieg und die in der Konsequenz steigenden Lebenshaltungskosten[751] genannt werden oder ein Protest gegen die allgemeine Regierungspolitik anlässlich der Festnahme des Gewerkschaftsführers der CGT[752].

Gemischte Streiks, bei denen politische und berufliche Forderungen ineinanderfließen und die nicht in der Hauptsache politisch sind, sind dagegen nicht rechtsmissbräuchlich.[753] So urteilte der Cour de cassation z. B. im Hinblick auf einen nationalen Streik gegen einen Wirtschafts- und Sozialplan der Regierung zur Stabilisierung der Währung („Plan Barre"), aus dem Grund, dass dieser „die Ablehnung einer Blockade der Löhne, die Verteidigung des Arbeitsplatzes und die Verringerung der Arbeitszeit beinhalte" und damit „direkt mit der täglichen Beschäftigung der Arbeitnehmer in ihrem Unternehmen zusammenhängende Forderungen".[754] Ein Beispiel für einen – sogar erfolgreichen – gemischten Streik ist die große Streikbewegung im Frühjahr 2006 gegen den „contrat de première embauche", einen Arbeitsvertrag für unter 26jährige Arbeitnehmer mit stark erleichterten Kündigungsmöglichkeiten. Die Regierung zog das Gesetz daraufhin zurück. Weiterhin bekannt ist aus der jüngsten Vergangenheit insbesondere die große Streikbewegung im Oktober 2010 anlässlich der Anhebung des frühstmöglichen Renteneintrittsalters von 60 auf 62 Jahre und des Renteneintrittsalters ohne Abschläge von 65 auf 67. Hier wurden insbesondere die französische Bahn

749 So in der Bewertung z. B. auch *Waquet*, RJS 3/95, 139 (141).

750 *Pélissier/Lyon-Caen/Jeammaud/Dockès*, Nr. 182–198, obs. S. 873/874; *Sinay/Javillier*, S. 212/225.

751 Cass. soc. 12.10.1960, n° 58–40.820.

752 Cass. soc. 10.3.1961, Bull. civ. IV, n° 333.

753 *Pélissier/Supiot/Jeammaud*, Rn. 1188; *Sinay/Javillier*, S. 167.

754 Cass. soc. 29.5.1979, Pélissier/Lyon-Caen/Jeammaud/Dockès, Nr. 190.

SNCF und die Pariser Metro RATP bestreikt, zudem unter anderem auch einige Flughäfen (z. B. Paris-Orly, Lyon und Bordeaux), die Post und Telekom, der französische Energieversorger EDF sowie elf der zwölf französischen Ölraffinerien.[755]

Ausschließlich oder hauptsächlich politisch motivierte und damit rechtsmissbräuchliche Streiks sind angesichts der Fähigkeiten der Gewerkschaften, politische und berufliche Forderungen zu verbinden, kaum noch zu beobachten.

D. Verfahren zur Beendigung von Arbeitskämpfen

Der französische Gesetzgeber hat drei Verfahren zur Beendigung von Arbeitskämpfen geregelt: die Schlichtung, die Mediation und das Schiedsverfahren.[756] Das Abkommen bzw. der Schlichterspruch am Ende der jeweiligen Verfahren hat die gleiche rechtliche Wirkung wie ein Tarifvertrag.[757]

Diese, vom Gesetzgeber ausführlich geregelten Verfahren, finden in der Praxis jedoch kaum Anwendung. Vielmehr wird von den Sozialpartnern der Verhandlungsweg als Mittel zur Beilegung von Kollektivkonflikten bevorzugt.[758] An dessen Ende steht ein gesetzlich nicht geregelter sogenannter „accord de fin de conflit“, auch „protocole d'accord“, „protocole de fin de conflit“ oder „accord de fin de grève“ genannt. Die Rechtsnatur dieses Abkommens kann variieren. Sie hat entweder die Qualität eines Tarifabkommens oder gilt als einseitig verpflichtende Zusage des Arbeitgebers.[759] Wird der „accord de fin de conflit“ unter Beachtung der Regelungen zum Abschluss von Tarifverträgen geschlossen, nimmt er die Rechtsnatur eines solchen an, mit allen sich daran anknüpfenden Rechtsfolgen.[760] Wird der „accord de fin de conflit“ nicht unter Beachtung der Regelungen über den Abschluss von Tarifverträgen geschlossen, so hat er die Rechtsnatur einer einseitigen Verpflichtung („engagement unilatéral“) des Arbeitgebers. Dies gilt insbesondere für den Fall, dass die auf Arbeitnehmerseite unterzeichnende Partei rechtlich keine Macht zur Vertretung der Arbeitnehmer im Kollektiv hat[761], wie z. B. ein „comité de gréviste“ (Streikkomittee), von den Arbeitnehmern gewählte

---

755 *Le Monde.fr* vom 12.10.2010, o. V., Mobilisation record contre la réforme des retraites; *Le Monde.fr* vom 19.10.2010, o. V., La mobilisation contre la réforme des retraites ne faiblit pas.

756 Ausführlich zu den einzelnen Verfahren siehe z. B.: *Teyssié*, S. 717 ff.

757 *Teyssié*, S. 719 (Schlichtung)/721 (Mediation)/723 (Schiedsverfahren).

758 *Pélissier /Supiot/Jeammaud*, Rn. 1215.

759 Cass. soc. 15.1.1997, Bull. civ. V, n° 20.

760 Cass. soc. 8.4. 2009, JCP S 2009, n° 1458, note R. Vatinet; Cass. soc. 7.4.2009, JCP S 2009, n° 1166, note A. Martinon; *Teyssié*, S. 726, *Moreau*, Dr. soc. 2001, 139 (144).

761 *Moreau*, Dr. soc. 2001, 139 (143).

Mandatsträger oder das „comité d'entreprise“. Die rechtliche Wirkung der einseitigen Verpflichtung kann den Arbeitnehmern nur entgegengehalten werden, soweit sie Themenbereiche betrifft, die Teil des Direktionsrecht des Arbeitgebers sind oder es keine, für den Arbeitnehmer vorteilhaftere, Regelung gibt.[762]

Das Ende der Wirkung eines „accord de fin de conflit“ kann regelmäßig durch Kündigung herbeigeführt werden, wobei die Parteien hiervon innerhalb einer ausreichenden Frist dergestalt informiert werden müssen, dass sie die Eröffnung von neuen Verhandlungen über die betroffenen Themen erlaubt.[763]

E. Abschließende Betrachtung

Die vollkommene rechtliche Unabhängigkeit zwischen Tarifvertragsrecht und Streikrecht in Frankreich beruht insbesondere auf den unterschiedlichen Hauptakteuren bei der Ausübung beider Rechte.

Während es im Rahmen von Tarifverhandlungen die Gewerkschaften sind, die das Recht auf Kollektivverhandlungen als Vertreter der Arbeitnehmer wahrnehmen, üben die Arbeitnehmer das Streikrecht selbst und nicht durch die Gewerkschaften aus.[764] „Wilde Streiks“ sind in der Folge grundsätzlich zulässig und eine Friedenspflicht ist, wenn überhaupt, nur für gewerkschaftlich geführte Streiks denkbar. Auch hier besteht eine solche Pflicht jedoch nicht. Das französische Rechtsverständnis des Streikrechts als einem vom Tarifvertragsrecht unabhängigen Recht setzt sich überdies in der Ausgestaltung des zulässigen Streikziels fort. Zulässiges Streikziel ist jede berufliche Forderung. Der Kreis potentieller Streikziele schließt damit zwar die Forderung nach dem Abschluss eines Tarifvertrages ein, geht jedoch darüber hinaus. Die Vielfalt möglicher Streikziele wird zudem dadurch vergrößert, dass sich die Forderung nicht zwangsläufig gegen den Arbeitgeber richten muss, sondern z. B. auch an alle Arbeitgeber oder die Regierung. Streiks sind damit nicht ausschließlich ein Druckmittel gegen den Arbeitgeber, sondern darüber hinaus ein allgemeines Mittel der Arbeitnehmer zur Verteidigung ihrer Interessen gegenüber jedem, der diese zu Beeinträchtigen vermag. Die Funktion des Streikrechts geht mithin über das Tarifvertragsrecht hinaus und ist diesem, anders als in Deutschland, nicht untergeordnet.

Auch im Bereich der Verfahren zur Beendigung von Arbeitskämpfen zeigt sich die rechtliche Unabhängigkeit des Streikrechts vom Tarifvertragsrecht. Der Abschluss eines Tarifvertrages ist lediglich eine Möglichkeit der Beendigung

762 Cass. soc. 17.7.1996, Dr. soc. 1996, 1053; *Moreau*, Dr. soc. 2001, 139 (143).

763 *Moreau*, Dr. soc. 2001, 139 (145).

764 *Souriac*, Dr. soc. 2001, 705 (706).

eines Streiks neben anderen und vom Gesetzgeber nicht einmal explizit als solche vorgesehen.

§ 2. Praktische Verbindungen zwischen Streik und Tarifvertrag

Wie in § 1 soeben dargelegt, ist das Streikrecht ein von der Koalitionsfreiheit und dem Recht auf Kollektivverhandlungen unabhängiges Grundrecht und damit rein rechtlich unabhängig vom Tarifvertragsrecht. Streikrecht und Tarifvertragsrecht existieren vielmehr nebeneinander, als dass sie funktional miteinander verbunden wären.[765]

In der Praxis stellen Tarifverhandlungen ein Anwendungsgebiet des Streikrechts dar. Der Streik ist als Mittel zur Verteidigung und insbesondere zur Durchsetzung von Arbeitnehmerinteressen Teil des französischen Tarifvertragssystems.[766] Dies gilt jedoch in nicht so hohem Maße, nicht so institutionalisiert und – wie bereits erläutert – insbesondere nicht so ausschließlich wie in Deutschland. Streiks können im Zusammenhang mit Tarifverhandlungen auftreten, müssen dies in Anbetracht des breiten Spektrums möglicher Streikziele aber nicht.

Die praktische Verbindung zwischen Streik und Tarifvertrag gestaltet sich wechselseitig. Zum einen wird der Streik als Mittel zur Einflussnahme auf Tarifverhandlungen im weitesten Sinne genutzt (A.). Zum anderen wird umgekehrt versucht, mittels Tarifvertrag den Gebrauch des Streikrecht zu beeinflussen (B.).

A. Der Gebrauch des Streikrechts zur Einflussnahme auf Tarifverhandlungen

Um die Beziehung zwischen Streik und Tarifvertrag in Frankreich zu verstehen, muss beachtet werden, dass der Streik im Verhältnis zum Tarifvertrag in Frankreich einen anderen Stellenwert genießt als in Deutschland.

Auch wenn nicht ausführlich durch den Gesetzgeber geregelt, so kennt Deutschland ein stabiles Tarifvertragssystem mit fest strukturierten Tarifverhandlungen. Die Streikhäufigkeit ist dagegen traditionell niedrig.[767] Hierfür gibt es eine Mehrzahl von Gründen. Unter anderem hat die nach dem 2. Weltkrieg entstandene

765 *Souriac*, Dr. soc. 2001, 705 (705).
766 *Jeammaud/Le Friant*, ArbuR 1994, 85 (86); *Le Friant*, NZA-Beil. Heft 2/2006, 75 (76).
767 *Boll*, S. 480; *Zachert*, NZA-Beil. Heft 2/2006, 61 (64).

Gewerkschaftsstruktur der neutralen Einheitsgewerkschaft mit starken Branchengewerkschaften dazu beigetragen, dass die Gewerkschaften von den Arbeitgebern bzw. Arbeitgeberverbänden respektiert werden und sich ein festes System des sozialen Dialoges etabliert hat.[768] Weiterhin sind es die Gewerkschaften, die sowohl das Monopol zum Abschluss von Tarifverträgen als auch zur Führung von Arbeitskämpfen innehaben. Dem abgeschlossenen Tarifvertrag wohnt eine relative Friedenspflicht inne, also ein Verbot des Arbeitskampfes im Hinblick auf tarifliche Regelungsinhalte[769]. Für diese, mit dem Tarifvertrag einhergehende Friedenspflicht, können die Gewerkschaften aufgrund ihrer Monopolstellung bei der Führung von Arbeitskämpfen also auch praktisch einstehen. Sieht man von der sich seit einigen Jahren entwickelnden zunehmenden Konkurrenz zwischen den DGB-Gewerkschaften und insbesondere autonomen, arbeitskampfstarken Sparten- und Spezialistengewerkschaften wie dem Marburger Bund, der VC oder der GDL und der damit vor dem Hintergrund der Aufgabe des Grundsatzes der Tarifeinheit im Betrieb befürchteten Schwächung der Effektivität der Friedenspflicht ab[770], haben Tarifverträge in Deutschland damit traditionell eine hohe Stabilität und sind als Mittel zur Gestaltung und Regulierung der sozialen Beziehungen attraktiv.

Streiks sind dagegen als Druckmittel zur Durchsetzung tariflicher Forderungen letztes Mittel, Ultima-Ratio der Gewerkschaften, um sich bei blockierten bzw. gescheiterten Verhandlungen beim Arbeitgeber mit ihren Forderungen Gehör zu verschaffen. Das Schema ist also Folgendes: 1. Forderungen, 2. Verhandlungen, 3. Streik.[771] Streiks sind damit Tarifverhandlungen als Mittel zur Konfliktlösung und zur Herstellung des sozialen Friedens nachgeordnet.

In Frankreich liegen die Dinge anders. Streiks werden, anders als in Deutschland, grundsätzlich nicht als Misserfolg des sozialen Dialoges wahrgenommen. Tarifverhandlungen sind dem Streik traditionell als Mittel zur Konfliktregelung der sozialen Gegenspieler eher nachgeordnet.[772]

Anders als in Deutschland entwickelte sich in Frankreich nach Ende des 2. Weltkrieges kein stabiles Tarifvertragssystem mit festen Verhandlungsstrukturen und -rhythmen. Dies geht zum einen auf die historisch autoritär-paterna-

768 *Zachert*, NZA-Beil. Heft 2/2006, 61 (64).

769 Zur Friedenspflicht in ständiger Rechtsprechung z.B. BAG 19.6.2007, 1 AZR 396/06, NZA 2007, 1055; BAG 10.12.2002, 1 AZR 96/02, NZA 2003, 734 (738/739).

770 Siehe hierzu bereits unter § 1 A. II. dieses Teils. Ausführungen zum Grundsatz der Tarifeinheit im Betrieb und der Rechtsprechungsänderung des BAG aus dem Jahr 2010 unter Teil 3 § 2. B.

771 *Jansen/Kißler/Kühne/Leggewie/Seul*, S. 97.

772 Ausführlich dazu: *Kißler/Lasserre*, S. 50 ff.; *Zumfelde/Hunout/Kißler/Steinmeyer*, ZIAS 1995, 1 (9).

listische Tradition der Arbeitgeberschaft zurück, die eine Vertragspolitik auf gleicher Ebene mit Kollektivorganen der Arbeitnehmer mit dem eigenen Gesellschaftsbild für unvereinbar hielt.[773] Zum anderen trug dazu die in unterschiedliche, konkurrierende Richtungsgewerkschaftsverbände zersplitterte französische Gewerkschaftslandschaft bei, die zudem zeitweilig eine als „Klassenkollaboration" anmutende Politik „sozialer Dialoge" ablehnte.[774] Dies traf insbesondere auf einen der mitgliederstärksten französischen Gewerkschaftsverbände, die kommunistisch geprägte CGT, zu. Sie vertrat lange Zeit die Ansicht, dass nur der Arbeitskampf günstigere Bedingungen für die Arbeitnehmer schaffen könne.[775] Dies zeigt sich auch heute noch. So gingen 2006 43 % der von Gewerkschaften ausgelösten Arbeitskämpfe auf die Initiative der CGT zurück, im Gegensatz dazu waren lediglich 14 % durch die CFDT und 8 % durch die CGT-FO initiiert.[776] Dagegen unterzeichnete die CGT im Jahr 2005 nur 33,2 % aller Branchentarifverträge, im Gegensatz zur CFDT mit 74,8 %, der CGT-FO mit 73,5 %, der CFTC mit 71,9 % und der CFE-CGC mit 68,4 %.[777]

Vor dem Hintergrund der mangelnden Verhandlungsbereitschaft, besonders der Arbeitgeber und der fehlenden festen Verhandlungszyklen, war vor der Einführung der jährlichen Verhandlungspflichten für bestimmte Themenbereiche durch die Auroux-Gesetze 1982 die Forderung nach der Eröffnung von Tarifverhandlungen Hauptmotiv für Streiks im Zusammenhang mit Tarifverhandlungen.[778] Das etablierte Schema war also: 1. Forderung, 2. Streik, 3. Tarifverhandlungen.[779] Im Hinblick auf die von den Verhandlungspflichten nicht berührten Themenbereiche, bleibt der Streik die stärkste Waffe zur Herbeiführung von Verhandlungen.[780]

Mit der Einführung der jährlichen Verhandlungspflichten begann jedoch eine Belebung und Entwicklung der Tarifverhandlungen.[781] Bei Betrachtung der jährlichen Tarifverhandlungsbilanzen („Bilan de la négociation collective") der letzten Jahre, ist heute eine rege Anzahl von Tarifabschlüssen festzustellen.

Die gesetzliche Einführung von Verhandlungspflichten hat jedoch nicht zur Folge, dass die Gewerkschaften von den Arbeitgebern automatisch als gleichberechtigte Verhandlungspartner respektiert und ernst genommen werden.

773 *Jansen/Kißler/Kühne/Leggewie/Seul*, S. 101.
774 *Jansen/Kißler/Kühne/Leggewie/Seul*, S. 89.
775 *Le Friant*, S. 149.
776 *Ministère du Travail,* Bilan de la négociation collective en 2006, Dossier n° 4, S. 353.
777 *Bernard/Deschodt*, S. 178.
778 *Furjot*, S. 81; *Jansen/Kißler/Kühne/Leggewie/Seul*, S. 97/98; *Souriac*, Dr. soc. 2001, 705 (706)
779 *Jansen/Kißler/Kühne/Leggewie/Seul*, S. 97.
780 *Souriac*, Dr. soc. 2001, 705 (706).
781 *Kißler/Lasserre*, S. 70 ff; *Noblecourt*, S. 15.

Vielmehr bleibt die französische Gewerkschaftsordnung gekennzeichnet durch ihren Pluralismus und die Zersplitterung in konkurrierende, mitgliedsschwache Richtungsgewerkschaftsverbände, die sich ihre Verhandlungsstärke oftmals erst erkämpfen müssen.[782] Streiks zu Beginn von Verhandlungen sind also oftmals ein Mittel der Selbstlegitimation der Gewerkschaften.[783] Das erscheint auch vor dem Hintergrund der schwachen Mitgliederzahlen und der geringen Legitimation der Gewerkschaften angesichts der bis 2008 geltenden unwiderlegbaren Repräsentativitätsvermutung notwendig, nach der auch minoritäre Gewerkschaften durch den Anschluss an einen der repräsentativen Gewerkschaftsverbände repräsentativ und damit tariffähig waren[784]. Zudem dienen Streiks zu Verhandlungsbeginn der Schaffung eines Kräfteverhältnisses zwischen den Sozialpartnern, auf dessen Grundlage die dann folgenden Verhandlungen geführt werden.[785]

Es bleibt abzuwarten, ob und wie sich die Reform des Rechts der Repräsentativität[786] und die umfassende Einführung des Mehrheitsprinzips beim Abschluss von Tarifverträgen[787] auf die Stellung der Gewerkschaften gegenüber dem Arbeitgeber auswirken wird. Fraglich ist insbesondere, ob die erhöhte Legitimation der Gewerkschaften[788] und der durch diese abgeschlossenen Tarifverträge[789] zu einer gewichtigeren Stellung gegenüber der Arbeitgeberseite führen wird und Streiks als Mittel zur Selbstlegitimation der Gewerkschaften damit zurückgehen.

Bisher lässt sich im Ergebnis jedoch sagen, dass der Streik in der Praxis Tarifverhandlungen regelmäßig nicht nachgeordnet, sondern oftmals vielmehr vorgeschaltet, ist.

Streiks treten also oftmals vor Beginn von Verhandlungen auf, um diese herbeizuführen oder aber auch zu Beginn von Verhandlungen. Im Frühjahr 2005 gab es z. B. bei den großen Einzelhandelsketten eine nicht unerhebliche Streikbewegung in Verbindung mit der Eröffnung der jährlichen Branchentarifverhandlungen über die Löhne.[790]

---

782 *Zumfelde/Hunout/Kißler/Steinmeyer*, ZIAS 1995, 1 (8).

783 *Zumfelde/Hunout/Kißler/Steinmeyer*, ZIAS 1995, 1 (9).

784 Hierzu ausführlich unter Teil 2 § 2. B. III.

785 *Cézard/Malan/Zouary*, Travail et Emploi, n° 66, 1996: „ […] montrent que l'éfficacité de la négociation est liée à l'existence même des conflits. Ainsi, dans le contexte français, les conflits seraient indispensable pour qu'il y ait vraiment régulation conjointe." (zitiert nach: *Denis*, S. 311); *Jansen/Kißler/Kühne/Leggewie/Seul*, S. 97/98; Ausführlich bei *Kißler/Lasserre*, Tarifpolitik: Ein deutsch-französischer Vergleich, S, 50 ff.

786 Ausführlich hierzu Teil 2 § 2 B. III. und IV.

787 Ausführlich hierzu Teil 2 § 3.

788 Siehe hierzu Teil 2 § 2 B. VI.

789 Siehe hierzu Teil 2 § 3 B. IV.

790 *Ministère du Travail,* Bilan de la négociation collective en 2006, Dossier n° 4, S. 349.

Streiks können aber auch während der Verhandlungen oder danach aufttreten.[791] Es gibt scheinbar, anders als in Deutschland, keinen festen Platz für Streiks im französischen Tarifsystem. Die Tatsache, dass es zwischen Streiks und Tarifverträgen jedoch eine Verbindung gibt, zeigen auch statistische Untersuchungen: In Unternehmen in denen verhandelt wird, wird vermehrt gestreikt.[792] Hauptthema bei Verhandlungen ist dabei der Lohn. Der Lohn war 2007 Gegenstand von ca. 35,9 % der unterzeichneten Firmentarifverträge, gefolgt von 24,5 % zum Thema Arbeitszeit.[793] Gleichzeitig war 2007 die Lohnfrage Gegenstand von 57 % der Streikbewegungen.[794] Überdies wurden in 80 % der Unternehmen, die bestreikt wurden, parallel dazu Verhandlungen eröffnet.[795] Der Rückgriff auf den Streik ist also ein wesentliches Element der Tarifverhandlungen.[796] Er erscheint jedoch, anders als in Deutschland, eher als Motor der Verhandlungen zu dienen, denn als Ultima-Ratio.

B. Versuche der Einflussnahme auf den Gebrauch des Streikrechts mittels Tarifvertrag

Die praktische Verbindung zwischen Streik und Tarifvertrag ist nicht einseitig. Sie besteht nicht nur aus dem Gebrauch des Streiks zu einer, wie auch immer gearteten, Einflussnahme auf Tarifverhandlungen. Vielmehr wird umgekehrt auch versucht, den Tarifvertrag als Mittel zur Kanalisierung bzw. Eingrenzung des Streikrechts zu nutzen. Angesichts fehlender gesetzlicher Regelungen und der sehr weiten Interpretation des Streikrechts durch die französische Rechtsprechung erscheint dieser Versuch naheliegend.

Seit langem bekannt sind hierbei insbesondere Klauseln, die den Tarifparteien eine Ankündigungsfrist oder ein Schlichtungsverfahren vor Streikbeginn auferlegen.[797]

791 *Souriac*, Dr. soc. 2001, 705 (707/708).

792 *Furjot*, S. 61/62; *Ministère du Travail*, Bilan de la négociation collective en 2009, Dossier n° 3, S. 556; *Ministère du Travail*, Bilan de la négociation collective en 2006, Dossier n° 4, S. 347.

793 *Ministère du Travail*, Bilan de la négociation collective en 2007, S. 280/281.

794 *Bernard/Deschodt*, S. 179.

795 *Bernard/Deschodt*, S. 179.

796 So auch: *Bevort/Jobert*, S. 190.

797 *Souriac*, Dr. soc. 2001, 705 (708).

Diesen Klauseln hat der Cour de cassation jedoch mit einer Rechtsprechungsänderung durch eine Entscheidung vom 7. Juni 1995[798] und gleichlautenden Entscheidungen im Anschluss[799], einen Großteil ihrer Wirksamkeit genommen.

Während das Gericht in vorhergehenden Entscheidungen unter bestimmten Bedigungen noch die Zulässigkeit solcher Vereinbarungen und ihren zwingenden Charakter auch für die Arbeitnehmer anerkannte[800], so revidierte es diese Einschätzung in den oben genannten Entscheidungen vollkommen. Der Cour befand hierin: *„Une convention collective ne peut avoir pour effet de limiter ou de réglementer pour les salariés l'exercice du droit de grève constitutionnellement garanti; seule la loi peut créer und élai de préavis de grève s'imposant à eux.“*[801]. Die tarifvertragliche Einschränkung des Streikrechts der Arbeitnehmer ist seitdem also nicht mehr zulässig. Das Urteil erklärt solche Tarifklauseln allerdings nur gegenüber den Arbeitnehmern für unwirksam, gegenüber den unterzeichnenden Tarifparteien behalten sie ihre Wirksamkeit.[802] In Anbetracht der Zulässigkeit „wilder“ Streiks[803], haben Klauseln über eine Streikankündigungspflicht oder eine Schlichtung also nicht gänzlich ihren Sinn verloren, ihre Wirksamkeit aber erheblich eingebüßt. Die tarifvertragliche Einführung einer effektiven Friedenspflicht ist damit nicht möglich.

Zudem sind von einigen Sozialpartnern neue Verfahren zur Vorbeugung tariflicher Konflikte entwickelt worden. Dies gilt insbesondere für den Bereich des öffentlichen Verkehrs. Paradebeispiel ist hier das im Mai 1996 erstmal unterzeichnete und 2001 erneuerte Protokoll zum „sozialen Alarm“ zwischen der Pariser U-Bahn Gesellschaft RATP und, seit der Unterzeichnung des Protokolls durch zwei CGT-Gewerkschaften 2001, allen repräsentativen Gewerkschaften.[804] Zur Auslösung dieses Verfahrens müssen ein oder mehrere Gewerkschaften unter Nennung der potentiellen Konfliktpunkte einen Brief an die Unternehmens- bzw. Betriebsleitung richten. Innerhalb der fünf auf den Posteingang folgenden Arbeitstage finden sich dann die Parteien in einer Sitzung zu Verhandlungen zusammen, um einen sich eventuell anbahnenden Streik zu verhindern. Die Sitzung wird am Ende entweder, im Falle einer Einigung, mit einem Abkommen oder im Falle der Uneinigkeit, mit einem Protokoll über die Meinungsverschiedenheit („constat

---

798 Dr. soc. 1995, 835.

799 Cass. soc. 17.7.1996, RJS 10/96, n° 1079.

800 Ausführlich hierzu: *Radé*, Dr. soc. 1996, 37 (38/39).

801 Ein Tarifvertrag kann die Ausübung des verfassungsmäßig garantierten Streikrechts der Arbeitnehmer nicht beschränken oder reglementieren; nur das Gesetz kann ihnen eine Ankündigungsfrist vorschreiben.

802 Radé, Dr. soc. 1996, 37 (39); Souriac, Dr. soc. 2001, 705 (709)

803 Siehe § 1 A. I. dieses Teils.

804 Zum Verfahren des „sozialen Alarms“: *Bevort/Jobert*, S. 189/190, sowie *Le Friant*, NZA-Beil. Heft 2/2006, 75 (78) oder *Souriac*, Dr. soc. 2001, 705 (709/710).

de désaccord“) geschlossen. Vor dem Hintergrund, dass die Gewerkschaften im öffentlichen Sektor das Monopol bei der Auslösung von Streiks innehaben[805], ist ein solches Verfahren natürlich insbesondere hier attraktiv. Im Ergebnis scheint das Verfahren des „sozialen Alarms“ auch Erfolg zu haben. Im Jahr 1996 gab es im Vergleich zum Vorjahr nur ca. die Hälfte der Streikankündigungen.[806]

Vom Modell des „sozialen Alarms“ der RATP hat sich auch die französische Eisenbahn SNCF inspirieren lassen und schloss im Oktober 2004 mit der Mehrheit der repräsentativen Gewerkschaften, darunter auch die CGT, ein Protokoll über die „Verbesserung des sozialen Dialoges und die Prävention von Konflikten“.[807] Sobald sich ein Konflikt anbahnt, müssen die Gewerkschaften dies der Unternehmens- bzw. Betriebsleitung anzeigen, woraufhin die Parteien zehn Tage Zeit haben zu verhandeln und einen Kompromiss zu finden.[808] Auch hier scheint das Verfahren zu funktionieren: Innerhalb von drei Monaten nach Abschluss des Protokolls sind 244 Anträge auf Einigung gestellt worden.[809]

Im Bereich der Privatwirtschaft gibt es zudem vereinzelt Versuche, Einigungen über den Verzicht auf Streiks während der Verhandlungen einzuführen. So sieht das AXA Abkommen von 1990 bei der Eröffnung der Verhandlungen eine Infomationsphase für die Beschäftigten von einem Monat vor, um die unterschiedlichen Positionen aufzuzeigen und den Beschäftigten eine Debatte hierüber zu ermöglichen.[810] Während dieser Phase „bemühen sich die Partner, jeden Kollektivkonflikt über Verhandlungsgegenstände zu vermeiden und keine einseitigen Entscheidungen über diese Fragen zu treffen“[811]. Dabei ist zu beachten, dass dies in Anbetracht des oben genannten Urteils des Cour de cassation vom 7. Juni 1995[812] ausschließlich Wirkung für die Sozialpartner entfaltet, nicht jedoch „wilde“ Streiks zu verhindern vermag.

Im Ergebnis, lässt sich also sagen, dass der Versuch der Einflussnahme auf das Streikverhalten im öffentlichen Sektor aufgrund der Monopolstellung der Gewerkschaften beim Streikaufruf durchaus Erfolge zu verzeichnen hat, eine Einflussnahme im privaten Sektor, aufgrund der Rechtsprechung des Cour de cassation und der nicht einschränkbaren Zulässigkeit „wilder“ Streiks dagegen nur eine sehr begrenzte Wirksamkeit verspricht.

---

805 Siehe hierzu § 1 A. I. sowie B. I. 1. dieses Teils.
806 *Souriac*, Dr. soc. 2001, 705 (710).
807 *Bevort/Jobert*, S. 190; *Le Friant*, NZA-Beil. Heft 2/2006, 75 (79).
808 *Bevort/Jobert*, S. 190.
809 *Le Friant*, NZA-Beil. Heft 2/2006, 75 (79).
810 *Souriac*, Dr. soc. 2001, 705 (710).
811 Zitiert nach: *Souriac*, Dr. soc. 2001, 705 (710).
812 Dr. soc. 1995, 835.

Teil 5: Abschließende Zusammenfassung

§ 1. Grundlagen des französischen Tarifvertragssystems (Teil 1)

- Das französische Tarifvertragssystem gründet auf der Idee einer unternehmenseinheitlichen Tarifgeltung. Tarifverträge entfalten in Frankreich „erga-omnes“ Wirkung, d. h. Wirkung in Bezug auf alle Arbeitnehmer eines tarifgebundenen Arbeitgebers. Tarifverträge binden damit auch Außenseiter und Andersorganisierte.
- Koalitionsfreiheit („liberté syndicale“) ist in Frankreich ein, durch Abs. 6 Präambel der Verfassungs von 1946, verfassungsmäßig geschütztes Recht. Sie umfasst sowohl die Garantie einer individuellen als auch einer kollektiven Koalitionsfreiheit.
- Die „erga-omnes“ Wirkung von Tarifverträgen stellt in Frankreich keine Beeinträchtigung der individuellen positiven oder negativen Koalitionsfreiheit dar, sondern ist durch diese bedingt:
  Die individuelle Koalitionsfreiheit beinhaltet die Garantie einer vollkommen freien Entscheidung des Arbeitnehmers, einer Gewerkschaft beizutreten oder dies zu unterlassen. Diese Entscheidung darf keine Auswirkungen auf die Behandlung des Arbeitnehmers durch den Arbeitgeber haben, weder positiv noch negativ. Tarifliche Leistungen dürfen hiernach nicht nur Gewerkschaftsmitgliedern vorbehalten sein.
- Die „erga-omnes“ Wirkung von Tarifverträgen beeinträchtigt auch nicht die kollektive Koalitionsfreiheit:
  Die kollektive Koalitionsfreiheit umfasst eine Koalitionsbestands- und eine Koalitionsbetätigungsgarantie. Das Recht auf Kollektivverhandlungen („droit à la négociation collective“) ist jedoch verfassungsrechtlich unabhängig von der Koalitionsbetätigungsgarantie verbürgt.
- Tarifautonomie im Sinne des deutschen Rechts existiert in Frankreich nicht. Die „erga-omnes“ Wirkung von Tarifverträgen verletzt nicht das durch Abs. 8 Präambel der Verfassung von 1946 verfassungsmäßig verbürgte Recht auf Kollektivverhandlungen:
  - Das Recht auf Kollektivverhandlungen ist kein originäres Recht der Gewerkschaften. Es ist ein Recht jedes Arbeitnehmers, welches mittels „Delegier-

ter“, grundsätzlich in Form der Gewerkschaften, ausgeübt wird. Gewerkschaften sind im Rahmen von Kollektivverhandlungen Repräsentanten der Arbeitnehmer. Das im Rahmen von Kollektivverhandlungen durch die Gewerkschaften ausgeübte Recht der Arbeitnehmer steht allen Arbeitnehmern zu, nicht nur den gewerkschaftlich gebundenen. Die Gewerkschaften vertreten bei Tarifverhandlungen nicht nur ihre Mitglieder, sondern alle hiervon betroffenen Arbeitnehmer.

- Das Recht auf Kollektivverhandlungen enthält keine Gewährleistung einer autonomen Regelungsbefugnis. Die Regelungskompetenz zur Bestimmung der Arbeitsbedingungen liegt in Frankreich vorrangig beim Gesetzgeber. Die konkreten Regelungsbefugnisse der Tarifparteien stehen diesen allein im Rahmen und aufgrund staatlicher Delegation zu.

§ 2. Der Tarifabschluss (Teil 2)

- In Frankreich werden Tarifverträge im Hinblick auf ihre Geltungsebene in drei unterschiedliche Arten von Tarifverträgen unterschieden: national branchenübergreifende Tarifverträge, Branchentarifverträge und Firmentarifverträge. Letztere schließen Betriebstarifverträge ein. Betriebsvereinbarungen kennt das französische Recht nicht.
- Das französische Tarifvertragssystem basiert auf einer pluralistischen Gewerkschaftsordnung. Diese ist geprägt durch fünf bisher anerkannt repräsentative Gewerkschaftsdachverbände, die sich im Wesentlichen durch ihre politische bzw. ideologische Grundausrichtung unterscheiden. Vier der fünf Dachverbände, namentlich die CGT, die CGT-FO, die CFDT und die CFTC sind nach dem Industrieverbandsprinzip organisiert. Der fünfte Dachverband, die CFE-CGC, ist ein Berufsgruppengewerkschaftsdachverband und vertritt die Interessen der „cadres“ (Führungskräfte). Neben diesen fünf Gewerkschaftsdachverbänden gibt es noch drei weitere Dachverbände von Bedeutung. Diese spielen jedoch ausschließlich in bestimmten Branchen eine Rolle. Der gewerkschaftliche Organisationsgrad in Frankreich ist mit ca. 8 % gewerkschaftlich gebundener Arbeitnehmer sehr gering.
- Tariffähige Vertragspartei auf Arbeitgeberseite ist jede Form von Arbeitgebervereinigung sowie der einzelne Arbeitgeber.
- Tariffähige Vertragspartei auf Arbeitnehmerseite ist jede repräsentative Gewerkschaft.

  An den Gewerkschaftsstatus werden in Frankreich keine hohen Anforderungen gestellt. Die eigentliche Hürde zur Tariffähigkeit liegt in der Repräsentativität. Die Repräsentativität bildet die Legitimation der Gewerkschaften zur Verhandlung und zum Abschluss von Tarifverträgen mit „erga-omnes" Wirkung.

- Die Legitimation der Gewerkschaften wurde durch eine grundlegende Reform des Rechts der Repräsentativität mit dem Gesetz vom 20. August 2008 gesteigert:
  - Die durch Regierungsverordnung anerkannte Repräsentativität der fünf großen französischen Gewerkschaftsdachverbände und die unwiderlegbare Vermutung der Repräsentativität zugunsten der diesen Dachverbänden angeschlossenen Gewerkschaften wird schrittweise abgeschafft. Alle Gewerkschaften müssen ihre Repräsentativität in Zukunft beweisen.
  - Die seit 1950 geltenden Repräsentativitätskriterien wurden grundlegend geändert. Im Mittelpunkt der neuen Repräsentativitätskriterien steht die „audience". Das Kriterium der „audience" macht die Ergebnisse der Wahlen zu den Arbeitnehmerinteressenvertretungen zur Grundlage der Repräsentativität einer Gewerkschaft. Repräsentativ kann eine Gewerkschaft hiernach nur noch sein, wenn sie im ersten Wahlgang der letzten Wahlen zu den Arbeitnehmerinteressenvertretungen einen gesetzlich festgelegten prozentualen Anteil der Wählerstimmen in allen Wahlkollegien zusammengenommen auf sich vereinigen kann.
- Autonome Berufgruppengewerkschaften werden gegenüber dachverbandlich gebundenen Gewerkschaften im Rahmen der Repräsentativitätsprüfung erheblich benachteiligt:
  - Eine Sonderregelung gilt lediglich für Berufsgruppengewerkschaften, die einem nationalen Berufsgruppengewerkschaftsdachverband angeschlossen sind. Diese Gewerkschaften müssen die im Rahmen der „audience" erforderliche Wählerquote einzig in dem Wahlkollegium erreichen, dem die nach ihrer Satzung vertretene Arbeitnehmergruppe angehört.
- Die Repräsentativität von Gewerkschaften wird in Frankreich nicht einheitlich, sondern relativ im Hinblick auf die unterschiedlichen Tarifebenen bestimmt. Überdies wird die Beurteilung der Repräsentativität einer Gewerkschaft alle vier Jahre erneuert.
- Ein wirksamer Tarifabschluss in Frankreich setzt neben der Tariffähigkeit der Vertragsparteien die Einhaltung des gesetzlichen Mehrheitsprinzips voraus. Das Mehrheitsprinzips dient der Legitimation des konkreten, „erga-omnes" Wirkung entfaltenden Tarifabschlusses.
- Seit dem Reformgesetz vom 20. August 2008 beinhaltet das Mehrheitsprinzip eine doppelte Wirksamkeitsvoraussetzung, bestehend aus einer Kombination aus Widerspruchsrecht und dem Erfordernis positiver Zustimmung. Tarifverträge müssen von einer oder mehreren repräsentativen Gewerkschaften unter-

zeichnet werden, die bei den letzten Wahlen zu den Arbeitnehmerinteressenvertretungen mindestens 30 % auf sich vereinigen konnten. Zudem darf es keinen Widerspruch der repräsentativen Gewerkschaften gegeben haben, die bei denselben Wahlen 50 % der Stimmen erhielten.

- Berufsgruppentarifverträgen, die eine Arbeitnehmergruppe betreffen, die bei den Wahlen zur Arbeitnehmerinteressenvertretung einem bestimmten Wahlkolleg zugeordnet werden kann, müssen die doppelte Wirksamkeitsvoraussetzung in dem Wahlkolleg erfüllen, dem die von dem Tarifvertrag betroffene Arbeitnehmergruppe angehört. Dies gilt unabhängig davon, ob es sich bei der tarifschließenden Gewerkschaft um eine Berufsgruppengewerkschaft handelt oder nicht.

§ 3. Die Tarifgeltung (Teil 3)

- Tarifverträge entfalten in Frankreich, die Tarifgebundenheit des Arbeitgebers vorausgesetzt, grundsätzlich unternehmenseinheitlich, bzw. im Fall der Unterteilung eines Unternehmens in unterschiedliche Betriebe betriebseinheitlich normative Geltung. Der im Unternehmen bzw. im Betrieb auf alle Arbeitnehmer anwendbare Tarifvertrag bestimmt sich dabei nach der Unternehmenstätigkeit. Im Fall von Unternehmen bzw. Betrieben, in denen Tätigkeiten mehrerer Wirtschaftszweige ausgeübt werden, gilt der Tarifvertrag der Hauptunternehmenstätigkeit.
- Die unternehmens- bzw. betriebseinheitliche Tarifgeltung kann jedoch, wie im Fall von Berufsgruppentarifverträgen, durch die Definition eines fachlichen Geltungsbereichs eingeschränkt werden.
- Tarifkonkurrenzen werden in Frankreich in der Praxis grundsätzlich nach dem Günstigkeitsprinzip aufgelöst.
- Konkurrenzen zwischen Berufsgruppentarifverträgen und berufsgruppenübergreifenden Tarifverträgen bilden einen Sonderfall. Sie werden nach einem arbeitnehmer- bzw. tätigkeitsbezogenen Spezialitätsprinzip gelöst. Berufsgruppentarifverträge sind danach gegenüber berufsgruppenübergreifenden Tarifverträgen vorrangig.
- Tarifpluralität gibt es in Frankreich systembedingt nicht. Es herrscht Tarifeinheit in der Berufsgruppe.

§ 4. Das Verhältnis von Tarifvertragsrecht und Streikrecht (Teil 4)

- Das Streikrecht ist in Frankreich ein durch Abs. 7 Präambel der Verfassung von 1946 verfassungsmäßig garantiertes Recht. Es besteht unabhängig von dem Recht auf Kollektivverhandlungen und der Koalitionsfreiheit. Streikrecht und Tarifvertragsrecht sind rechtlich vollkommen voneinander getrennt:
  - Rechtsträger des Streikrechts sind nicht die Gewerkschaft, sondern die einzelnen Arbeitnehmer.
  - Wilde Streiks sind mithin grundsätzlich zulässig. Etwas anderes gilt nur im öffentlichen Dienst, dort ist den Gewerkschaften gesetzlich das Monopol zum Streikaufruf zugewiesen.
  - Es besteht keine Friedenspflicht und kein Prinzip der Arbeitskampfparität.
  - Zulässiges Streikziel ist jede berufliche Forderung. Der Begriff der beruflichen Forderung wird weit ausgelegt. Der Abschluss eines Tarifvertrages ist ein mögliches, jedoch nicht zwingendes Streikziel. Forderungsgegner muss nicht der Arbeitgeber sein. Die berufliche Forderung kann sich auch an die Arbeitgeberschaft einer ganzen Branche, die Gesamtheit der Arbeitgeberschaft oder den Staat richten.
  - Das Ultima-Ratio-Prinzip ist dem französischen Recht unbekannt.
- Die Grenze des Streikrechts bildet der Rechtsmissbrauch. Als rechstmissbräuchlich werden folgende Fallgruppen angesehen: die „désorganisation“ des Unternehmens, die Lähmung des „service public“, die Besetzung bzw. Blockade der Arbeitsstätte und rein politische Streiks.
- Zur Beendigung eines Streiks ist der Abschluss eines Tarifvertrages ein mögliches aber nicht zwingendes Mittel. Streiks werden unter anderem auch durch einseitige Verpflichtungen des Arbeitgebers („engagement unilatéral“) beendet.
- In der Praxis besteht eine Verbindung zwischen dem Streikverhalten und dem Tarifvertragssystem.

  Gewerkschaftlich geführte Streiks dienen häufig als Motor von Tarifverhandlungen, und finden vor oder zu Beginn von Tarifverhandlungen statt:
  - Vor Beginn von Tarifverhandlungen werden Streiks als Mittel eingesetzt, um die Arbeitgeberseite zur Aufnahme von Verhandlungen zu bewegen.
  - Oftmals treten Streiks auch zu Beginn von Tarifverhandlungen auf. Sie dienen hier der Schaffung eines Kräfteverhältnisses zwischen den Sozialpartnern, das die Grundlage der im Anschluss folgenden Tarifverhandlungen bildet. Angesichts der unter anderem auf der Zersplitterung der Gewerkschaftslandschaft und geringen Mitgliederzahlen basierenden

Schwäche der französischen Gewerkschaften müssen diese sich ihre Verhandlungsstärke oftmals erst erkämpfen.

- Streiks haben jedoch keinen festen Platz im Tarifvertragssystem. Sie können auch während oder nach Tarifverhandlungen auftreten.
- Die tarifvertragliche Einführung einer effektiven Friedenspflicht ist zumindest in der Privatwirtschaft nicht möglich. Tarifvertragsklauseln, die das Streikrecht begrenzen, binden ausschließlich die Tarifparteien, nicht die Arbeitnehmer. Im öffentlichen Sektor dagegen verzeichnen tarifvertraglich geregelte Verfahren zur Vorbeugung tarifvertraglicher Konflikte angesichts des Monopols der Gewerkschaften zum Streikaufruf durchaus Erfolge.

Literaturverzeichnis

Adam, Patrice: CFE-CGC et négociation collective intercatégorielle: l'affaire RATP, SSL 2010, n° 1435–1436, 16–17

–: La CFE-CGC peut-elle signer un accord d'entreprise intercatégoriel?, SSL 2009, n° 1424, 6–9

–: L'individualisation du droit du travail – Essais sur la réhabilitation juridique du salarié- individu, Paris 2005

Akandji-Kombé, Jean-François: Question prioritaire de constitutionnalité et droit social, RDT 2010, 628–634

–: Tonnerre de Brest ou pétard mouillé? À propos de la déclaration d'inconventionnalité de la loi du 20 août 2008, SSL 2009, 10 -13

Andolfatto, Dominique: Les syndicats en France, Paris 2007

Andolfatto, Dominique/Labbé, Dominique: Les syndiqués en France, Rueil-Malmaison 2007

Antonmattei, Paul-Henri: Négociation collective et syndicats catégoriels: le début des ennuis, Dr. soc. 2011, 89–93

–: Les critères de la représentativité: lecture critique de la position commune du 9 avril 2008, Dr. soc. 2008, S. 771

Artero, Gabriel/Béal, Stephane: Doit-on maintenir des règles particulières pour les syndicats catégoriels?, RDT 2010, 556–563

Band, Maren: Tarifkonkurrenz, Tarifpluralität und der Grundsatz der Tarifeinheit, Frankfurt am Main 2003

Bardenhewer, Nikolaus: Der Firmentarifvertrag in Europa – Ein Vergleich der Rechtslage in Deutschland, Großbritannien und Frankreich, Baden-Baden 2006

Bayreuther, Frank: Gewerkschaftspluralität im amerikanischen Tarifrecht: Warnung oder Vorbild für das deutsche Arbeitsrecht?, ZfA 2009, 747–783

–: Tarif- und Arbeitskampfrecht in der Neuorientierung, NZA 2008, 12–18

–: Der Arbeitskampf des Marburger Bundes – Ein Lehrstück zur Tarifeinheit im Betrieb, NZA 2006, 642–646

–: Gewerkschaftspluralismus im Spiegel der aktuellen Rechtsprechung – Abschied vom „Einheitstarifvertrag"?, BB 2005, 2633–2641

–: Tarifautonomie als kollektiv ausgeübte Privatautonomie, München 2005

–: La hiérarchie des normes entre la branche et l'entreprise: saine articulation ou désarticulation du droit de la négociation collective?, SSL 2004, n° 1183, 53–56

Bélier, Gilles/Legrand, Henri-José: La négociation collective après la loi du 20 août 2008, Rueil-Malmaison 2009

Béraud, Jean-Marc: Les nouvelles règles relatives à la représentativité syndicale et à la représentation catégorielle sont-elles compatibles avec la constitution?, RDT 2010, 564–571

Bernard, Guillaume/Deschodt, Jean-Pierre: Les forces syndicales françaises, Paris 2010

Bevort, Antoine/Jobert, Annette: Sociologie du travail: les relations professionnelles, Paris 2008

Boll, Friedhelm: Streik und Aussperrung, in: Schroeder, Wolfgang/Wessels, Bernhard, Die Gewerkschaften in Politik und Gesellschaft in der Bundesrepublik Deutschland, Wiesbaden 2003, S. 478–509

Bonnard-Plancke, Laetitia: Convention collective et collectivité de travail, Aux origines de l'idée majoritaire en matière de négociation collective, Dr. soc. 2005, 866–872

Borenfreund, George: Le nouveau régime de la représentativité syndicale, RDT 2008, Études, 712–722

–: Les syndicats et l'exigence majoritaire dans la loi Fillon du 4 mai 2004, in: Borenfreund, George/Lyon-Caen, Antoine/Souriac, Marie-Armelle/Vacarie, Isabelle (Hrsg.), La négociation collective à l'heure des révisions, Paris 2005, S. 7–32

Borenfreund, Georges/Souriac, Marie-Armelle: Les rapports de la loi et de la convention collective: une mise en perspective, Dr. soc. 2003, 72–86

Brethe de la Gressaye, Jean: Anmerkungen zu Cass. soc. 17.7.1956, D. 1957, 509–510

Buchner, Herbert: Der „Funktionseliten"-Streik – Zu den Grenzen der Durchsetzbarkeit von Spartentarifverträgen, BB 2003, 2121 – 2130

Büchting, Hans-Ulrich/Heussen, Benno (Hrsg.): Beck'sches Rechtsanwalts-Handbuch, 10. Aufl. München 2011 (zitiert: Bearbeiter, in: Beck'sches Rechtsanwalts-Handbuch)

Cesaro, Jean-François: La négociation dans les entreprises pourvues de délégués syndicaux, Dr. soc. 2009, 658–668

Chauchard, Jean-Pierre: Conventions et accords collectifs de travail (Régime juridique: conclusion, application, sanctions), Répertoire de droit du travail (Encyclopédie Juridique Dalloz), Paris April 1997, zuletzt geändert März 2009

Chérèque, François: Quel droit pour la négociation collective de demain, Dr. soc. 2008, 16–17

Chopin, Frédérique: Le droit de grève, Paris 2003

Clavel-Fauquenot, Marie-Françoise/Marignier, Natacha: Le droit syndical, Paris 1999

Combrexelle, Jean-Denis: Loi du 4 mai 2004: Quel bilan? Quelles perspectives?, Dr. soc. 2008, 20–23
Conac, Gérard/Prétot, Xavier/Teboul, Gérard (Hrsg.): Le Préambule de la Constitution de 1946–Histoire, analyse et commentaires, Paris 2001 (zitiert: Bearbeiter, in: Conac/Prétot/Teboul)
Däubler, Wolfgang (Hrsg.): Tarifvertragsgesetz mit Arbeitnehmerentsendegesetz, 2. Aufl. Baden-Baden 2006 (zitiert: Däubler/Bearbeiter)
Dauxerre, Lydie: La représentativité syndicale, instrument du dialogue social, Aix-Marseille 2005
Denis, Jean-Michel: Le conflit en grève? : Tendances et perspectives de la conflictualité contemporaine, Paris 2005
Déprez, Jean: Grève de solidarité et pouvoir sanctionnateur du chef d'enterprise: vers un assouplissement des conditions de licéité de la grève de solidarité?, Dr. soc. 1988, 143–150
Despax, Michel: Observations sur la représentativité des organisations syndicales au regard du droit des conventions collectives (à propos de l'avis du Conseil d'État du 23. Novembre 1978), Dr. soc. 1979, 259–267
Doucet, Michel/Fleck, Klaus E.W.: Wörterbuch der Rechts- und Wirtschaftssprache, 6. Aufl. München 2009, Bd. 1 französisch – deutsch
Engels, Gerd: Die Entwicklung des französischen Rechts der Koalitionen, Neue Kölner Rechtswissenschaftlichen Abhandlungen Heft 71, Berlin, New York 1972
Favennec-Héry, Françoise: La représentativité syndicale, Dr. soc. 2009, 630–640
–: Nouvelles legitimités: la référence majoritaire, in: Teyssié, Bernard (Hrsg.), Le nouveau droit de la négociation collective (loi n° 2004–391 du 4 mai 2004), Paris 2004, S. 17 – 28
Favennec-Héry, Françoise/Verkindt, Pierre-Yves: Droit du travail. 1. Aufl. Paris 2007
Flament, Lucien: La représentativité après la loi du 20 août 2008: nouvelles questions, JCP S 2009, n° 1386, S. 16–19
Fourcade, Cécile: L'autonomie collective des partenaires sociaux – Essaie sur les rapports entre démocratie politique et démocratie sociale, Paris 2006
Franzen, Martin: Das Ende der Tarifeinheit und die Folgen, RdA 2008, 193–205
Fritz, Michael/Meyer, Cord: Quo Vadis Tarifeinheit, NZA-Beil. Heft 3/2010, 111–115
Fromont, Michel: La liberté syndicale des salariés en France, in: Mosler, Hermann/Bernhardt, Rudolf (Hrsg.), Die Koalitionsfreiheit des Arbeitnehmers, Beiträge zum ausländischen öffentlichen Recht und Völkerrecht, Band 75, Teil 1, S. 241 – 308, Berlin, Heidelberg, New York 1980

Furjot, Daniel: Enquête „Réponse“ Questionnaire „Représentants du personnel“ – De la participation au conflit – Point de vue et pratiques des institutions représentatives du personnel en matière de relations professionnelles, Document d'études DARES n° 64, Paris 2002

Gamillscheg, Franz: Kollektives Arbeitsrecht, Band I: Grundlagen/Koalitionsfreiheit/Tarifvertrag/Arbeitskampf und Schlichtung, München 1997

Gauriau, Bernard: Les représentants des syndicats dans l'entreprise, Dr. soc. 2009, 641–647

–: La rénovation de la démocratie sociale – Loi n° 2008–789 du 20 août 2008, JCP S 2008, n° 1448, S. 13–22

Glanz, Peter: Streikrecht zwischen Tarifeinheit und Verhältnismäßigkeit, NJW-spezial 2007, 578–579

Grangé, Joel: Les conventions et accords collectifs de groupe, SSL 2004, n° 1183, 73–81

Greiner, Stefan: Rechtsfragen der Koalitions-, Tarif- und Arbeitskampfpluralität, München 2010

–: Der Regelungsvorschlag von DGB und BDA zur Tarifeinheit, NZA 2010, 743–745

–: Der Arbeitskampf der GDL – Überlegungen zur Parität im Sparten- und Spezialistenarbeitskampf, NZA 2007, 1023–1028

Grumbach, Tiennot/Koskas, Roger: Une tentative de remise en cause de la dynamique des accords majoritaires, SSL 2004, n° 1183, 42–47

Guillouet, David: La désignation du délégué syndical après la loi du 20 août 2008, JCP S 2010, n° 1136, S. 26–29

Hanau, Peter: Ordnung und Vielfalt von Tarifverträgen und Arbeitskämpfen im Betrieb, Zugleich Besprechung zum Urteil des Sächsischen LAG v. 2.11.2007 – 7 SaGa 19/07 zum Tarifkonflikt bei der deutschen Bahn, RdA 2008, 98–104

Henssler, Martin/Willemsen, Josef/Kalb, Heinz-Jürgen:
Arbeitsrecht Kommentar, 3. Aufl. Köln 2008 (zitiert: HWK/Bearbeiter)

Jacobs, Matthias: Tarifpluralität statt Tarifeinheit – Aufgeschoben ist nicht aufgehoben!, NZA 2008, 325–333

–: Tarifeinheit und Tarifkonkurrenz, Berlin 1999

Jacobs, Matthias/Krause, Rüdiger/Oetker, Hartmut: Tarifvertragsrecht, München 2007

Jansen, Peter/Kißler, Leo/Kühne, Peter/Leggewie, Claus/Seul, Otmar: Gewerkschaften in Frankreich. Geschichte, Organisation, Programmatik, Frankfurt 1986

Jeammaud, Antoine/Le Friant, Martine: Grundprinzipien des französischen Arbeitskampfrechts, ArbuR 1994, 85–90

Jeansen, Emeric: L'articulation des sources du droit – Essai en droit du travail, Paris 2008

Jeschke, Anja: Der europäische Streik – Konturen und Entwicklungsperspektiven eines gemeinsamen europäischen Streikrechts, Baden-Baden 2006

Kempen, Otto Erst/Zachert, Ulrich (Hrsg.): Tarifvertragsgesetz, 4. Aufl. Frankfurt am Main 2006 (zitiert: Bearbeiter, in: Kempen/Zachert)

Kerbourc'h, Jean-Yves: Les clauses d'interdiction de déroger par accord d'entreprise à une convention plus large, Dr. soc. 2008, 834–844

Kißler, Leo/Lasserre, René: Tarifpolitik: Ein deutsch-französischer Vergleich, Frankfurt am Main, New York 1987

Körner, Marita: Zum Verständnis des tarifvertraglichen Günstigkeitsprinzips, RdA 2000, 140–147

Krieger, Gabriel: Das französische Tarifvertragsrecht, Heidelberg 1991

Langlois, Philippe: Approche critique des principales dispositions du projet de loi (I), SSL 2004, n° 1152, 6–11

–: La pluralité des conventions collectives applicables à un même contrat de travail, in: Aliprantis, Nikitas/Kessler, Françis (Hrsg.), Le droit collectif du travail, questions fondamentales – évolutions récentes, Étude en hommage à Madame le Professeur Hélène Sinay, S. 23–34, Frankfurt am Main 1994

Larose, Christian: Quand va-t-on sortir de l'impasse sur le dialogue social?, Dr. soc. 2008, 18–19

Lasserre, René: Mitbestimmung und Betriebsverfassung in Deutschland und Frankreich, in: Pohl, Hans (Hrsg.), Mitbestimmung und Betriebsverfassung in Deutschland, Frankreich und Großbritannien seit dem 19. Jahrhundert, Stuttgart 1996

Laulom, Sylvaine/Merley, Nathalie: La fabrication du principe de faveur, RDT 2009, Études, 219 – 227

Lautenschläger, Susanne: Der Grundsatz der Tarifeinheit bei Tarifpluralität nach dem Employment Relations Act 1999 – Eine rechtsvergleichende Analyse des deutschen und britischen Rechts zur Zulässigkeit von Tarifpluralitäten auf betrieblicher Ebene, Baden-Baden 2009

Le Friant, Martine: Die heikle Ausarbeitung eines europäischen Arbeitskampfrechts, NZA-Beil. Heft 2/2006, 75–83

–: Die Rechtsprechung des BAG zum Günstigkeitsprinzip aus französischer und deutscher Sicht, NZA 2000, 81–83

–: Die Wirkung des Tarifvertrages in der Krise: Das Beispiel Frankreich, in: Zachert, Ulrich (Hrsg.), Die Wirkung des Tarifvertrages in der Krise – Ein Vergleich des Verhältnisses von autonomem Tarifrecht mit staatlichem Recht und anderen arbeitsrechtlichen Schutzebenen in verschiedenen europäischen Ländern, Baden-Baden 1991, S. 103–154

Letombe, Élodie: La notion d'influence dans le droit de la représentativité syndicale – État des lieux à l'heure de la position commune du 9 avril 2008, JCP S 2008, Act. 319, S. 3–6
Löwisch, Manfred/Rieble, Volker: Tarifvertragsgesetz, 2. Aufl., München 2004
Lyon-Caen, Gérard: Essai sur la singularié du droit français des luttes du travail, in: Études de droit du travail offertes à André Brun, S. 337 – 352, Paris 1974
Lyon-Caen, Gérard/Pélissier, Jean: Droit du travail, 16. Aufl., Paris 1992
Mahnke, Alexander: Grundrechte und libertés publiques – Eine rechtsvergleichende Betrachtung des Grundrechtsschutzes in der Bundesrepublik Deutschland und der V. Französischen Republik, Hamburg 2009
Marquet de Vasselot, Laurent: De l'expression par le comité d'entreprise de son avis, RJS 9–10/00, 607–611
Mazeaud, Antoine: La négociation des accords d'entreprise en l'absence de délégué syndical, Dr. soc. 2009, 669–678
–: Sur l'autonomie collective des partenaires sociaux depuis la position commune du 16 juillet 2001, Dr. soc. 2003, 361–364
Meik, Frank: Tarifpluralität – Ein Bericht von der Veranstaltung an der Universität zu Köln am 16.9.2009, NZA-Beil. Heft 3/2010, 116–120
Moreau, Marc: Les règlements de fin de conflit, Dr. soc. 2001, 139–148
Morel, Franck:
La renovation de la démocratie sociale: vers une société de dialogue, Dr. soc. 2009, 885–886
Morin, Marie-Laure: Les nouveaux critères de la représentativité syndicale dans l'enterprise, Dr. soc. 2011, 62–72
–: Le dualisme de la négociation collective à l'épreuve des réformes: validité et loyauté de la négociation, application et interpretation de l'accord, Dr. soc. 2008, 24–33
–: Principe majoritaire et négociation collective, un regard de droit comparé, Dr. soc. 2000, 1080–1090
–: Le droit des salariés à la négociation collective principe general du droit, Paris 1994
Morvan, Patrick: L'articulation des normes sociales à travers les branches, Dr. soc. 2009, 679–686
–: Conventions et accords dérogatoires après la loi du 4 mai 2004, in: Teyssié, Bernard (Hrsg.), Le nouveau droit de la négociation collective (loi n° 2004–391 du 4 mai 2004), Paris 2004, S. 37 – 55
Müller-Glöge, Rudi/Preis, Ulrich/Schmidt, Ingrid (Hrsg.): Erfurter Kommentar zum Arbeitsrecht, 11. Aufl. München 2011 (zitiert: ErfK/Bearbeiter)

Noblecourt, Michel: La contestation des „réformes“, une passion française pour la grève? in: Giraud, Baptiste (Hrsg.), Les métamorphoses de la grève, Problèmes politiques et sociaux, n° 969, fevrier 2010, S.13–17
Ogier-Bernaud, Valérie: Une substitution des partenaires sociaux au législateur est-elle concevable?, JCP G 2004, I 118, S. 493–497
–: Les droits constitutionnels des travailleurs, Paris 2003
Olivier, Jean-Michel: Rapport de Synthèse, Dr. soc. 2009, 687–698
Pagnerre, Yannick: Le respect des valeurs républicaines ou „l'étique syndicale“, JCP S 2009, n° 1050, S. 7–20
Pahl, Simone: Funktionen der Günstigkeit im kollektiven Arbeitsrecht – Eine Untersuchung zum deutschen und französischen Recht, Frankfurt am Main 2004
Pécaut-Rivolier, Laurence: Les premiers arrêts de la Cour de cassation relatifs à la loi du 20 août 2008, SSL 2009, n° 1408, S. 6–11
Pécaut-Rivolier, Laurence/Petit, Franck: Le redéploiement des forces syndicales – Enjeux et mesure de l'audience électorale, Dr. soc. 2010, 1168–1175
Pélissier, Jean/Lyon-Caen, Antoine/Jeammaud, Antoine/Dockès, Emmanuel: Les grands arrêts du droit du travail, 4. Aufl., Paris 2008
Pélissier, Jean/Supiot, Alain/Jeammaud, Antoine: Droit du travail, 24. Aufl., Paris 2008
–: Droit du travail, 23. Aufl., Paris 2006 (zitiert: Pélissier/Supiot/Jeammaud, 23. Aufl.)
Polakiewicz, Jörg/Kessler, Adriana: Das Streikverbot für deutsche BeamtInnen – Die Bedeutung der Rechtsprechung des EGMR für deutsche Gerichte, NvWZ 2012, 841–845
Pontier, Jean-Marie: Droits fondamentaux et libertés publiques, 2. Aufl., Paris 2005
Prager, Gerd: Die französischen Berufsverbände, ihre rechtliche Stellung und ihre Befugnisse, Köln 1967
Preis, Ulrich: Arbeitsrecht Band II – Kollektivarbeitsrecht, 2. Aufl., Köln 2009
Radé, Christophe: La question prioritaire de constitutionnalité et le droit du travail: a-t-on ouvert la boîte de Pandore?, Dr. soc. 2010. 873–882
–: Les syndicates catégoriels et la réforme de la démocratie sociale, Dr. soc. 2010, 821–825
–: Exercice du droit de grève et négociation collective, Dr. soc. 1996, 37–42
Ray, Jean-Emmanuel: Droit du travail droit vivant 2009/2010, 18. Aufl., Rueil-Malmaison 2009
–: L'accord d'enterprise majoritaire, Dr. soc. 2009, 887–895
–: Quel droit pour la négociation collective de demain?, Dr. soc. 2008, 3–15

–: Les curieux accords dits „majoritaires" de la loi du 4 mai 2004, Dr. soc. 2004, 590–600
Rebhahn, Robert: Der Vorrang der günstigeren Regelung aus rechtsvergleichender Sicht, EuZA 2008, 39–67
Reichold, Hermann: Abschied von der Tarifeinheit im Betrieb und die Folgen, RdA 2007, 321 – 328
Richardi, Reinhard (Hrsg.): Betriebsverfassungsgesetz mit Wahlordnung, 12. Aufl. München 2010 (zitiert: Bearbeiter, in: Richardi)
Richardi, Reinhard/Wlotzke, Ottfried/Wissmann, Hellmut/Oetker, Hartmut (Hrsg.): Münchner Handbuch Arbeitsrecht, 3. Aufl. München 2009 (zitiert: Bearbeiter, in: Münchner Handbuch Arbeitsrecht)
Rivéro, Jean/Vedel, Georges: Les principes économiques et sociaux de la Constitution: Le préambule, in: Les problèmes économiques et sociaux et la Constitution du 27 octobre 1946, Collection Dr. soc. (XXXI), Mai 1947
Rodière, Pierre: La loi du 4 mai 2004 sur le dialogue social: une réforme en devenir, SSL 2004, n° 1183, 6 -14
Rudkowski, Lena: Tarifpluralitäten und ihre Auflösung im spanischen Arbeitsrecht – zugleich eine Einführung in das spanische Tarifrecht, RdA 2010, 287–295
Schaub, Günter: Arbeitsrechts-Handbuch, 14. Aufl. München 2011 (zitiert: Bearbeiter, in: Schaub)
Schlachter, Monika: Beamtenstreik im Mehrebenensystem – Die Europäische Menschenrechtskonvention und ihre Wirkung auf das deutsche Recht, RdA 2011, 341–348
Schliemann, Harald: Betriebliche Tarifeinheit – Schief und auf Sand gebaut?!, NZA Editorial, Heft 16/2010
Schulze-Doll, Christine: „Kontrollierte Dezentralisierung" der Tarifverhandlungen – Neue Entwicklungen der Kollektivverhandlungen in Deutschland und Frankreich, Baden-Baden 2008
Sinay, Hélène/Javillier, Jean-Claude: La grève, aus der Reihe: Camerlynck, Guillaume H. (Hrsg.), Droit du travail, Band 6, 2. Aufl. Paris 1984
Sinay, Hélène: La grève, aus der Reihe: Camerlynck, Guillaume H. (Hrsg.), Traité de droit du travail, Paris 1966
Souriac, Marie-Armelle: Les réformes de la négociation collective, RDT 2009, Études, 14–23
–: L'articulation des niveaux de négociation, Dr. soc. 2004, 579–589
–: Conflits du travail et négociation collective, quelques aspects, Dr. soc. 2001, 705–710
Spyropoulos, George: La liberté syndicale, Paris 1954

Staudinger/Richardi, Reinhard/Fischinger, Philipp: Kommentar zum BGB mit Einführungsgesetz und Nebengesetzen, Buch 2, §§ 611 – 613, Berlin, Neubearbeitung 2011 (zitiert: Staudinger/Richardi/Fischinger, §)

Steinau-Steinrück, Robert: Initiative zur Tarifpluralität – die Richtung stimmt!, NZA Editorial, Heft 19/2010

Steinau-Steinrück, Robert/Brugger, Helen: Arbeitskampfrecht quo vadis?, NZA-Beil. Heft 3/2010, 127–135

Supiot, Alain: Parité, égalité, majorité, dans les relations collectives du travail, in: Aliprantis, Nikitas/Kessler, Françis (Hrsg.), Le droit collectif du travail, questions fondamentales – évolutions récentes, Étude en hommage à Madame le Professeur Hélène Sinay, S. 59–68, Frankfurt am Main 1994

Teyssié, Bernard: Droit du travail – Relations collectives, 6. Aufl., Paris 2009

Thüsing, Gregor: Wege zur Tarifeinheit: Ausländische Rechtsordnungen als Vorbilder für Deutschland?, NZA-Beil. Heft 3/2010, 104–108

Tissandier, Hélène: L'articulation des niveaux de négociation: des principes en mutation, SSL 2004, n° 1183, 57–63

Vachet, Gérard: Jurisclasseur, Travail Traité, fasc. 1–34: Negociation. Convention et Accord Collectif. – Application, Paris, Stand 1.7.2009 (zitiert: Vachet, Jurisclasseur, Travail Traité, fasc. 1–34)

Verdier, Jean-Maurice: Critères de la représentativité syndicale: recomposition et contrôle du juge de cassation? (Cass. Soc. 3. décembre 2002. Sydicat Sud Caisses d'Épargne), Dr. soc. 2003, 298–303

–: Syndicats et droit syndicale, Teil I: Liberté, structure, action, aus der Reihe: Camerlynck, Guillaume H. (Hrsg.), Droit du travail, Band 5, 2. Aufl. Paris 1987

Verkindt, Pierre-Yves: Les elections professionnelles dans l'enterprise, Dr. soc. 2009, 648–657

–: Observations Cass. soc. 13.9.2005, Dr. soc. 2006, 235–237

Waquet, Philippe: La grève, les mouvements illicites et l'abus du droit de grève, RJS 3/95, 139–144

Wiedemann, Herbert (Hrsg.): Tarifvertragsgesetz mit Durchführungs- und Nebenvorschriften, 7. Aufl. München 2007 (zitiert: Wiedemann/Bearbeiter)

Willemsen, Heinz Josef/Mehrens, Christian: Das Ende der Tarifeinheit – Folgen und Lösungsansätze, NZA 2010, 1313–1323

Wolff, Loup: Le paradoxe du syndicalisme français: un faible nombre d'adhérants, mais des syndicates bien implantés, DARES Première Synthèses n° 16.1, April 2008

Yannakourou, Stamatina: L'État, l'Autonomie collective et le travailleur – Étude comparé du droit italien et du droit français de la représentativité syndicale, Paris 1995

Zachert, Ulrich: Arbeitskampf in Europa – eine Bewertung aus Sicht des deutschen Arbeitsrechts, NZA-Beil. Heft 2/2006, 61–67

Zirpel, Rolf-Rüdiger: Koalitionsfreiheit und Tarifautonomie im französischen Recht, Köln 1969

Zumfelde, Meinhardt: Majoritätsprinzip und Umkehrung der Normenhierarchie – zur umstrittenen Reform des französischen Tarifvertragssystems, NZA 2004, 836–838

Zumfelde, Meinhard/Hunout, Patrick/Kißler, Leo/Steinmeyer, Heinz-Dietrich: Der Teilstreik und seine rechtliche Bearbeitung in den Arbeitskampfordnungen Frankreichs und der Bundesrepublik Deutschland, ZIAS 1995, 1–37

Zumfelde, Meinhardt/Remy, Patrick: Sarkozy's Gesetz zur Erneuerung der sozialen Demokratie, NZA 2009, 186 -188

Quellenverzeichnis

Carl Friedrich von Weizsäcker-Stiftung, Initiative Tarifpluralität, Bayreuther, Frank/Franzen, Martin/Greiner, Stefan/Krause, Rüdiger/Oetker, Hartmut/ Preis, Ulrich/Rebhahn, Robert/Thüsing, Gregor/Waltermann, Raimund: Tarifpluralität als Aufgabe des Gesetzgebers (zitiert: Bayreuther/Franzen/Greiner/ Krause/Oetker/Preis/Rebhahn/Thüsing/Waltermann, Initiative Tarifpluralität) http://www.zukunftderarbeit.eu/cms/upload/PDF/11_026_CFVWS_Monographie_einzel_geschtzt.pdf
zuletzt abgerufen am 13. Dezember 2011

CFDT: Nos adhérants http://www.cfdt.fr/rewrite/article/25931/qui-sommes-nous/nos-chiffres/evolution-du-nombre-des-adherents/nos-adherents.htm?idRubrique=9091
zuletzt abgerufen am 13. Dezember 2011

CFTC: La confédération du syndicat CFTC http://www.cftc.fr/ewb_pages/c/cftc.php
zuletzt abgerufen am 14. Dezember 2011

CGT: La CGT près de chez vous http://www.cgt.fr/spip.php?rubrique1092
zuletzt abgerufen am 13. Dezember 2011

Conseil constitutionnel: http://www.conseil-constitutionnel.fr

Gerichtsurteile: http://www.legifrance.gouv.fr

FO: Fédérations professionnelles http://www.force-ouvriere.fr/page_principal/fede/index.asp
zuletzt abgerufen am 14. Dezember 2011

Unions départementales
http://www.force-ouvriere.fr/page_principal/ud/index.asp
zuletzt abgerufen am 14. Dezember 2011

FSU: Présentation et objectifs http://www.fsu.fr/spip.php?rubrique23
zuletzt abgerufen am 14. Dezember 2011

Les syndicats
http://www.fsu.fr/spip.php?rubrique27
zuletzt abgerufen am 14. Dezember 2011

Le Monde.fr: O.V., Mobilisation record contre la réforme des retraites, Le Monde.fr vom 12.10.2010 http://www.lemonde.fr/politique/article/2010/10/12/a-la-mi-journee-forte-mobilisation-et-greves-reconduites_1424646_823448.html#xtor=EPR-32280229-%5BNL_Titresdujour%5D-20101012-%5Bzonea%5D&ens_id=1305816
zuletzt abgerufen am 13. Dezember 2011

O.V., La mobilisation contre la réforme des retraites ne faiblit pas, Le Monde.fr vom 19.10.2010 http://www.lemonde.fr/societe/article/2010/10/19/retraites-sixieme-journee-de-mobilisation-sur-fond-de-tensions_1428039_3224.html#xtor=EPR-32280229-%5BNL_Titresdujour%5D-20101019-%5Bzonea%5D&ens_id=1305816
zuletzt abgerufen am 13. Dezember 2011

Ministère du Travail: Circulaire DGT n° 20 du 13. novembre 2008 relative à la loi du 20 août 2008 portant rénovation de la démocratie sociale et du temps de travail (zitiert: Circulaire ministérielle DGT n° 20 du 13.11.2008 relativ à la loi du 20.8.2008) http://www.travail-emploi-sante.gouv.fr/espaces,770/travail,771/dossiers,156/temps-de-travail,414/renovation-de-la-democratie,8902.html
zuletzt abgerufen 13. Dezember 2011

Circulaire DGT n° 09 du 22 septembre 2004 relative au titre II de la loi 2004–391 du 4 mai 2004 relative à la formation professionnelle tout au long de la vie et au dialogue social (zitiert: Circulaire ministérielle DGT n° 09 du 22.9.2004 relative au titre II de la loi 2004–391 du 4.5.2004) http://www.lexisnexis.fr/pdf/DO/nego.pdf
zuletzt abgerufen am 13. Dezember 2011

La négociation collective en 2009. Bilans et rapports. (zitiert: Bilan de la négociation collective en 2009) http://www.travail-emploi-sante.gouv.fr/IMG/pdf/La_Negociation_Collective_en_2009.pdf
zuletzt abgerufen am 13. Dezember 2011

La négociation collective en 2008. Bilans et rapports. (zitiert: Bilan de la négociation collective en 2008) http://www.travail-emploi-sante.gouv.fr/IMG/pdf/Bilan_NC_2008.pdf
zuletzt abgerufen am 13. Dezember 2011

La négociation collective en 2007. Bilans et rapports (zitiert: Bilan de la négociation collective en 2007) http://www.travail-emploi-sante.gouv.fr/IMG/pdf/Bilan_Negociation_Collective_2007_internet.pdf
zuletzt abgerufen am 13. Dezember 2011

La négociation collective en 2006. Bilans et rapports (zitiert: Bilan de la négociation collective en 2006) http://lesrapports.ladocumentationfrancaise.fr/BRP/074000421/0000.pdf
zuletzt abgerufen am 13. Dezember 2011

Mode d'emploi „Représentativité des syndicats" http://www.travail-emploi-sante.gouv.fr/IMG/pdf/Representation_des_syndicats_22_01_09.pdf
zuletzt abgerufen am 13. Dezember 2011

Monopolkommission: Aufgaben http://www.monopolkommission.de/aufgaben.html
zuletzt abgerufen am 13. Dezember 2011

OECD: Taux de syndicalisation http://stats.oecd.org/index.aspx?lang=fr
zuletzt abgerufen am 14. Dezember 2011

UNSA: UNSA en quelques mots http://www.unsa.org/?L-UNSA-en-quelques-mots.html
zuletzt abgerufen am 14. Dezember 2011

Organisation de l'UNSA http://www.unsa.org/?Des-federations-par-secteur.html
zuletzt abgerufen am 14. Dezember 2011

USS: Présentation synthétique de notre Union syndicale http://www.solidaires.org/article215.html
zuletzt abgerufen am 14. Dezember 2011

Schriften zum deutschen und europäischen Arbeitsrecht

Herausgegeben von Frank Bayreuther

Band 1 Petra Hamann: Die Kündigung wegen häufiger Kurzerkrankungen. 2009.

Band 2 Robert K. Strecker: „Turboprämie“ und Sozialplan. 2009.

Band 3 Julia Rath: Die pauschale Abgeltung von Überstunden im Arbeitsvertrag. 2010.

Band 4 Jens Jensen: Der Freiwilligkeitsvorbehalt bei Entgeltleistungen. Rechtsdogmatik und AGB-Kontrolle. 2010.

Band 5 Enrico Meier: Die unterlassene Änderungskündigung als Unwirksamkeitsgrund der Beendigungskündigung. 2011.

Band 6 Jonas Zäh: Die arbeitsrechtlichen Aspekte des § 11 Wertpapiererwerbs- und Übernahmegesetz. Unter Berücksichtigung der Frage, unter welchen Voraussetzungen der Bieter bei einem öffentlichen Angebot i.S.d. WpÜG verpflichtet ist, Angaben zu seinen Absichten zu machen. 2011.

Band 7 Claudia Voggenreiter: Betriebliche Mitbestimmung im Diskriminierungsrecht. 2011.

Band 8 Lars Weinbrenner: Der Sonderkündigungsschutz im Pflegezeitgesetz. 2011.

Band 9 Julian Schmidt: Quotenorientierte Einstellungs- und Beförderungsentscheidungen nach § 5 AGG. Eine rechtsvergleichende Untersuchung positiver Maßnahmen und US-amerikanischer Affirmative Action. 2012.

Band 10 Hendrik Gülker: Die Geltungserstreckung günstigerer Tarifverträge im Anwendungsbereich des AentG. Eine verfassungsrechtliche Analyse. 2012.

Band 11 Steffen Jankowiak: Das behördliche Betriebsübergangsverlangen nach Art. 4 Abs. 5 Verordnung (EG) Nr. 1370/2007 bei der Vergabe von Aufträgen im öffentlichen Personenverkehr. 2012.

Band 12 Falko Daub: Das Erwerberkonzept. Arbeitsrechtliche Aspekte von Erwerberkonzepten bei der übertragenden Sanierung. 2013.

Band 13 Marthe J. Schwarzbach: Die Geltung von Tarifverträgen in Frankreich. 2013.

www.peterlang.de